古典文獻研究輯刊

三二編

潘美月・杜潔祥 主編

第 19 冊

《皇明恩綸錄》箋證

孫 虹 著

國家圖書館出版品預行編目資料

《皇明恩綸錄》箋證／孫虹 著 -- 初版 -- 新北市：花木蘭文化
事業有限公司，2021〔民 110〕
目 2+198 面；19×26 公分
（古典文獻研究輯刊 三二編；第 19 冊）
ISBN 978-986-518-400-1（精裝）
1. 皇明恩綸錄 2. 研究考訂 3. 詔書 4. 明代
011.08   110000588

ISBN-978-986-518-400-1

9 789865 184001

古典文獻研究輯刊
三二編　第十九冊　　　　　　ISBN：978-986-518-400-1

《皇明恩綸錄》箋證

作　　　者　孫虹
主　　　編　潘美月、杜潔祥
總 編 輯　杜潔祥
副總編輯　楊嘉樂
編　　　輯　許郁翎、張雅淋　美術編輯　陳逸婷
出　　　版　花木蘭文化事業有限公司
發 行 人　高小娟
聯絡地址　235 新北市中和區中安街七二號十三樓
　　　　　　電話：02-2923-1455／傳真：02-2923-1452
網　　　址　http://www.huamulan.tw 信箱 service@huamulans.com
印　　　刷　普羅文化出版廣告事業
初　　　版　2021 年 3 月
全書字數　154324 字
定　　　價　三二編 47 冊（精裝）台幣 120,000 元　　版權所有·請勿翻印

《皇明恩綸錄》箋證

孫虹 著

作者簡介

孫虹，女，歷史學博士，中國國家博物館、中國社會科學院古代史研究所博士後。已發表多篇論文，並出版專著一部。研究方向為先秦秦漢史，民族史，歷史文獻學。

提　　要

　　《皇明恩綸錄》是一部研究明朝麗江木氏土司的重要史籍，是明朝「誥命」、「聖旨」、「敕諭」的匯總，比較詳細地記錄了從洪武十五年（1382）褒獎麗江土知府木得投誠之聖旨，到崇禎十三年（1640）欽准木增建房表揚之誥命。這是第一手的檔案資料，是不可多得的基礎性材料，這在現存明朝皇帝對一地土司直接褒獎之檔案資料實不多見，尤其是對遠在京師三千多公里的雲南一地之土司的諭旨數量，是絕無僅有的。明朝類似形式的公文能流傳至今的並不多，而又如此集中的更是少之又少，因此它在研究土司制度、誥敕、諭旨文書、邊疆政策、麗江木氏土司、納西族史等方面具有重要的史料價值。

　　目前，學界對該文獻的研究不夠，對該文獻的版本與流傳情況、內容、數量、截止時間、成書時間等問題知之甚少，對該文獻的史料價值認識不全面。對該文獻的整理，目前也僅有散落在周汝誠先生《納西族史料編年》中的不完整的標點本，以及木光編寫的《木府風雲錄》中的不完整的標點本，而其完整版本或善本或沒有被提及，或沒有得到整理刊布。因此，我們很有必要將《皇明恩綸錄》加以整理，使之為以後的研究者提供便利。

　　本書的前言部分對《皇明恩綸錄》一書的版本與流傳、史料價值以及木氏土司與《皇明恩綸錄》作了分析、研究。箋證的正文部分，是在前人研究的基礎上，對該書進行了標點、校勘、箋證，以期最大程度的恢復該書的原貌，為後人研究提供一個信得過，用得上的材料。通過進行箋證，在該書的整理和研究方面取得了以下進展：

　　一、通過以中國國家圖書館藏鈔本（省稱「國圖本」）為底本；以雲南省圖書館藏鈔本（省稱「雲南省圖本」）、周汝誠編《納西族史料編年》中所載不完整的印刷本（省稱「周汝誠本」）、木光《木府風雲錄》中所載不完整的印刷本（省稱「木光本」）為對校本，對該書進行標點、校勘，糾正了該書在傳抄中存在的錯誤。

　　二、對《皇明恩綸錄》的基本問題進行了較系統的研究。首先，最大限度收集了本書的版本，並對該書的版本與流傳情況進行了梳理；其次，對該書的主要內容及史料價值作了分析、研究，得出：《皇明恩綸錄》保存了一些其他史籍所不見的有關木氏土司的材料，對於研究明代麗江木氏土司歷史和木氏土司統治時期納西族的政治、經濟、文化和社會有重要價值；它對研究土司的授職、承襲、升遷、獎勵、封贈，對朝廷如何治理土司等提供了史料；該文獻是研究明代的誥敕、諭旨文書難得的基礎材料，它對研究誥書、敕書的書寫的程序，敕諭和敕的內容有重要參考價值；它反映了明朝以木氏土司為治藏布局中的一個重要棋子，以麗江木氏土司來防禦滇西北藏區乃至整個康區藏族地方勢力，同時以木氏土司作為穩定滇西北乃至雲南的力量的邊疆政策。

　　三、對書中的重要人物、職官、地理沿革、名物制度等進行了注釋，對有疑問、錯誤之處作簡要考證，以期達到「辨章學術，考鏡源流」的目的。

目

次

前　言

　　麗江木氏土司，與蒙化府、元江府並稱為雲南三大土府。徐霞客說木氏土司「富冠諸土郡」[註1]，為三大土司府之首。木氏土司（府）經元、明、清三朝，傳世二十二代，共四百七十餘年，是雄踞滇西北的地方勢力。「雲南諸土官，知詩書好禮守義，以麗江木氏為首。」[註2] 木氏土司對麗江的社會發展與文化建設有大貢獻。研究明清土司制度、雲南歷史、納西族歷史、麗江古城發展史，木氏土司是不能也無法繞開的重大課題。

　　研究木氏土司的文獻甚夥，其中最重要的當是《木氏宦譜》與《皇明恩綸錄》兩部文獻。《木氏宦譜》的整理與研究較多。《皇明恩綸錄》是有關於木氏土司的重要文獻，也是明朝給木氏土司的「誥命」、「聖旨」、「敕諭」的匯總，明朝類似形式的公文能流傳至今的很少，如此集中的更是少之又少，因此它具有較高的史料價值。前輩學者對其價值有所論述，但不夠全面、系統。[註3]《皇明恩綸錄》尚未得到應有的重視，雖有整理與研究《皇明恩綸錄》

〔註 1〕（明）徐弘祖著，朱惠榮校注：《徐霞客遊記校注》，昆明：雲南人民出版社，1985 年，第 931 頁。

〔註 2〕（清）張廷玉等撰：《明史》卷三百一十四《雲南土司二》，北京：中華書局，1974 年，第 8100 頁。

〔註 3〕按：方國瑜說：《木氏宦譜》備載誥命、敕諭有很多，而《皇明恩綸錄》僅是其一部分，都與宦譜相合，可資參校。（方國瑜《〈皇明恩綸錄〉概說》，載方國瑜著：《雲南史料目錄概說》第一冊，北京：中華書局，1984 年，第 476 頁）。洛克說：「這部記錄可以作為兩部《木氏宦譜》的補充，因為它收錄了有關聖旨、誥命的完整本。此書所收的明代聖旨、誥命和《木氏宦譜》中所記載的文字有一些差異」（洛克《已印刷的歷史記載——白沙街的〈皇明恩綸錄〉》，載（美）約瑟夫·洛克（Joseph F.Rock）著，劉宗岳等譯，楊福泉、劉達成審校：《中國西南古納西王國》，昆明：雲南美術出版社，1999 年，第 46 頁）。

的成果問世，但對該書的版本與流傳情況、數量、截止時間、成書時間等問題知之甚少，更有使人困惑者。﹝註4﹞本文在搜集整理《皇明恩綸錄》的基礎上，試圖對上述問題做一探討。

可見，前輩學者對《皇明恩綸錄》的史料價值的認識侷限在，與《木氏宦譜》所記載文字異同，對《木氏宦譜》有所補充、校對方面。

﹝註4﹞按：《皇明恩綸錄》的研究成果，主要有：方國瑜《〈皇明恩綸錄〉概說》（方國瑜著：《雲南史料目錄概說》第一冊，北京：中華書局，1984年，第476頁）、洛克《已印刷的歷史記載——白沙街的〈皇明恩綸錄〉》（（美）約瑟夫·洛克（Joseph F.Rock）著，劉宗岳等譯，楊福泉、劉達成審校：《中國西南古納西王國》，昆明：雲南美術出版社，1999年，第46頁）等，認為《皇明恩綸錄》所收誥命止於崇禎十二年加封木懿妻之誥文，方先生還認為誥命總共有41道；余海波、余嘉華的《明代納西族文化的奇葩——麗江木氏土司著作》一文認為《皇明恩綸錄》所收誥命，止於崇禎十三年，誥命總共有61件；（林超民主編：《西南古籍研究》2001年，昆明：雲南大學出版社，2002年，第283頁）陳子丹《民族檔案史料編纂學概要》一書認為《皇明恩綸錄》所收誥命止於崇禎十三年加封木懿妻之誥文，誥命總共有61件；（陳子丹：《民族檔案史料編纂學概要》，昆明：雲南大學出版社，2009年，第261頁）《中國少數民族文化大辭典·西南地區卷》「皇明恩綸錄」條認為《皇明恩綸錄》所收誥命止於崇禎十二年加封木懿妻之誥文，誥命總共有40道。（鐵木爾·達瓦買提主編：《中國少數民族文化大辭典·西南地區卷》，北京：民族出版社，1998年，第261頁）光看這些研究，我們就不知道《皇明恩綸錄》誥文的下限到什麼時候，不知道《皇明恩綸錄》誥文的數量與其計算方法。《皇明恩綸錄》的整理刊布：《雲南史料叢刊》未收錄該書；周汝誠先生在編寫《納西族史料編年》一書時，將《皇明恩綸錄》相關「誥命」、「聖旨」、「敕諭」按照時間順序編入史料中，使得我們第一次見到該書的大部分內容，但該書是不完整的；（周汝城、許鴻寶、王恒傑編纂，郭大烈整理：《納西族史料編年》，昆明：雲南民族出版社，2011年）木光的《木府風雲錄》一書中集中收錄了二十九道「誥命」、「聖旨」、「敕諭」，但並不完整，還存在將其他文獻中的相關內容混入其中的弊病；（木光編著：《木府風雲錄》，昆明：雲南民族出版社，2006年）美國漢學家約瑟夫·洛克的《中國西南古納西王國》一書對該書有所提及，並且在介紹木氏土司時引用了該書的內容，惜其沒有將其全部收入書中，也沒有對該書進行描述、拍照。而且，在上述研究及整理成果中，雖有白沙木氏收藏蘇州刻本（已佚）、周汝誠手抄本（未刊布）、周汝誠《納西族史料編年》所載不完整的印刷本、木光《木府風雲錄》中所載不完整的印刷本、麗江市圖書館藏本（未刊布）、中央民族大學藏本（可能無）等，但到目前為止，《皇明恩綸錄》的完整版本或善本或沒有被提及，或沒有得到整理刊布。因為沒有認真整理，所以我們對《皇明恩綸錄》的認識會有偏差與歧義。筆者在整理中國國家圖書館藏鈔本、雲南省圖書館藏鈔本、雲南大學圖書館藏鈔本三個《皇明恩綸錄》善本的基礎上，認為《皇明恩綸錄》的下限應是崇禎十三年欽准木增建坊表揚的誥命，《皇明恩綸錄》總共有40道完整誥命。

一、《皇明恩綸錄》概況

《皇明恩綸錄》，一卷。現存鈔本不著輯錄者名氏，中國國家圖書館依據書衣寫作「明佚名輯」，具體抄錄時間不可考。因書衣有「隆武二年冬重刻」字樣，中國國家圖書館將其時間定為清朝。

《皇明恩綸錄》詳細記載了明朝中央政府頒給麗江木氏土司的「誥命」、「聖旨」、「敕諭」等共計四十道。誥命，是官員的一種委任狀。凡官員升改職階、內外命婦除授及封敘、贈典，應命辭者則用之。〔註5〕封贈五品以上官員和授予世襲爵位時使用，稱為「誥命」。聖旨，是皇帝下的命令或是發表的言論。敕諭，亦稱「敕書」。敕諭的主要使用範圍有四個方面：其一為授命地方官員；其二為諭誥外藩和敕封外藩王；其三為每遇上太皇太后、皇太后等尊號或徽號，或上大行皇帝諡號、廟號時，以敕諭命禮部詳查典禮儀制；其四為凡遇各館開館修書、修史等，由皇帝先期頒發敕諭以行。〔註6〕這些「誥命」、「聖旨」、「敕諭」的時間起於洪武十五年（1382）襃獎麗江土知府木得投誠之聖旨，止於崇禎十三年（1640）欽准木增建坊表揚之誥命。〔註7〕另外還有一道弘光元年（1645）襃獎木懿的誥命，收在崇禎十二年正月二十六日之前，並與之前的誥命有形式上的區別，前四十道誥命均詳載頒給日期，有的還有編號，開頭還有「奉天承運，皇帝制曰」等字樣，而弘光元年這道誥命均沒有這些特徵，因此不宜作為一道完全意義上的誥命。

《皇明恩綸錄》所載的四十道「誥命」、「聖旨」、「敕諭」在形式上並不是完全一致的：帶有像「甲字六百九十七號」這樣編號的有三十二道。另外，

〔註5〕（元）脫脫等撰：《宋史》卷一百六十三《職官三》，北京：中華書局，1975年，第3831頁。

〔註6〕鄭秦主編：《二十六史大辭典・典章制度卷》，長春：吉林人民出版社，1993年，第239頁。

〔註7〕《皇明恩綸錄概說》（方國瑜：《雲南史料目錄概說》第一冊，北京：中華書局，1984年，第476頁）、洛克《已印刷的歷史記載——白沙街的〈皇明恩綸錄〉》（（美）約瑟夫・洛克（Joseph F.Rock）著：劉宗岳等譯，楊福泉、劉達成審校：《中國西南古納西王國》，昆明：雲南美術出版社，1999年，第46頁）、《中國少數民族文化大辭典・西南地區卷》「《皇明恩倫錄》條」（鐵木爾・達瓦買提主編：《中國少數民族文化大辭典・西南地區卷》，北京：民族出版社，1998年，第261頁）等都認為《皇明恩綸錄》的下限是崇禎十二年加封木懿妻之誥文，但經整理發現，此誥命雖是最末一道聖旨，卻不是最後一道。從時間上來說，還有一道崇禎十三年欽准木增建坊表揚的誥命，這應該才是最後一道完整的誥命。

有年無月日者有十五道；有年月無日者有十道；年月日具者有十五道。編號
和年月日具者有十道。並不是每一個皇帝的「誥命」、「聖旨」、「敕諭」均有記
載，有同一年多次授予「誥命」、「聖旨」、「敕諭」的記錄，有同一位皇帝多次
給予「誥命」、「聖旨」、「敕諭」的記錄。這些「誥命」、「聖旨」、「敕諭」大都
是授職、加封、升遷的嘉賞之文，可以分為四類：一是，襲替前任之職；二
是，因戰功襃獎；三是，因納貢而獎賞；四是，追封前代土司。在獎勵、加封
土司時一般連同土司正妻一起封賞。《皇明恩綸錄》詳細記錄了這些「誥命」、
「聖旨」、「敕諭」等頒發時間、編號，有一部分還載有明王朝授賞之詳細物
品，比如洪武十六年「賜木得，金花一對，寶鈔六百錠，紵絲三疋，紗三疋，
羅二疋，絹四疋」。《皇明恩綸錄》是彙集明王朝給木氏土司文牘最完整的一
部資料，是研究土司制度、王朝與土司關係、木氏土司歷史等最重要也是較
為可靠的資料。

　　現在所能見到的《皇明恩綸錄》是鈔本。余海波、余嘉華說《皇明恩綸
錄》「起於洪武十五年，止於崇禎十三年，共存 61 件，中間有缺頁，今存抄
本。」〔註8〕但其最早版本並不是鈔本而是刻本，方國瑜先生在《雲南史料目
錄概說》中說：「瑜所得為周汝誠手抄本，聞汝誠言：『原書為白沙木氏收藏，
蘇州刻版，每一葉周匝刻龍紋，朱色印，本文大字墨色印，極精工。』今所知
傳本，僅此而已。」〔註9〕《皇明恩綸錄》原書供奉在白沙崖腳木家院家廟，
原版已在解放前遺失。〔註10〕

二、《皇明恩綸錄》版本考述

　　根據方國瑜先生《雲南史料目錄概說》、美國漢學家約瑟夫・洛克（Joseph
F.Rock）著的《中國西南古納西王國》、中國國家圖書館館藏目錄、郭大烈主
編的《中國少數民族大辭典・納西族卷》、鐵木爾・達瓦買提主編的《中國少
數民族文化大辭典・西南地區卷》、中國古籍總目編纂委員會編《中國古籍總
目》（史部）、李友仁主編《雲南省圖書館藏善本書錄》可知，《皇明恩綸錄》
共有如下版本：白沙木氏收藏蘇州刻版（已佚）、隆武二年冬重刻版（已佚）、
洛克《中國西南古納西王國》版、中國國家圖書館藏鈔本、雲南省圖書館藏

〔註8〕余海波，余嘉華著：《木氏土司與麗江》，昆明：雲南民族出版社，2002 年，
　　　第 271 頁。
〔註9〕方國瑜：《雲南史料目錄概說》第一冊，北京：中華書局，1984 年，第 476 頁。
〔註10〕木光編著：《木府風雲錄》，昆明：雲南民族出版社，2006 年，第 56 頁。

鈔本、雲南大學圖書館藏鈔本、周汝誠編《納西族史料編年》所載不完整的印刷本、木光《木府風雲錄》中所載不完整的印刷本、麗江市圖書館藏本、中央民族大學藏本。

（一）中國國家圖書館藏鈔本

一卷，一冊，線裝，不著輯錄者名氏，輯錄時間不詳，書內寫作「隆武二年冬重刻」。又有「奉天敕誥」字樣。鈐印「北京圖書館藏」，無序，無跋，字作楷體，整體字跡並不統一，疑非一人手抄，間有改動痕跡，改動之處字跡與原文字跡不同，疑為後人所改。有個別字寫作簡化字，例如原書第九頁的「中順大夫」中的「順」，「順」字在其他地方都寫為「順」而此處卻寫為「顺」。又如第三四頁「右參政」的「參」字，有時寫為「叅」，有時又寫為「参」。再如「四」字，有時候寫「肆」，「進貢方物，隨蒙成例，回頒敕一道：賜木得，金花一對……絹肆疋。」有時寫「四」，「進貢方物，請給誥命，隨蒙照例，回頒敕一道：賜木初，寶鈔六百錠……絹四疋。」類似這樣的簡化字在其他地方也偶有出現。書的後面幾道「誥命」、「聖旨」、「敕諭」的時間順序有錯亂，例如：崇禎十二年的兩道聖旨記載在崇禎十三年之後。另外，中國國家圖書館藏本可能並非是完整本，抑或是非對「誥命」、「聖旨」、「敕諭」的全部抄錄，從其中的記載可見一斑：有兩件僅記載朝貢回賜物品，一件是萬曆四十七年三月二十五日，一件是崇禎十二年正月二十六日，而其他敕諭均有「進貢方物，隨蒙成例，回頒敕一道」等字樣。本書的品相佳，無破損，紙張發黃，紙張四周不整齊，墨色略舊，訛誤極少，內容完整無缺。

（二）雲南省圖書館藏鈔本

一卷，一冊，線裝，不著輯錄者名氏，輯錄時間不詳，書內寫作「隆武二年冬重刻」。又有「奉天敕誥」字樣。內夾有小紙條：「此本據江應樑藏傳抄本傳抄」。筆者以此本與國家圖書館藏本作了對校，發現該本與國家圖書館藏本僅有個別字的不同，內容上沒有差別，並且國家圖書館藏本的後面幾道聖旨的時間順序有錯亂的問題在雲南省圖書館藏本上也存在。本書無序，無跋，字作楷體，整體字跡統一，內容完整清晰，無改動痕跡。紙張、墨色略新。應為近鈔本。

（三）雲南大學圖書館藏鈔本

一卷，一冊，硬筆書寫，紙張為現代常見，並有紅色方格。雲南大學圖

書館藏本在書的開始有「雲南省圖書館傳鈔」的字樣，可知雲南大學圖書館的藏本抄自雲南省圖書館，從字跡、紙張來看當為現代抄寫。

（四）周汝誠編《納西族史料編年》中所載不完整的印刷本

此本並不是完全意義上的一本書，而是周汝誠先生在做《納西族史料編年》的時候將《皇明恩綸錄》的內容按照時間順序編排在相應的納西族史料中。周汝誠先生對所使用部分的《皇明恩綸錄》進行了標點。筆者將周汝誠本與國家圖書館藏本以及雲南省圖書館藏本一一對校之後發現，周汝誠本的內容少了很多，不僅「誥命」、「聖旨」、「敕諭」等不全，而且也沒有記載明王朝賞賜的物品。周汝誠先生本的《皇明恩綸錄》內容不全，可能是他編寫納西族史料時候，按照需要進行了取捨，也可能是他手中的版本出現不完整所致。令人感到疑問的是，周汝誠先生在《納西族史料編年》中對史料的使用基本上都是大段完整引用，尤其是《皇明恩綸錄》。但是又偏偏缺少了多道聖旨，這個就不得而知了。周汝誠先生在《納西族史料編年》中並沒有指出他所見到的《皇明恩綸錄》的版本來源。但是根據方國瑜先生轉述的周汝誠對《皇明恩綸錄》的描述：「原書為白沙木氏收藏，蘇州刻版，每一葉周匝刻龍紋，朱色印，本文大字墨色印，極精工。」〔註11〕可見周汝誠先生對白沙木氏收藏蘇州刻本有所耳聞，或許他的《納西族史料編年》用的正是此本。〔註12〕

（五）木光《木府風雲錄》中所載不完整的印刷本

木光編著的《木府風雲錄》一書中有一部分專門介紹《皇明恩綸錄》，並且收錄了《皇明恩綸錄》的原文，但是只有二十九道「誥命」、「聖旨」、「敕諭」。筆者將木光本與國家圖書館藏本、雲南省圖書館藏本以及周汝誠先生本一一對校之後發現：首先，木光本多了幾道其他三個版本均沒有的內容，但是經過考證之後，得知這些內容是抄自其他文獻的，不屬於《皇明恩綸錄》。

〔註11〕方國瑜：《雲南史料目錄概說》第一冊，北京：中華書局，1984 年，第 476 頁。

〔註12〕按：周汝誠手抄本（方國瑜：《雲南史料目錄概說》第一冊，北京：中華書局，1984 年，第 476 頁）與周汝誠編《納西族史料編年》所載不完整的印刷本不同。周汝誠手抄本有四十一道誥命，下限是崇禎十二年加封木懿妻之誥文；（方國瑜：《雲南史料目錄概說》第一冊，北京：中華書局，1984 年，第 476 頁）而周汝誠編《納西族史料編年》所載不完整的印刷本無崇禎十二年加封木懿及其妻之誥文，而且它是不完整本。周汝誠編《納西族史料編年》所載不完整的印刷本應該是其手抄本中的部分，而其手抄本則很可能與白沙木氏收藏蘇州刻本有關。

其次，周汝誠本沒有的「誥命」、「聖旨」、「敕諭」，木光本也均沒有。第三，有的是木光本沒有的而周汝誠本有的。木光在《木府風雲錄》一書中沒有說明他所見到的《皇明恩綸錄》的版本來源。但木光先生曾告知筆者：《木府風雲錄》中所收錄的《皇明恩綸錄》是家傳的，已經不完整了，只有二十九道。〔註13〕

（六）麗江市圖書館藏本

按照鐵木爾・達瓦買提主編的《中國少數民族文化大辭典・西南地區卷》中的《皇明恩綸錄》條所載：「現有手抄傳本存麗江圖書館、中央民族大學。」〔註14〕的提示，筆者去麗江圖書館查找，但是麗江圖書館工作人員告知書在打包中不能借閱，因此也不能確定麗江圖書館是否藏有此書，未能見到麗江圖書館所藏的版本，殊以為憾。到中央民族大學圖書館查找，結果是中央民族大學圖書館並沒有此書。

（七）洛克《中國西南古納西王國》版

美國漢學家約瑟夫・洛克（Joseph F.Rock）著的《中國西南古納西王國》一書中有題為「已印刷的歷史記載——白沙街的《皇明恩綸錄》」的專門介紹，洛克稱其為已印刷的記錄，而且說白沙街的誥命為「完整本文」。他在書中使用了一些《皇明恩綸錄》的內容，遺憾的是洛克並沒有把《皇明恩綸錄》的全部內容收入書中，也沒有描述他所見到的版本的樣子。但是洛克於1922年到1949年8月長期在麗江居住，進行納西族歷史文化研究，〔註15〕而原版是在解放前遺失，很可能洛克所見到的版本是白沙木氏收藏蘇州刻版。

由於《皇明恩綸錄》最早刻本已亡佚，故其版本淵源無法準確考證。現在我們所能見到的所有鈔本，當從白沙木氏收藏的蘇州刻版刻本中輾轉傳抄出來。在目前可見的版本中雲南省圖書館的藏本可以明確的知道是抄自江應樑先生的收藏本。首先，方國瑜先生說周汝誠手抄本有四十一道誥命，下限是崇禎十二年加封木懿妻之誥文。對校雲南省圖本與國圖本，發現雲南省圖

〔註13〕2013年10月19日在麗江舉行的「方國瑜誕辰一百一十週年學術研討會」上，筆者當面向參加會議的木光先生請教。

〔註14〕鐵木爾・達瓦買提主編：《中國少數民族文化大辭典・西南地區卷》，北京：民族出版社，1998年，第261頁。

〔註15〕S・B・薩頓等著，宣科編譯：《約瑟夫・洛克》，載（美）約瑟夫・洛克（Joseph F.Rock）著，劉宗岳等譯，楊福泉、劉達成審校：《中國西南古納西王國》，昆明：雲南美術出版社，1999年，第3～8頁。

本與國圖本僅有個別字的不同，內容上沒有差別，並且國圖本的後面幾道聖旨的時間順序有錯亂的問題在雲南省圖本上也存在，即國圖本和雲南省圖本都是如方國瑜先生所說。其次，方國瑜先生和江應樑先生同在雲南大學歷史系一個教研室，關係密切。因此，我們似乎可以推斷：江應樑本（雲南省圖本）應該來自方國瑜先生，方國瑜先生所見到的版本則來自周汝誠之手。也就是說，雲南省圖本來自周汝誠手抄本。再就是可以確知雲南大學圖書館藏本抄自雲南省圖書館藏本。所以，只能將可見的版本做一簡單推測，從紙張、墨色、書品來看國家圖書館藏本為善本。從完整程度來看，雲南省圖書館藏本也可以算是善本。具體可以把這些版本，大別分為兩種：一是藏鈔本；二是印刷的不完整本，並已通行於世。鈔本又大別為兩種：一，國家圖書館藏鈔本；二，雲南省圖書館藏鈔本，雲南大學圖書館藏鈔本與其一致。然而國圖本、雲南省圖本、周汝誠手抄本、木光本之間具體的源流關係已難確證。

三、《皇明恩綸錄》史料價值

《皇明恩綸錄》是一部研究明朝麗江木氏土司的重要史籍，也是第一手的檔案資料，是不可多得的基礎性材料，這在現存明朝皇帝對一地土司直接褒獎之檔案資料實不多見，尤其是對遠在京師三千多公里的雲南一地之土司的諭旨數量，是絕無僅有的。《皇明恩綸錄》的史料價值，可以從以下幾個方面來看。

（一）對研究土司制度的作用

土司制度形成於元代，鼎盛於明代，至清雍正改土歸流後大大衰落。土司制度全盛時的明朝有一套規章制度來掌控土司，在土司的授職、承襲、獎懲、升遷、封贈等等方面都有明確規定。《皇明恩綸錄》是朝廷給木氏土司的誥敕、諭旨，因此很能夠反映出明王朝這套土司制度是如何規定的。

土司的授職方面。《明史》卷三百一十《土司》載曰：「洪武初，西南夷來歸者，即用原官授之……以勞績之多寡，分尊卑之等差」〔註16〕。《皇明恩綸錄》中也可看出這一點，比如第一道敕諭「爾麗江土官阿得，帥眾先歸，為夷風望，足見擴誠。且朕念前遣使奉表，智識可嘉，今命爾木姓，從聽總兵官傅擬授職」。可見木得因率先歸附，因而授職。土司授職，朝廷賜予土司信物。

〔註16〕（清）張廷玉等撰：《明史》，北京：中華書局，1974年，第7982頁。

在明代「土司一經除授，朝廷即賜予誥敕、印章及冠帶等信物，作為朝廷命官的憑證」。〔註17〕這在《皇明恩綸錄》中也可看出，賜誥敕在《皇明恩綸錄》多見，比如第二十二道給木公的誥敕：「奉天承運，皇帝制曰：朕惟帝王之治，以天下為家，故命官錫爵，無間遐邇，所以廣綏懷之道，示激勸之典也。爾雲南麗江軍民府土官知府木公，粵自先世，居守南荒，恭事中朝，久而不替，爾能善承其志，修職有加，效力輸忠，輯寧邊境，眷惟勞勳，良足嘉尚，茲特授以中憲大夫，錫之誥命，以示褒榮，爾尚益篤忠誠，慎終如始，保境安民，永享太平之福，欽哉！」賜予印章的，如第四道「皇帝敕諭雲南等處承宣布政使司麗江府世襲土官知府木初，……今準廷議，從頒麗江軍民府知府印一顆」。這是賜木得知府印。賜予冠帶的，如第二道「皇帝制諭雲南等處，承宣布政使司麗江府土官知府木得，……授爾子孫世襲土官知府，……今特賜爾鈒花金帶，鑴「誠心報國」一束，衣冠全套，令字銀牌重十兩一面」。可見明王朝賜木得冠帶，銀牌等信物。此外，明朝還有賜符牌給木氏土司的。《明會典》卷一百八《禮部六十六》載：「凡信符金牌。永樂二年始置，以給雲南徼外土官。其製銅鑄信符五面，內陰文者一面，上有文行忠信四字，與四面合。編某字一號，至一百號，批文勘合底簿。……陰文信符勘合，俱付土官。底簿，付雲南布政司。其陽文信符四面，及批文一百道，藏之內府。凡朝廷遣使、則齎陽文信符，及批文各一，至布政司比同底簿，方遣人送使者以往。土官比同陰文信符及勘合，即如命奉行。信符之發，一次以文字號、二次行字，次忠，次信，周而復始。又置紅牌鏤金字敕書諭之。凡有調發，及當辦諸事，須憑信符乃行。如越次、及比字號不同，或有信符而無批文，有批文而無信符者，即是詐偽，許擒之赴京，治以死罪。」〔註18〕《皇明恩綸錄》中第五道誥命是頒發於永樂五年，其原文：

　　　奉天承運，皇帝制曰：朕恭承天序，統治四海，天下猶一家，施恩酹典，無間內外。爾雲南麗江軍民府世襲知府木初，能以撫輯西陲，開設巨津等處，敷功奏聞，錫爾金牌一面，進階升授，封爾為中憲大夫，懋膺嘉命，永世其承，欽哉！

　　　制誥

〔註17〕龔蔭著：《中國土司制度》，昆明：雲南民族出版社，1992年，第68頁。

〔註18〕（明）申時行等修，（明）趙用賢等纂：《大明會典》，《續修四庫全書》（史部·政書類，第791冊），上海：上海古籍出版社，1996年，第107頁。

永樂五年三月□日給

之寶

甲字八百九號

半璽

金牌重二十兩

義字七十六號

半璽

可見賜木初金牌時間是在永樂二年始置信符金牌之後，金牌也有編號，這與《明會典》中所規定的相吻合。

土司的承襲方面，《明會典》卷六《吏部五‧土官承襲》載曰：「土官承襲原俱屬驗封司掌行。洪武末年以宣慰宣撫安撫長官等官，皆領土兵，改隸兵部，其餘守土者，仍隸驗封司。凡各處土官承襲，洪武二十六年定。湖廣、四川、雲南、廣西土官承襲，務要驗封司委官體勘，別無爭襲之人，明白取具宗支圖本，並官吏人等結狀，呈部具奏，照例承襲，移付，選部附選，司勳貼黃，考功附寫行止，類行到任，見到者，開給劄付，頒給。」〔註19〕在《皇明恩綸錄》中雖然無法看出土司承襲的完整過程，但是卻有提到驗封司委官體勘，其載「萬曆十三年，進貢方物，請給誥命，蒙覆行本司覆查，隨蒙照例，回頒敕一道：賜木旺……」。這裡提到「蒙覆行本司覆查」，可見木旺承襲時隸屬驗封司。

土司的朝貢和回賜制度方面。《皇明恩綸錄》中「進貢方物」以及進貢回賜的記載很多，可以用來研究明朝土司的朝貢和回賜制度。進貢時間的規定在《明會典》卷一百八《土官》載曰：「湖廣、廣西、四川、雲南、貴州腹裏土官，遇三年朝覲，差人進貢一次。俱本布政司給文起送，限本年十二月終到京。慶賀限聖節以前。謝恩無常期，貢物不等。」〔註20〕一般明朝會對土司上貢後給予回賜，《明會典》卷一一三《禮部七十一》，《給賜四‧土官》載曰：「湖廣、廣西、四川、雲南、貴州、腹裏土官、朝覲進到方物……其賜各不同，凡三品、四品回賜，鈔一百錠，綵緞三表裏。五品，鈔八十錠，綵緞三

〔註19〕（明）申時行等修，（明）趙用賢等纂：《大明會典》，《續修四庫全書》（史部‧政書類，第789冊），上海：上海古籍出版社，1996年，第113～114頁。

〔註20〕（明）申時行等修，（明）趙用賢等纂：《大明會典》，《續修四庫全書》（史部‧政書類，第791冊），上海：上海古籍出版社，1996年，第101頁。

表裏。六品、七品，鈔六十錠，綵緞二表裏。八品、九品，鈔五十錠，綵緞一表裏。雜職衙門並頭目人等，自進馬匹。方物，鈔四十錠，綵緞一表裏」。〔註21〕比如，《皇明恩綸錄》中載「進貢方物，隨蒙成例，回頒敕一道：賜木得，金花一對，寶鈔六百錠，紵絲三疋，紗三疋，羅貳疋，絹肆疋。木得妻阿社，紵絲貳疋，羅貳疋。」另外，在明王朝因戰事需要銀兩的時候，木氏土司會相助，而朝廷也會對其回賜。比如「萬曆四十六年，恭進遼餉，隨解赴京，後奉聖旨刊載事例通行天下，欽此欽遵，抄出到部，戶部移文頒行天下，褒榮尋因覆題及敘泰昌元年蒙欽加，木增三品服色之上，還嘉錫花幣銀三十兩。」此事正是《明史》卷三百十四《雲南土司二》記載的：「（萬曆）三十八年，知府木增以征蠻軍興，助餉銀二萬餘兩，乞比北勝土舍高光裕例，加級。部復賜三品服色，……四十七年，增復輸銀一萬助遼餉。」〔註22〕在《皇明恩綸錄》中還記有「天啟二年，助征蜀奢餉功，撫按題蒙欽賜，木增三品服色緋袍一襲，紵絲二素裏，銀三十兩。」

　　對土司的獎勵、升遷主要是因軍功、忠誠、保境安民、納貢、助銀等方面。在《皇明恩綸錄》都可以找到例證。因軍功而受賞：「弘治六年，世守雲南太師黔國公沐琮，太監兩臺會題剿撫北勝蕃賊有功事，欽准。錫木泰，俸地村莊田。」又「嘉靖十九年，兵部題預安南有功事，蒙欽准獎，錫木公白金十兩。」因忠誠而受賞：木氏土司對明王朝非常忠誠，所以朝廷對其嘉獎，褒揚很多，比如第九道「奉天承運，皇帝制曰……爾雲南麗江軍民府世襲知府中憲大夫木初，歷任有年，累奏敷功，朕甚嘉之。及敘酢勸，特賜爾『誠心報國』金帶一束」又第二十九道「皇帝敕諭雲南麗江軍民府世襲土官知府木增，近該爾奏稱爾祖木得於高皇帝時，從征有功，升授前職。永樂間，給督鎮邊敕書，令守疆土，自後屢蒙獎諭，賜服加銜，世受國恩，未能圖報，茲循往例，敬差目把和得仲恭獻金鐘銀壺，花氊花毯等物，至今虔修貢儀，謝恩祝壽，具見爾誠心效順，尊事朝廷朕甚嘉之，爰從該部之請，特加賞賫，令賜爾並爾妻紵絲紗羅絹疋，以示殊恩，就令和得仲齎去至可收領，爾宜矢心竭力，永懷忠順，無負天朝柔遠之仁，而亦長享太平之福。欽哉故諭。」因保境安民而受賞：第十一道「奉天承運，皇帝制曰……爾雲南麗江軍民府世襲知府木

〔註21〕（明）申時行等修，（明）趙用賢等纂：《大明會典》，《續修四庫全書》（史部·政書類，第791冊），上海：上海古籍出版社，第142頁。
〔註22〕（清）張廷玉等撰：《明史》，北京：中華書局，1974年，第8099頁。

土，克紹先猷，綏懷遠夷，能以殫忠，寧輯邊宇，今特封爾為中順大夫。惟敬是心，惟忠是懷，以永光譽，欽哉！」。木氏土司世守麗江，抵禦吐蕃，為明王朝守住邊境，所以在嘉靖十五年，木公時賜「輯寧邊境」四字。因納貢而受賞：《皇明恩綸錄》中可見因進貢回賜的記載很多，比如第二道：「進貢回賜敕一道：內開載成例，祗收進階錫命，封為中順大夫，以示襃榮。爾尚推廣皇仁，蕃遠俱沾王化，共慶衣冠，永享太平之福，咸使播聞，欽哉！」因助銀而受賞：在明王朝因戰事需要銀兩的時候，木氏土司也會相助，因而朝廷對其進行獎賞。比如「萬曆四十六年，恭進遼餉，隨解赴京，後奉聖旨刊載事例通行天下，欽此欽遵，抄出到部，戶部移文頒行天下，襃榮尋因覆題及敘泰昌元年蒙欽加，木增三品服色之上，還嘉錫花幣銀三十兩。」又「天啟二年，助征蜀奢餉功，撫按題蒙欽賜，木增三品服色緋袍一襲，紵絲二素裏，銀三十兩。」

　　升遷的辦法，根據龔蔭總結的有升品級，給以流官名，以及加虛銜。〔註23〕這在《皇明恩綸錄》中也有體現，加虛銜的：比如第道十七道「奉天承運，皇帝制曰……爾雲南麗江軍民府世襲知府木森，……功升勳級，雲南布政使司左參政職事，封爾為太中大夫資治少尹」。太中大夫是文官從三品，資治少尹是文官從三品。這在《明史》卷七十二《職官一》有載：「從三品初授亞中大夫，升授中大夫，加授贈太中大夫資治少尹。」〔註24〕加虛銜辦法還有升授散階，散官是有只有官名，而無實際職務的，比如《皇明恩綸錄》第九道「奉天承運，皇帝制曰……爾雲南麗江軍民府世襲知府中憲大夫木初，……進爾勳階，升授散官一級」。給土司加授流官名的：「本年（天啟二年）封上事十蒙聖旨，這所奏亦堅忠藎，知道了，欽此，欽遵抄出到部覆題，奉聖旨，是木增加雲南布政使司右參政職銜致事，以勸忠義，欽遵照會，移行本司。」右參政一職，是明代以及清初布政使的下屬官員。《明史》卷七十五《志第五十一‧職官四》載曰：「承宣布政使司。左、右布政使各一人，從二品，左、右參政，從三品，……參政、參議因事添設，各省不等，詳諸道。」〔註25〕

　　《皇明恩綸錄》作為告敕檔案，「有助於解決歷史人物研究和職官、封贈

〔註23〕參見龔蔭著：《中國土司制度》，昆明：雲南民族出版社，1992年，第82～84頁。

〔註24〕（清）張廷玉等撰：《明史》，北京：中華書局，1974年，第1736頁。

〔註25〕（清）張廷玉等撰：《明史》，北京：中華書局，1974年，第1838頁。

制度等相關方面的一些問題。」〔註26〕封贈制度從《皇明恩綸錄》中收錄的誥命、諭旨也可以看出。比如第六道「雲南麗江軍民府世襲知府木初，父木得，率土順天，累績勤王，分茅錫姓，原授中順大夫，今特追贈中憲大夫，勳封一級，爾其有知，服斯恩命！制誥」。明朝規定：「凡封贈，公、侯、伯之追贈，皆遞進一等。……七品以上皆得推恩其其先。五品以上授誥命，六品以下授敕命。……正四品，初授中順大夫，升授中憲大夫。」〔註27〕因此，木得因子而升授一級。

　　總之，土司制度的出現雖是權宜之計，但是其存在是有其積極意義的，維護了邊疆地區的穩定，促進了邊疆地區經濟、文化的發展，使得統一的多民族國家更加穩固。這也是研究中國民族地區空間鞏固、制度形成、文化傳播和歷史進程的鎖鑰，是發展中華民族新文化的基礎和有利條件。《皇明恩綸錄》是基礎性史料，對研究土司的授職、承襲、升遷、獎勵、封贈，對朝廷如何治理土司等提供了史料，因此整理諭旨、誥命等材料，是進一步挖掘土司制度的內涵不可或缺的材料。

（二）對研究誥敕、諭旨文書的作用

　　《皇明恩綸錄》收錄了從洪武十五年一直到崇禎十三年的誥敕、諭旨，是研究明代的誥敕、諭旨文書難得的基礎材料。在明代誥敕是用來封贈的，共有兩種，一是誥命，二是敕命，《大明會典》卷六《誥敕》載曰：「一品至五品皆授以誥命，六品至九品皆授以敕命。」〔註28〕土司也遵照此規定。

　　誥書、敕書的書寫是有一定的程序的。第一，基本上以「奉天承運皇帝制（敕）曰」開頭。「這是朱元璋興起的規矩，表明皇帝是奉行天命，不敢自專的。」〔註29〕第二，誥書、敕書的語言書寫方面，明代弘治以前誥書、敕書的語言是比較簡潔，弘治以後，誥書、敕書的語言日益詞多浮靡，虛為頌美。張居正曾有評論說：「制命之詞，貴在簡嚴莊重，乃為得體。查得成化、

〔註26〕王金玉，戴龐海：《明清時期的封贈制度與誥敕檔案淺述》，《檔案管理》，1992年第 3 期。

〔註27〕（清）張廷玉等撰：《明史》卷七十二《志第四十八・職官一》，北京：中華書局，1974 年，第 1736 頁。

〔註28〕（明）申時行等修，（明）趙用賢等篹：《大明會典》，《續修四庫全書》（史部・政書類，第 789 冊），上海：上海古籍出版社，1996 年，第 119 頁。

〔註29〕王金玉，戴龐海：《明清時期的封贈制度與誥敕檔案淺述》，《檔案管理》，1992年第 3 期。

弘治年間誥敕，敘本身履歷功績，不過百餘字；祖父母、父母及妻室，不過六七十字。至於慶典、覃恩，則其詞尤簡。蓋以恩例概及，比之考績不同，故以賁被為榮，不必詳其閱歷，此制體也。近年以來，俗尚干求，詞多浮靡。撰述官沿襲宿弊，往往不候進呈，先將文稿傳示於人。其中詞語又過為誇侈，多至數百千言。或本無實行，虛為頌美；或事涉幽隱，極力宣揚。臣等方欲為之更定，而本官已先得稿登軸矣。夫誥敕者，朝廷所以告諭臣下者也。臣諛其君，猶謂之佞，況以上諛下，是何理乎？」〔註30〕這在《皇明恩綸錄》中也可以看出，比如以下三道誥敕。

　　第三道：奉天承運，皇帝制曰：朕立極成統，粵遵歷代帝王之典，以建官樹職，命階錫爵。爾雲南麗江世襲土官知府木初，恭順崇厚，智哲超俊，累奏多功，奉命宣化，能用夏以變夷，攄誠報國，克施威而布德，殫忠懷夷，茲特封爾為中順大夫，尚無忝於前人，以永貽於後嗣。欽哉！

　　制誥

　　洪武二十五年二月十三日給

　　之寶

　　甲字六百九十七號

　　半璽

　　第二十四道：奉天承運，皇帝制曰：朕惟帝王之治，以天下為家，故命官錫爵，無間遐邇，所以廣綏懷之道，示激勸之典也。爾雲南麗江軍民府土官知府木東，粵自先世，職守遐荒，恭順朝廷，久而不替，暨爾棟樑之質，經緯之才，奉命專城，能用文而濟武，誠心報國，克移孝以攄忠，修身蒞事，振先烈以彌昌，捍虜安民，控邊郵而肅靜，功存保障，德庇鄰封，茲特嘉爾賢勞，授階中憲大夫，錫之誥命，以示褒榮，爾尚益篤忠貞，世作南中鎖鑰，申嚴威武，永為西北藩籬，欽哉！

　　制曰：國家報功之典，既錫命於其夫，而推恩必及其配者，蓋重人倫之本，敦風化之源也。爾雲南麗江軍民府土官知府木東妻高氏，賦性溫良，持身恭儉，婦道有稱於生前，恩典以遺於身後，茲

〔註30〕張舜徽主編：《張居正集》第1冊奏疏，武漢：湖北人民出版社，1994年，第117頁。

贈爾為恭人，陰爽有知，服茲光寵。

　　制曰：婦從夫貴，率由舊章，雖稽古以加恩，實因賢旌善也。爾雲南麗江軍民府土官知府木東繼室猛氏，純雅之姿，柔順之德，助內克勤克敬相夫宜室宜家，特封爾為恭人，欽此褒章，永光閨壼。

　　制誥

　　萬曆二年閏十二月初五日給

　　之寶

　　智字一百四號

　　半璽

　　第三十四道：奉天承運，皇帝制曰：朝家倚重勳庸之後，星列遐方。乃有身託裔荒，精馳闕下，表清芬於上世，明大義於中朝，非藉崇褒，何以勸後。爾中憲大夫雲南麗江軍民府知府今加升布政使司右參政木增，冰霜志操，金石肝腸，艱難惟瀝寸心，慷慨親當百戰，早承先緒，屢奏邊勳，蕃達憚其威名，軍民感其德化。自憤奴酋肆逆，幾思舉國同仇，待旦枕戈，捐資助餉，即拓疆之餘稅，總索賦以犒師。忠勤九重，榮躋三品，祗績勞於戎務，遂釋擔於仔肩，堂構得人，林泉可適，猶切聖明之戀，不忘婺婦之憂，叩闕陳言，傾家殫赤，琅琅大義，終始不渝，如爾丕著忠勤，屈指諸司罕埒，是用加授爾為中大夫，錫之誥命。於戲！匪躬節重宏昭，鳳闕新綸保障，功高永勒龍山，片石祗承休命，用作臣標。

　　制曰：勞臣干國，淑媛宜家，故朝有渥恩施於內閨，所以為賢助勸也。爾封恭人祿氏繁，乃雲南麗江軍民府加升布政使司右參政木增之妻，靜專為度，淑慎其儀，出自德門，嬪於名守，雍雍思媚，瀰瀰而奉孀姑，燁燁光裏，脫簪珥而供國餉。爰開祥於麟趾，益丕邕乎鴻猷，茲特封爾為淑人，畀珈莱以揚芬，斃袗鞏而飾度。

　　制誥

　　天啟五年九月□日給

　　之寶

　　仁字五百五十五號

　　半璽

　　由上所舉可以看出洪武二十五年那道誥敕用詞簡單、樸實，萬曆二年那

道已經開始用詞囉嗦，到了天啟五年那道誥敕就是用詞浮誇，粉飾過多，文字冗長。將《皇明恩綸錄》的所有誥敕放在一起對比這種誥敕書書寫用詞方面的變化會更加明顯。

　　第三，誥、敕書的編號也是有規定的，萬曆《大明會典》卷二百十二載曰：「登記內號底簿照數領用，其號紙，文官並王府、蕃王、土官與武職，舊制俱用智字號。武官新制用仁字號。凡寫誥敕，成化二十三年，奉旨，照奏准年月填寫。凡寫完誥敕軸，類編勘合底簿。公、侯、伯、內外文武官，舊用二十八宿。後更定公、侯、伯本身並追封用仁義禮智字。蕃王及一品、二品本身同。三品以下用十二支字。追封用文、行、忠、信等字，武官新制，續誥用千字文，請誥仍用二十八宿。永樂以後，請誥用急就章。蠻夷、土官各從文武類編。每字編滿一千道，仍從前續編。若王府並駙馬都尉，俱不編號。」〔註31〕《皇明恩綸錄》也是遵循這個規定的。比如，第四道洪武三十年十一月，給木初頒麗江軍民府知府印，用的是「信字九號」。第二十道弘治十年十月三十日授木泰為太中大夫，《明史》卷七十二《職官一》載曰載曰：「從三品，初授亞中大夫，升授中大夫，加授太中大夫。」〔註32〕所以用的是「寅字十八號」。因為是文官所用的是十二支字的「寅」字。第二十七道萬曆三十四年二月二十五日追贈木增之父木青，用的是「義字二百八十四號」。第三十三道天啟五年九月追贈木旺，用的是「仁字五百五十四號」。追贈用的是「義」字，「仁」字。

　　另外，《天府廣記》卷之十《中書科》提到明代的誥敕勘合字號問題時載曰：「舊時誥敕勘合字號，國王用禮字，追封用文行忠信字，文官二品以上用仁義禮智字，三品以下用十干字，新制武官誥命初編用二十八宿字，續編用千字文。」〔註33〕《皇明恩綸錄》中第九道永樂十年九月，獎賞已經是中憲大夫的木初「誠心報國」金帶一束，並升授散官一級，中憲大夫在明朝為升授之階，《明史》卷七十二《職官一》載曰：「正四品，初授中順大夫，升授中憲大夫，加授中議大夫。」〔註34〕所以用的是「乙字一百十九號」。第十一道永樂二十一年封木土為中順大夫，用的是「丙字一百十五號」甲、乙、丙等字

〔註31〕（明）申時行等修，（明）趙用賢等纂：《大明會典》，《續修四庫全書》（史部・政書類，第792冊），上海：上海古籍出版社，1996年，第523～524頁。
〔註32〕（清）張廷玉等撰：《明史》，北京：中華書局，1974年，第1736頁。
〔註33〕（清）孫承澤纂：《天府廣記》，北京：北京古籍出版社，1984年，第128頁。
〔註34〕（清）張廷玉等撰：《明史》，北京：中華書局，1974年，第1736頁。

就是十干字。

第四，誥敕書中的「封」「贈」「授」的用法是有區別的。「生曰封，死曰贈」。〔註35〕對曾祖父母、祖父母、父母和妻室封典也稱為『封』。授是對官員本身的封典。《皇明恩綸錄》中也能看出這種區別，例如，第八道是對妻子的封典：「奉天承運，皇帝制曰：……雲南麗江軍民府世襲知府中憲大夫木初，妻阿撒，……封為恭人」。第六道是對父親的封典：「奉天承運，皇帝制曰：……雲南麗江軍民府世襲知府木初，父木得……原授中順大夫，今特追贈中憲大夫」。第三十二道是對祖父的封典：「奉天承運，皇帝制曰：……爾中憲大夫雲南麗江軍民府知府木旺，乃雲南布政使司右參政木增之祖……茲特贈爾為中大夫雲南布政使司右參政。」第十九道是對官員本身的封典：「奉天承運，皇帝制曰：……爾雲南麗江軍民府土官知府木欽，……茲特授爾太中大夫」。第二十一道也是對官員本身的封典：「奉天承運，皇帝制曰：……爾雲南麗江軍民府土官知府木定……茲特授以中順大夫」。

第五，誥敕書用寶也有規定，《大明會典》卷六《誥敕》載曰：「誥用制誥之寶，敕用敕誥之寶」〔註36〕《皇明恩綸錄》中除了敕諭、敕用的「敕命之寶」「廣運之寶」外，其他都是用的「制誥之寶」。

《皇明恩綸錄》中還可見有敕諭。敕諭也有一定的格式，敕諭的開頭用「皇帝制諭」或「皇帝敕諭」，接著寫受敕者的官銜、姓名等，結尾沒有固定的格式，一般用「故諭欽此」「故茲敕諭」「欽哉」「故敕」等。〔註37〕最後的用寶，一般是制諭用「制誥之寶」，敕諭用「敕命之寶」，敕以及吏部陞官手敕用「廣運之寶」。用寶不同的說法在葉盛《涇東小稿》中有提到「皇朝凡敕旨下頒，出自聖製親御翰墨者有數。褒嘉封贈誥敕有定制，此外多詞臣代言，中書舍人報筆，用內造金龍箋書，御寶各因其事而不同。制諭方白紙書，識『制誥之寶』。次則皆龍文緣邊黃紙書。敕諭識『敕命之寶』，敕識『廣運之寶』，而敕諭紙稍寬。其外封紙袋則悉識牙刻丹符，其文曰：『丹符出驗四方』。若吏部陞官手敕，亦識『廣運之寶』，制俱小，不封，止用紙圍外，或署上字，則上所親授。洪武中有敕、符、手詔，今所見惟此，尊稱之

〔註35〕（清）張廷玉等撰：《明史》，北京：中華書局，1974年，第1736頁。

〔註36〕（明）申時行等修，（明）趙用賢等纂：《大明會典》，《續修四庫全書》（史部·政書類，第789冊），上海：上海古籍出版社，1996年，第119頁。

〔註37〕參見李福君著：《明代皇帝文書研究》，天津：南開大學出版社，2015年，第101頁。

者，通曰敕書云。」〔註38〕根據葉盛所說來看，制諭，敕諭，敕都有區別，除了用紙不同，用寶也不同。《皇明恩綸錄》的原版現已不存所以無法看出用紙問題了，其所錄的內容還可以看出用寶基本符合葉盛所說的。

《皇明恩綸錄》中的敕諭、敕數量不多，故全錄入此：

第二道「皇帝制諭雲南等處承宣布政使司麗江府土官知府木得」，結尾是「欽哉」，「制誥之寶」。

第四道「皇帝敕諭雲南等處承宣布政使司麗江府世襲土官知府木初」，結尾是「欽哉」，「敕命之寶」。

第十道「皇帝敕諭雲南等處承宣布政使司麗江軍民府世襲知府木土」，結尾是「故敕」，敕命之寶」。

第二十八道和第二十九道都是「皇帝敕諭雲南麗江軍民府世襲土官知府木增」，結尾是「欽哉故諭」，「廣運之寶」。

第三十道「皇帝敕諭雲南麗江軍民府知府加升布政使司右參政木增」，結尾是「欽哉故諭」，「廣運之寶」。

第三十一道「皇帝敕諭雲南麗江軍民府知府加升布政使司右參政木增」，結尾是「故諭」，「廣運之寶」。

第三十九道「皇帝敕諭雲南麗江軍民府土官知府木懿」，結尾是「故諭」，「廣運之寶」。

另外，第一道不像其他那樣「皇帝敕諭」或「皇帝制諭」開頭，但是最後用「敕命之寶」，內容來看是嘉獎加訓誡，也屬於敕、敕諭這一類。

敕，在《皇明恩綸錄》也可見，第三十八道「敕加升四川等處承宣布政使司左布政使職銜致仕木增」，結尾是「欽哉故敕」，「廣運之寶」。

通過《皇明恩綸錄》可見敕諭和敕的內容有：一是頒賜、表彰、嘉獎，《皇明恩綸錄》中這樣的居多。

二是傳達命令，比如第十道「皇帝敕諭雲南等處承宣布政使司麗江軍民府世襲知府木土，因以勘擬要轄輿情，准從廷議，請命免爾部夷，徵調照國朝，安插邊要重鎮，事例許令聽宣，不令聽調，無得擅離信地，惟爾謹守，故敕！敕命　　永樂十九年正月□日給　　之寶」

三是訓誡，要求官員恪盡職守，比如第二十八道「皇帝敕諭雲南麗江軍

〔註38〕（明）葉盛撰：《涇東小稿》，《續修四庫全書》（集部・別集類，第 13299 冊），上海：上海古籍出版社，1996 年，第 115 頁。

民府世襲土官知府木增,近該爾奏稱高祖木得於太祖高皇帝時,率眾從征,論功升授前職。永樂年間,賜祖木初鎮邊敕書,彈壓疆土,後因被災焚失,向未請補。茲爾襲替有年,因所轄地方,西鄰番,北鄰虜,為滇省要害,且相去窵遠,遇有事變,難以遙制。欲比照木初事例,請敕鎮邊等因,該部議覆,特准補給。朕念夷方遼闊,營轄為難,今命爾不妨府事,鎮守所轄邊隘,爾須上體朝廷委任,下念邊鄙生靈,禁約所屬土官頭目人等,不許生事擾害地方,矢忠效順,圖報國恩,務使疆圉清寧,夷民安妥,以光爾先世,永享太平之福,毋或驕縱廢事,自取罪愆,欽哉故諭。廣運　　萬曆四十七年三月二十五日給　　之寶」。

四是對待宗教問題,比如第三十一道「皇帝敕諭雲南麗江軍民府土官知府加布政使司右參政木增,近該爾奏稱,爾母羅氏捐資崇建悉檀、福國二寺,奏請藏經,崇奉梵剎,以光佛教,以祝國釐,該部議覆,特允所請,賜爾藏經,爾尚益秉虔潔,領眾焚修,導悟番夷,闡揚聖化,爾其欽承之,故諭!廣運　　天啟四年七月初六日給　　之寶」。雖然是敕諭的木氏土司,但是木氏土司在當地是首領,有很高的社會地位,所以有重要的社會影響。以敕諭的方式賜給木氏土司藏經,可見明王朝對佛教還是扶持的。

當然,從整個明代來看敕諭和敕的內容還有其他一些,因為《皇明恩綸錄》輯錄的是木氏土司的敕諭,所以能體現出來的是上述幾個方面。

總之,《皇明恩綸錄》作為誥敕檔案,是研究明代的誥敕、諭旨文書難得的基礎材料,它對研究誥書、敕書的書寫的程序,敕諭和敕的內容有重要參考價值。

(三)對研究邊疆政策的作用

明朝自明太祖起就非常重視西南邊疆,《明實錄‧太祖實錄》洪武十五年二月丙寅條載曰:「朕觀自古雲南諸夷,叛服不常,蓋以其地險而遠,其民富而狠也。馴服之道,以寬猛適宜。……為今之計,非惟制其不叛,重在使其無叛耳。」〔註39〕可見明太祖認為對雲南保持穩定統治,需要「寬猛適宜」,重在「使其無叛」。所以從《皇明恩綸錄》也可看出明王朝這種政策。通過《皇明恩綸錄》中所載的誥敕、諭旨,可以來探討明朝時期中國邊疆的管理運行

〔註39〕中央研究院歷史語言研究所編:《明實錄》5《明太祖實錄》卷一四二,1966年,第2236～2237頁。

機制，以及邊疆治理問題。這些誥敕、諭旨記錄了明朝中央政府和木氏土司間的互動，反映了木氏土司忠誠於朝廷，朝廷對木氏土司無比優寵，有助於樹立了國家統一和地方社會運行的範例。從誥敕、諭旨等來進行研究，這是抓住了民族團結示範問題的一個關鍵，對總結中國傳統邊疆治理經驗具有借鑑作用，對當今民族團結進步示範區建設也有指導作用。

　　木氏土司的轄地麗江，是滇、川、藏的交通要道，自古以來就是戰略要地。對於麗江的重要性，明政府有著清晰的認識。萬曆四十七年三月二十五日的諭旨曰：「所轄地方，西鄰蕃，北鄰虜，為滇省要害」。由於率先歸附的木氏土司有一定實力，明王朝一開始就重點扶持麗江木氏土司，以其為納西族甚至滇西北土官的代表，不僅賜姓「木」，還被封為麗江知府。木得因參加明朝平定滇西北的行動，被封為「中順大夫」，賜「誠心報國」鈒花金帶，給銀牌重二十兩一面，被委以「鎮御蕃韃」的重任，還允許其子孫世襲麗江知府。洪武十六年明朝給麗江木氏土司的告書曰：「皇帝制諭雲南等處，承宣布政使司麗江府土官知府木得，爾從征南將軍傅等，克佛光寨，攻北勝及石門、鐵橋等處奏功，授爾子孫世襲土官知府，永令防固石門，鎮御蕃韃。今特賜爾鈒花金帶，鑴『誠心報國』一束，衣冠全套，令字銀牌重二十兩一面，元寶六錠，重六十兩，除金花鈔貫綵段表裏等項，於進貢回賜敕一道：內開載成例，祗收進階錫命，封為中順大夫，以示褒榮。爾尚推廣皇仁，蕃遠俱沾王化，共慶衣冠，永享太平之福，咸使播聞，欽哉！」趙心愚教授認為告書中的「蕃韃」指藏區勢力，因戰略需要，木氏土司以成為明朝治藏布局中的一個重要棋子。明朝把「北元」和安多北部藏區為駐防的戰略重點，在兵力不足的情況下，以麗江木氏土司來防禦滇西北藏區乃至整個康區藏族地方勢力。〔註40〕除治藏範略考量外，木氏土司還有助於滇西北乃至雲南地方穩定。萬曆四十七年三月二十五日的諭旨曰：「皇帝敕諭雲南麗江軍民府世襲土官知府木增，近該爾奏稱高祖木得於太祖高皇帝時，率眾從征，論功升授前職。永樂年間，賜祖木初鎮邊敕書，彈壓疆土，後因被災焚失，向未請補。茲爾襲替有年，因所轄地方，西鄰蕃，北鄰虜，為滇省要害，且相去窵遠，遇有事變，難以遙制。欲比照木初事例，請敕鎮邊等因，該部議覆，特准補給。朕念夷方遼闊，營轄為難，今命爾不妨府事，鎮守所轄邊隘，爾須上體朝廷委任，下念邊鄙

〔註40〕趙心愚著：《納西族與藏族關係史》，成都：四川民族出版社，2004 年，第 240 ～241 頁。

生靈，禁約所屬土官頭目人等，不許生事擾害地方，矢忠效順，圖報國恩，務使疆圉清寧，夷民安妥，以光爾先世，永享太平之福，毋或驕縱廢事，自取罪懲，欽哉故諭。」

　　明王朝很看重木氏土司的實力和戰略地位，所以明朝自洪武十五年，木氏土司阿得率眾投誠開始，便對其多次封官賞賜，並一直持續到南明王朝。《皇明恩綸錄》不僅記錄這些封賞時間，而且記載了封賞的簡單事由。其封賞原因，不外乎立戰功，禦寇，納貢，輸賦，助餉等。立戰功的，如《皇明恩綸錄》載：「正統五年，總制兵部尚書王驥，奏聞有功，蒙欽准。賜木森，綵緞雲南省圖本寫四疋，絹四疋。」此事《木氏宦譜》（文譜）載曰：「（正統）五年五月，征進麓川奇功事，總制尚書靖遠侯王忠毅公驥奏聞，欽蒙給錫綵緞四表裏。」禦寇拓土和輸賦的如，「泰昌元年十二月，戶、兵二部題奏邊功、新賦入額蒙欽獎，賜木增紵絲二疋表裏，銀二十兩。賞男木懿銀二十兩。賞舍人頭目六名，銀十八兩。」《明史》卷三百十四《志第二百二·雲南土司二》載曰：「泰昌元年，錄增功，賞白金表裏，其子懿及舍人頭目各賞銀幣有差。」《明實錄·光宗實錄》卷八載曰：「泰昌元年九月癸酉，……巡撫雲南沈儆炌題：『滇省介在西南，而麗江又在滇西北，境接番達，頻年為患。該府土官木增父子，奮勇斬獲黃毛達子五十二顆，收降男子一千有奇，並收卜花村魯臺寨安插降民，認納每年氂銀八十一兩零，黑大麥二千二百桝，具題入額。請於知府上量加三品服色，以旌其勞。』部覆從之。」《明實錄·熹宗實錄》卷四載曰：「泰昌元年十二月壬戌，……錄麗江土知府木增禦寇拓土之功，賞銀二十兩，紵絲二表裏，其子懿及舍目等各賞銀有差。」納貢的，如《皇明恩綸錄》中隨處可見「進貢方物，隨蒙成例，回頒敕一道」等字句，說明木氏土司向明王朝上貢之勤。助餉的，如《皇明恩綸錄》載曰：「天啟二年，助征蜀奢餉功，撫按題蒙欽賜，木增三品服色緋袍一襲，紵絲二素裏，銀三十兩。」此事亦見《木氏宦譜》（文譜）：「天啟二年，四川奢酋作叛解餉，蒙撫院獎金花銀牌匾額，綵緞表裏，欽賜三品服色衣一襲，銀三十兩，綾絲二表裏。」這些都是明王朝和麗江木氏土司間的互動，說明麗江木氏土司是明朝統治西南邊疆民族地區的重要一環。

　　總之，《皇明恩綸錄》反映了明朝以木氏土司為治藏布局中的一個重要棋子，以麗江木氏土司來防禦滇西北藏區乃至整個康區藏族地方勢力，同時以木氏土司作為穩定滇西北乃至雲南的力量的邊疆政策。

（四）對研究麗江木氏土司史、納西族史的價值

　　《皇明恩綸錄》對於研究明代麗江木氏土司歷史和木氏土司統治時期納西族的政治、經濟、文化和社會有重要價值。從現存史料來看，明王朝對麗江木氏土司的扶持與重視是空前絕後的。從洪武十五年木得率眾投誠給告敕到崇禎十三年欽准木增建坊表揚的誥命，《皇明恩綸錄》共載了四十道完整誥命。在中國古代，不論是此前，還是之後，沒有一個中原王朝曾經對麗江地方政權給過如此多的諭旨、告敕。四十道誥命反映了木氏土司在有明一代一直得到中央政府的大力支持。麗江木氏土司由佔據通安州、寶山州部分地區，變成領麗江府 4 州（通安、寶山、蘭州、巨津）1 縣（臨西）實現納西族的相對統一，到統治巴塘、裏塘、芒康以南康南藏區的「薩當汗」，是在明朝的支持、允許下實現的。〔註41〕

　　四十道誥命也反映了麗江木氏土司在明代的政治地位。木氏土司不僅被屢授麗江知府的土官職，有時還授予屬流官的布政使司參政職。正統五年諭旨曰：「奉天承運，皇帝制曰：國家報功之制，待有勞動者，必錫命封爵以酬之，乃稽古成法也。爾雲南麗江軍民府世襲知府木森，襲繼先賢，夙志懷忠遠，而麓川烽警，募兵勤旅，不避其鋒，親敵於後，功升勳級，雲南布政使左參政職事，封爾為太中大夫資治少尹，寵渥優隆，貞誠篤厚，謨烈光前，貽謀裕後，錫茲誥命，越格榮光。惟爾風勵諸司，敬之欽哉！」前揭太中大夫是文官從三品，資治少尹是文官從三品。左參政，是明代以及清初布政使的下屬官員，從三品。甚至在明朝滅亡前，使木氏土司位列九卿，如「崇禎十七年，捐坊工資急克京餉，恭遇南都立極，蒙欽准木增四川左布政使加太僕寺卿，仍著建坊，照會移行。」《木氏宦譜》（文譜）：「崇禎十七年，木增復蒙欽升左布政使司職銜，晉太僕寺卿，位列九卿四字坊。」四十道誥命亦體現了木氏土司對中央政府的忠誠。對於木氏土司的忠誠，明王朝也是充分肯定的，如永樂十年賜予木初「誠心報國」金帶。

　　《皇明恩綸錄》還能瞭解明代木氏土司的經濟狀況。在《皇明恩綸錄》中載有萬曆四十六年對木增欽加三品服色之上的賞賜，此事正是《明史》卷三百十四《雲南土司二》記載的：「（萬曆）三十八年，知府木增以征蠻軍興，助餉銀二萬餘兩，乞比北勝土舍高光裕例，加級。部復賜三品服色，……四

〔註41〕趙心愚著：《納西族與藏族關係史》，成都：四川民族出版社，2004 年，第 239
　　　　～258 頁。

十七年，增復輸銀一萬助遼餉。」木增可以多次、大量向明朝捐輸，可見木氏土司在有明一朝經濟上的迅速發展，經濟上不強大，木氏土司恐很難收到如此多的稅，更不用說上繳明朝中央政府了。明朝不僅是木氏土司在經濟文化上的較快發展時期，也是納西族歷史上極為重要的時期。

通過《皇明恩綸錄》可以看出木氏土司在文化上的進步。木氏土司以好詩書，知禮儀聞於諸土司之中。木氏土司很重視文化上的建設，不僅多位土司留有詩文集，而且修有本家族的《木氏宦譜》，並且將明朝封賞的「誥命」、「聖旨」、「敕諭」請人抄出，因此，我們今天得以目睹這些內容，不僅為研究明朝的「誥命」、「聖旨」、「敕諭」提供了材料，而且也保存了大量其他文獻所不見不到的史料。通過木增任土司時，向明朝請求藏經也可以瞭解到木氏土司對文化方面的重視。木氏土司在雞足山以及麗江興建寺廟，促進了這些地方宗教的發展。

通過《皇明恩綸錄》對木氏土司妻子的封賞，可以瞭解到明朝納西族上層婦女的一些狀況。以木青正妻羅氏春為例，《皇明恩綸錄》載曰：「家人利女貞，固矣，然正內正外，厥有攸分，若其以未亡而撫藐孤，捨女紅而襄戎旅，此不得之中土士女，而邊徼或有之，亦罕覯也。爾羅氏春，乃雲南麗江軍民府土官木增之母，敬承世德，卓有賢聲，當鄰寇之欺孤，威先捍禦，及播酋之煽虐，義急輸，即不庭之同讎，知慕化之尤切，蓋臣令母爾實兼之。茲特封爾為太恭人，寵錫絲綸，榮於華袞。」通過這則褒獎可見羅氏春在木青過世之後，親理土司事務，並且上戰場殺敵，這在中原地區是很難見到的，這可以為研究明朝婦女，研究納西族婦女提供重要材料。木氏土司所娶之妻均是來自其他土知府之女，可見當時不僅講究門當戶對，而且各土司之間也注重聯姻，這可以為研究各個土司間的關係提供論據。從《皇明恩綸錄》中還可以看到，木氏有一個正妻，另外有妾，可見當時納西族已經實行一夫一妻制。

最後，《皇明恩綸錄》可糾正他書之誤，比如可以糾正《木氏宦譜》中記載的矛盾之處，《木氏宦譜》木增條載：「隆武二年四月，吏部覆疏奉，聖旨准太僕寺正卿晉階，尋蒙闔族優加，移司焰會。」木懿條則載：「崇禎十六年，蒙巡撫吳兆元具題歷來忠順，不侵不詐，緣由奉吏部覆雲南都察院會題，奉聖旨准木增太僕寺正卿晉階，木懿准承繼右布政使司職銜，以為邊疆土司倡義。」《皇明恩綸錄》則曰：「隆武二年四月，吏部覆雲南撫按，題奉聖旨准木

增晉階，木懿准加四川右布政使，以為邊遠土司，倡義急公者，勸該部即給劄文興宗臣壽鉢，差官賚去回奏，欽遵到部，照會移行本司。」那麼，巡撫吳兆元具題應在崇禎十六年，吏部覆雲南撫按，准木增晉階，木懿准加四川布政使之事應在隆武二年。

　　《皇明恩綸錄》並非完美無缺，如對例貢賜物所頒敕書，則僅載其事由，未錄原文。〔註42〕又如，不知何故，所錄「誥命」、「聖旨」、「敕諭」在收入書中時候在時間順序上有錯亂。又如，《皇明恩綸錄》記載的都是加封獎譽之文，全是對木氏土司的讚美，有過於誇讚木氏土司之嫌。例如，萬曆十四年（1612）木增因違越而奪已贈的三品服色一事，《皇明恩綸錄》就未記載，而在《明神宗實錄》卷五百二卻記有此事：「土司奉討升賞，必由撫按代題。先是萬曆三十八年，雲南麗江土官知府木增以從征順大等夷，助餉二萬餘兩，乞比北勝州土司同知高承祖、姚安府土舍高光裕等事例加級。宗賢時為驗封員外，遂題復加三品服色。及撫臣周嘉謨、按臣鄧渼參其違越，宗賢乃具疏請罪，自悔失於行查。部議當重加罰治，並追奪新加木增服色如撫按言，從懲驀越，且申明舊例。從之。」〔註43〕

四、箋證說明

　　《皇明恩綸錄》是一部史料價值較高的文獻，但迄今尚無一部完整的《皇明恩綸錄》整理本通行於世，除簡要介紹本書的概述性文章外，鮮有系統深入的研究論著。而且由於史料在長期流傳中輾轉傳抄、翻刻，因而不同版本文字會有訛奪、點竄，解說有曲直、異同，以至錯亂不堪，令人迷惑。〔註44〕《皇明恩綸錄》的原刻本早已遺失，現在所流傳的都是鈔本，難免魯魚亥豕之誤，因此對其中所涉及到的史料的年代問題、地域問題、族別問題、地方紀錄問題〔註45〕進行考辨具有重要意義。

　　本文以中國國家圖書館藏鈔本為底本，與雲南省圖書館藏鈔本、周汝誠

〔註42〕方國瑜著：《雲南史料目錄概說》第一冊，北京：中華書局，1984年，第476頁。

〔註43〕中央研究院歷史語言研究所編：《明實錄》118《明神宗實錄》卷五〇二，1966年，第9534～9535頁。

〔註44〕方國瑜：《雲南史料目錄概說·略例》，北京：中華書局，1984年，第3～4頁。

〔註45〕方國瑜：《有關南詔史史料的幾個問題》，北京師範大學學報（社會科學版）1962年第3期。

編《納西族史料編年》中所載不完整的印刷本、木光《木府風雲錄》中所載不
完整的印刷本，參照對校，並做校記與箋證。遵照方國瑜先生，「收集資料，
求其完備；校錄原文，求其確實」；「得此一部，眾本咸在」；「使研究者信得
過，用得上」原則，希望能為研究中國土司制度、研究木氏土司、研究雲南歷
史的學者，提供一本可信、可用的本子。這是前人沒有做過的工作，希望這
個粗糙的《皇明恩綸錄》箋證，對相關研究有所裨益。

凡　例

一、本文分點校和箋證兩部分。

二、點校

    1. 校勘底本：中國國家圖書館藏鈔本（省稱「國圖本」）；對校本：雲南省圖書館藏鈔本（省稱「雲南省圖本」）、周汝誠編《納西族史料編年》中所載不完整的印刷本（省稱「周汝誠本」）、木光《木府風雲錄》中所載不完整的印刷本（省稱「木光本」）。

    2. 對《皇明恩綸錄》做標點。

    3. 由於《皇明恩綸錄》版本較少，故凡異同，均出校記。

    4. 底本正文用小四號，宋體。底本上因傳抄造成的訛、脫、衍、倒，在原文中改正，出校記以說明校改依據；校改依據顯而易見者，不出校記，校記用小四號，楷體，以①②③……序之。

    5. 「誥命」、「聖旨」、「敕諭」時間順序顛倒者均重新排序。

    6. 原文空缺處用「□」表示。

三、箋證

    1. 箋證內容為名物制度、地理沿革、重要人物等。

    2. 對於有疑之處，加按語考證，以傳信存疑。

    3. 每道「誥命」、「聖旨」、「敕諭」前均以一、二、三……序之。

    4. 箋證內容以小四號楷體注於每道「誥命」、「聖旨」、「敕諭」之下，箋證對以（一）（二）（三）……序之。

四、個別需要說明的，均加注腳。

《皇明恩綸錄》箋證正文

隆武二年冬重刻

奉天敕誥

一

皇帝聖旨，朕荷上天眷顧，海嶽效靈，祖宗積德，自即位以來，十有五載，寰宇全歸于版圖，西南諸夷，為雲南梁王（一）所惑，恃其險遠，弗遵聲教，特命①征南將軍潁川侯傅友德（二）、副將軍永昌侯藍玉（三）、西平侯沐英（四）等，率甲士叁拾萬，馬步並進，罪彼不庭，大軍既臨渠魁以護（五），爾麗江土②官阿得（六），率眾先歸，為夷風望，足見攄誠。且朕念前遣使奉表，智識③可嘉，今命爾木姓，從聽④總兵官傅擬授職，建功於茲有光，永永勿⑤忘，慎之慎之。

　　敕命⑥

　　洪武十五年□月□日給

　　之宝⑦

【校勘】

① 雲南省圖本無「命」字，周汝誠本此字皆作「遣」，木光本同周汝誠本。

② 周汝誠本無「土」字，木光本同周汝誠本。按：當有「土」字。

③ 周汝誠本寫作略，木光本同周汝誠本。

④ 周汝誠本無「聽」字，木光本同。按：從聽，為聽從，聽憑之義，當有聽字。

⑤ 周汝誠本和木光本寫作「忽」，雲南省圖本也有「勿」字，按：應當為「勿」字。

⑥ 周汝誠本，木光本均無〔註1〕

⑦ 周汝誠本以及木光本均無。

【箋證】

（一）梁王，把匝剌瓦爾密，元世祖忽必烈第五子雲南王忽哥赤之後裔。封為梁王，仍鎮雲南。明太祖因雲南險僻，不打算用兵，多次派人諭降。梁王不從。洪武十四年（1381年），明太祖命傅友德為征南將軍，藍玉、沐英為副，率師征伐。梁王派司徒平章達里麻率兵駐曲靖。沐英率軍急趨，乘霧抵白石江，傅友德率兵進擊，達里麻兵敗被擒。梁王逃至普寧州忽納砦，驅妻子赴滇池死。梁王自己也與左丞達的、右丞驢爾夜入草舍自殺。傳見《明史》卷一百二十四《列傳第十二》。另外，《元史新編》卷十六《列傳二》、屠寄《蒙兀兒史記》卷一〇五《列傳八十七》以及柯紹忞《新元史》卷一百一十四《列傳第十一》有其傳記，所載內容與《明史》無異，僅有個別用詞造句的差異。夏燮《明通鑑》亦略載其事蹟，內容與《明史》相同。

（二）傅友德，明朝將領，其先宿州（在今安徽省）人，後徙碭山（今安徽碭山縣）。《明史》卷一百二十九《列傳第十七·傅友德》對其描述曰：「友德喑啞跳蕩，身冒百死。自偏裨至大將軍，每戰必先士卒。雖被創，戰益力，以故所至立功，帝屢敕獎勞。」傅友德於洪武十四年（1381年）秋任征南將軍，率左副將軍藍玉、右副將軍沐英，將步騎三十萬徵雲南，獲勝。洪武十七年（1384年）論功進封穎國公。後又討平雲南蠻，征沙漠，擒乃兒不花。加太子太師。洪武二十七年（1394年）坐事賜死。嘉靖元年（1522年），雲南巡撫都御史何孟春，請立祠祀傅友德。詔可，名曰「報功」。弘光中追贈傅友德為特進光祿大夫、左柱國、麗江王，諡武靖。傳見《明史》卷一百二十九《列傳第十七》。查繼佐《罪惟錄》卷八《啟運諸臣列傳上》，王鴻緒《明史稿》列傳第十三所載無異，夏燮《明通鑑》、明尹守衡《皇明史竊》卷二十五《宦官列傳第三》亦有其事蹟記載。

（三）藍玉，明朝將領，定遠（今屬安徽）人，開平王常遇春妻弟。《明史》卷一百三十二《列傳第二十·藍玉》對其描述曰：「玉長身頳面，饒勇略，

〔註1〕周汝誠本，木光本均無「敕命」、「制誥」、「之寶」、「半璽」等字樣，以下茲不贅述。

有大將才。」藍玉於洪武十二（1379年）年獲封永昌侯。洪武十四年（1381年），以征南左副將軍從傅友德征雲南。洪武二十一年（1388年），率師征伐元順帝孫脫古思帖木兒。在抵捕魚兒海（今內蒙古呼倫貝爾市貝爾湖），大破北元主力部隊。進涼國公。洪武二十四年（1391年）西征歸來，封為太子太傅。二十六年（1393年）二月，錦衣衛指揮蔣瓛告藍玉謀反，下吏鞫訊，明太祖以謀反的罪名處死藍玉，族誅者一萬五千餘人。傳見《明史》卷一百三十二《列傳第二十》以及查繼佐《罪惟錄》卷八《啟運諸臣列傳下》，王鴻緒《明史稿·列傳第十三》，另外夏燮《明通鑒》、明尹守衡《皇明史竊》卷二十五《宦官列傳第三》亦有其事蹟記載。

（四）沐英，明將領。字文英，定遠（今屬安徽）人。明太祖朱元璋義子。太祖平滇之後留鎮雲南，對雲南影響甚大。《明史》卷一百二十六《列傳第十四·沐英》曰：「英沉毅寡言笑，好賢禮士，撫卒伍有恩，未嘗妄殺，在滇，百務俱舉，簡守令，課農桑，歲較屯田增損以為賞罰，墾田至百萬餘畝。滇池隘，濬而廣之，無復水患。通鹽井之利以來商旅，辨方物以定貢稅，視民數以均力役。疏節闊目，民以便安。居常讀書不釋卷，暇則延儒生講說經史。太祖初起時，數養他姓為子，攻下郡邑，輒遣之出守，多至二十餘人，惟英在西南勳最大。」又《明史》卷三百十三《列傳第二百二·雲南土司一》曰：「自英平雲南，在鎮十年，恩威著於蠻徼；每下片楮，諸番部具威儀出郭叩迎，盥而後啟，曰：『此令旨也』。沐氏亦皆年能以功名世其家。每大征伐，輒以征南將軍印授之，沐氏未嘗不在行間。……諸土司之進止予奪，皆諮稟。」沐英於洪武十年（1377年）因功多封為開國輔運推誠宣力武臣、榮祿大夫、柱國、西平侯。洪武十四年（1381）九月，拜征南右副將軍，與左副將軍藍玉從征南將軍傅友德率師三十萬征雲南。梁王把匝剌瓦爾密遣平章達里麻以兵十餘萬拒於曲靖，沐英乘大霧到達白石江，元兵敗。明軍長驅直入雲南，梁王自殺。第二年（1382年），太祖詔傅友德、藍玉班師歸，沐英留鎮雲南。留鎮雲南期間平定曲靖亦佐酋叛亂，普定、廣南諸蠻叛亂，思倫發叛亂，東川蠻叛亂，又平越州酋阿資及廣西阿赤部叛亂。洪武二十五年（1392）六月卒於鎮，歸葬京師，追封黔寧王，諡昭靖，侑享太廟。其子孫世守雲南。傳見《明史》卷一百二十六《列傳第十四》，另有正德《雲南志》卷十九上《列傳四·名宦四·沐英傳》、查繼佐《罪惟錄》卷八《啟運諸臣列傳上》，王鴻緒《明史稿·列傳第十二》，另外夏燮《明通鑒》亦有其事蹟記載。另有《滇南沐氏十二代畫像

長卷》記載了從沐英至沐天波共二十幅畫像（參見方國瑜《滇南沐氏十二代畫像長卷概說》）。〔註2〕方國瑜《明鎮守雲南沐氏事蹟》詳細記述了沐氏事蹟。〔註3〕

（五）《明太祖文集》卷二《平雲南昭》：「朕荷上天眷顧，海嶽效靈，祖宗積德，自即位以來，十有五載，寰宇全歸於版籍，西南諸夷，為雲南梁王所惑，恃其險遠，弗遵聲教，特命征南將軍穎川侯傅友德、副將軍永昌侯藍玉、西平侯沐英，帥甲士三十萬，馬步並進，罪彼不庭，大軍既臨渠魁盡獲，雲南已平，詔告天下臣民共知，於戲！福民永已聖賢之為，逆天違命，根禍殃民身家，被罪惟西南諸夷應之故，茲詔諭。」〔註4〕

《明史》卷二《本紀第二・太祖二》：「九月壬午朔〔註5〕，傅友德為征南將軍，藍玉、沐英為左、右副副將軍，率師征雲南。」《明史紀事本末》卷十二《太祖平滇》有詳細記載，茲錄如下：「太祖洪武五年（壬子，一三七二）春正月癸丑，遣翰林院待制王褘齎詔諭雲南。」「六年（癸丑，一三七三）冬十二月，詔使王褘被殺於雲南。」「七年（甲寅，一三七四）秋八月，遣元威順王子伯伯齎詔往諭雲南。」「八年（乙卯，一三七五）秋九月，命湖廣行省參政吳雲使雲南。」「十四年（辛酉，一三八一）秋壬午，命穎川侯傅友德為征南將軍，永昌侯藍玉、西平侯沐英為副將軍，率師征雲南。」「（洪武十四年）十二月辛酉，傅友德率藍玉、沐英等進攻普定，克之，羅鬼、苗蠻、仡佬望風降。」「十五年（壬戌，一三八二）春正月辛巳朔，元威楚路平章閣乃馬歹、參政列車不花等詣曹震營降。」「二月，置雲南布政司，改中慶路為雲南府，命汝南侯梅思祖、平章潘原明署司事，以張紞為參政、參議等官。」「三月，藍玉遣兵拔三營萬戶砦，更定雲南所屬府五十二州、州六十三、縣五十四。」「夏四月，烏撒、東川、芒部復叛，傅友德移檄沐英，合兵進討。」「六月，置大渡河守禦千戶所，傅友德調從征千戶吳中領兵守之，造舟以渡往來。」

〔註2〕《滇南沐氏十二代畫像長卷》現藏雲南省博物館，載《雲南史料目錄概說》第三冊，第1133頁。另外在《雲南史料叢刊》第7卷也有收入，見方國瑜主編；徐文德，木芹，鄭志惠纂錄校訂：《雲南史料叢刊》第7卷，昆明：雲南大學出版社，2001年，第228～233頁。

〔註3〕方國瑜著：《雲南史料目錄概說》第一冊，北京：中華書局，1984年，第263頁。

〔註4〕（明）明太祖撰：《明太祖文集》卷二，《四庫全書・集部六・別集類五》，上海：上海古籍出版社，第1223冊。

〔註5〕洪武十四年（1381年）九月十九日。

「秋七月，沐英自大理還軍滇池，會傅友德兵進攻烏撒，大敗其眾，斬首三萬級，獲馬牛羊萬計，餘眾遁去，復遣兵捕擊，悉平之。」「九月，傅友德、沐英等分兵攻未服諸蠻，以指揮馮成守雲南。」「（洪武十六年）三月甲辰，上以雲南平，命耿炳文往諭傅友德、藍玉等班師，而副將軍沐英以數萬眾留鎮之。」「五月，命六安侯王志、安慶侯仇成、鳳翔侯張龍督兵往雲南、尋甸等處，繕城池，立屯堡，安輯其人民。」「十七年（甲子，一三八四）三月，征南將軍傅友德、左副將軍藍玉班師。」「十八年（乙丑，一三八五）春正月，東蘭州韋富亂，沐英討平之。」「冬十二月，思倫發反，率眾寇景東，馮成擊之，失利，千戶王升死之。」「十九年（丙寅，一三八六）春二月，雲南臻洞、西浦、擺金、擺榜諸蠻叛，命傅友德率師討之。」「二十八年（乙亥，一三九五）春正月，阿資復叛、西平侯沐春、平羌將軍何福擒斬之於越州。」「三十年（丁丑，一三九七）春正月，置雲南按察司。」《明實錄》所載與之無異，僅個別用字不同。清倪蛻《滇雲歷年傳》卷六亦載有太祖平滇之事，內容與之無大異，僅有個別用字不同。

（六）阿得，即木得，據《木氏宦譜》（文譜）載木得「生於元武宗至大四年辛亥（1311 年），於洪武二十三年庚午（1390 年）十月初六日賓天。」〔註6〕《木氏宦譜》（文譜）：「知府阿甲阿得，官諱木得，字自然，號恒忠，甲之長子。元末，任通安州知州，後復升改麗江宣撫司副使。大明洪武十五年，天兵南下，克復大理等處，得率眾首先歸附，總兵官征南將軍太子太師穎國公傅友德等處奏聞，欽賜以木姓。」《木氏宦譜》（圖譜）稱木得為七世，而所載內容與之無異，但不及文譜本詳細。《木氏歷代宗譜碑》：「廿一世祖阿甲阿得，諱木得，字自然，號恒忠。洪武十五年，天兵南下，得率眾首先歸附，進貢。」明馮時可所撰的《明麗江知府木氏雪山端峰文岩玉龍松鶴生白六公傳》、《麗江土通判木瓊承襲清冊》〔註7〕有對木得的簡略記載，與之相同。

〔註6〕張永康，彭曉主編，雲南省博物館供稿：《木氏宦譜》昆明：雲南美術出版社，2001 年，第 15 頁。

〔註7〕關於該承襲清冊，古永繼說：「本清冊係 1929 年雲南麗江木氏土司後人木瓊為承襲麗江縣土通判之職向省府呈報的親筆抄件，扼要記錄了木氏先祖及歷代土司的世系、承襲、業績和家族大事，填補了《木氏宦譜》所載清康熙時木得之後，至民國間木瓊時木氏各代土司世系、承襲史料中的空白，為研究麗江木氏土司的完整史蹟提供了資料，價值甚高。」（古永繼校正：《〈麗江土通判木瓊承襲清冊〉校正勘誤》，載張瑜，鄒建達，李春榮主編：《土司制度與邊疆社會》，長沙：嶽麓書社，2014 年，第 426 頁）。

又正德《雲南志》卷十九下《列傳五·名宦五》曰：「阿得，麗江宣撫司副使。洪武十五年，天兵下雲南，率眾歸附，改姓木。十六年，開設府治，授麗江知府。本年，西蕃大酋卜劫寇浪滄，阿得攻退之，又從董指揮破石門關寨。事聞，授誥命，世襲土官知府。」到清朝時的文獻依然有木得的記載，雍正《雲南通志》卷二十一《人物之一》載有：「明，阿得，得郡人，元時麗江宣撫司副，洪武十五年，兵下雲南率眾歸附賜姓。」《嘉慶重修一統志》卷四百八十五記《麗江府·名宦》載曰：「明，阿得，元時麗江宣撫司副，洪武十五年，兵下雲南，率眾歸附，改姓木。」在天啟《滇志》卷三十《羈縻志第十二·土司官氏·麗江府》、《土官底簿》卷上《雲南·麗江軍民府知府》條、清毛奇齡《蠻司合志》卷十《雲南三》、清師範《滇系》九之二《土司·麗江府》、雍正《雲南通志》卷二一《人物一·麗江府》、乾隆《麗江府志略·人物略·鄉賢》、《道光雲南志鈔》卷七《土司志上·世官·麗江府》中亦略載木得事，內容不出《木氏宦譜》所載。

二

皇帝制諭雲南等處承宣布政使司（一）麗江府土官知府木得，尔從征南將軍傅（二）等，克佛光寨（三），攻北勝（四）及石門（五）、鐵橋（六）等處奏功，授尔子孫世襲土官知府，永令防①固石門，鎮御蕃韃。今特賜尔鈒②花金帶，鐫「誠心報國」一束，衣冠全套，令字銀牌重弍③拾兩一面，圓寶六錠，重六十兩。（七）除金花鈔④貫綵段表裏等項，於進貢回賜敕一道：內開載成例，祗枚進階錫命，封為中順大夫（八），以示褒榮。尔尚推廣皇仁，蕃遠俱沾王化，共慶衣冠，永享太平之福，咸使播聞，欽哉！

制誥

洪武十六年□月□日給

之寶

【校勘】

① 周汝誠本，木光本皆無此字。按：當有「防」字。

② 周汝誠本寫作「銀」，木光本同，按：應為鋜，用金銀在器物上嵌飾花紋之義。

③ 雲南省圖本寫作「式」，後文又寫成「弍」，周汝誠本和木光本均為二。按：當從國圖本。

④ 雲南省圖本寫為「紗」，周汝誠本以及木光本也作「紗」。按：當為鈔。

【箋證】

（一）承宣布政使司，地方行政機關，簡稱布政使司、布政司、藩司，其在元朝稱為行中書省，設立承宣布政使司，「布政使掌一省之政，朝廷有德澤、禁令，承流宣播，以下於有司。」〔註8〕據《明史》卷七十五《職官四》：明太祖攻下集慶之後，自領江南行中書省。1358 年在婺州設立中書分省，之後每略定地方，即設置行省。洪武九年（1376 年）改浙江、江西、福建、北平、廣西、四川、山東、廣東、河南、陝西、湖廣、山西諸行省改為承宣布政使司，罷免行省平章政事，左、右丞相等官，將參知政事改為布政使，秩正二品，左、右參政，從二品；改左、右司為經歷司。洪武十三年（1380 年）改布政使，正三品，參政，從三品。洪武十四年（1381 年）增設左、右參議，正四品，接著又增設左、右布政使各一人。洪武十五年（1382 年）設雲南布政司。洪武二十二年（1389 年）定布政使為從二品。建文時，升為正二品，裁撤一人。明成祖又恢復舊制。永樂元年（1403 年）以北平布政使司為北京。永樂五年（1407 年）設交趾布政司。永樂十一年（1413 年）設貴州布政司，只佈設布政使一人。宣德三年（1428 年）罷交趾布政司，全國除了兩京之外，定為十三布政司。《明史》卷七十五《志第五十一‧職官四》詳載其設置曰：「承宣布政使司。左、右布政使各一人，從二品，左、右參政，從三品，左、右參議，無定員，從四品。參政、參議因事添設，各省不等，詳諸道。經歷司，經歷一人，從六品，都事一人，從七品。照磨所，照磨一人，從八品，檢校一人，正九品。理問所，理問一人，從六品，副理問一人，從七品，提控案牘一人。司獄司，司獄一人，從九品。庫大使一人，從九品，副使一人。倉大使一人，從九品，副使一人。雜造局、軍器局、寶泉局、織染局，各大使一人，從九品，副使一人。所轄衙門各省不同。」明王圻《續文獻通考》卷九十八《職官考》以及清秬璜、曹仁虎等敕撰的《欽定續文獻通考》卷六十《職官

〔註 8〕（清）張廷玉等撰：《明史》卷七十五《志第五十一‧職官四》，北京：中華書局，1974 年，第 1839 頁。

考‧布政使司》所載內容與之基本無大異。

（二）指傅友德

（三）佛光寨，在今大理洱源縣。傅友德、沐英在此討平元右丞普顏篤者。《明史》卷四十六《志二十二‧地理志七》：「東北〔註9〕有佛光山，山半有洞，可容萬人，山後險仄，名一女關。」《徐霞客遊記‧滇遊日記七》：「佛光寨者，浪穹東山之最高險處。東山北自觀音山南下，一穹而為三營後山，再穹而為佛光寨，三穹而為靈應山，其勢皆崇雄如屏，連障天半，遙望雖支隴，其中實多崩崖疊壁，不易攀躋，故佛光寨夙稱天險。國初既平滇西，有右丞普顏篤者，復據此以叛，久征不下，數年而後克之。」顧祖禹《讀史方輿紀要》卷一百十七《雲南五‧大理府》：「佛光山，縣東北二十五里，山盤互迴遠，接鄧川、鶴慶之界，佛光寨以此名，其南嶄然險絕，山牛有洞，可容萬人，山後尤為險峻，仄徑僅容一人，名曰一女關。」

（四）北勝，州、府名。在今麗江永勝。《元史》卷六十一《志地第十三‧地理四》曰：「北勝府，在麗江之東。」《明史》卷四十六《志第二十二‧地理七》載曰：「北勝州，元北勝府，屬麗江路。洪武十五年三月屬布政司，尋降為州，屬鶴慶府。二十九年改屬瀾滄衛。正統七年九月直隸布政司。弘治九年徙治瀾滄衛城。瀾滄衛舊在州南，本瀾滄衛軍民指揮使司，洪武二十八年九月置，屬都司。弘治九年徙州來同治。尋罷軍民司，止為衛。西南有瀾滄山。南有九龍山。西有金沙江，環繞州治，亦曰麗江。又南有陳海，又有呈湖，東南有浪峨海，下流俱入金沙江。東有羅易江，下流入永寧府界。北有蒗蕖州，元屬麗江路，洪武十五年三月屬北勝府，尋屬鶴慶軍民府，二十九年改屬瀾滄衛，天啟中廢。東有寧番土巡檢司。南距布政司千二十五里。」又《明史》卷三百十四《列傳第二百二‧雲南土司二》：「北勝，唐貞元中，南詔異牟尋始開其地，名北方賧，徙彌河白蠻及羅落、麼些諸蠻，以實其地，號成傍賧，又改名善巨郡。宋時，大理段氏改為成紀鎮。元初，內附。至元中〔註10〕，置施州，尋改北勝州。後為府〔註11〕，隸麗江路軍民宣撫司。洪武十五年改為州，隸鶴慶府，後屬瀾滄衛。」又天啟《滇志》卷之二《地理志第一之二‧麗江軍民府‧北勝州》：「戰國、兩漢屬白國，時鐵橋西北為施蠻所據。唐

─────────────

〔註9〕浪穹州東北。
〔註10〕《元史》卷六十一《志第十三‧地理四》：「至元十五年立為施州」。
〔註11〕《元史》卷六十一《志第十三‧地理四》：「（至元）十七年改為北勝州」。

貞元中，異牟尋始開其地，名北方賧，徙昆彌河白人及羅羅、麼些蠻實之，號劍羌。宋段氏以高大惠治之，改為成紀鎮。元憲宗三年，其酋高俊內附。至元十五年，置施州。十七年，改北勝州。二十年，升為府，屬麗江路軍民宣撫司。本朝洪武十五年，復為州，屬鶴慶府。二十九年，置瀾滄衛軍民指揮使司，以州隸之。正統六年，改隸布政使司，與衛同治；又以滇葉州屬衛，隸雲南都指揮使司。」《嘉慶重修一統志》卷四百九十七《永北直隸廳》「建制沿革」載曰：「……正統七年，直隸雲南布政使司，與衛同治本朝，因之康熙五年（1666 年）改隸大理府，二十六年（1687 年）裁衛入州，三十一年仍為直隸州，三十七年（1698 年）升為永北府，乾隆三十五年（1770 年）改為永北廳，直隸雲南省領土府一。」。又《景泰雲南圖經志書》卷之四《北勝州》、正德《雲南志》卷一二、明謝肇淛《滇略》卷一《版略》、李元陽萬曆《雲南通志》卷之四《北勝州》、陸應陽《廣輿記》卷二十一《麗江府・北勝州》、顧祖禹《讀史方輿紀要》卷一百十七《雲南五・麗江府》有記載。

【按】：《景泰雲南圖經志書》卷之四《北勝州》載曰：「正統六年又改隸布政司」。正德《雲南志》卷一二作：「正統六年改直隸雲南布政司」，李元陽萬曆《雲南通志》卷之四《北勝州》曰：「正統六年，改隸雲南布政使司。」顧祖禹《讀史方輿紀要》卷一百十七《雲南五・麗江軍民府・北勝州》作：「正統六年，改隸雲南布政司」。而《明史》卷四十六《志第二十二・地理七》作「正統七年九月」，《明史》卷三百十四《列傳第二百二・雲南土司二》作「正統七年」。

（五）石門，指石門關，地名，在今麗江市石鼓鎮下大同村北金山江邊，「在城西六十里石鼓偏東」〔註12〕，瀕臨金沙江和紅石崖天險，是通往西藏的要道所謂「守石門以絕西域」〔註13〕。顧祖禹《讀史方輿紀要》卷一百十三《雲南一》謂：「石門，在麗江府巨津州西百里，今在大理府北八十里，當點蒼山之背。遵洱河而上，其山兩壁牆立，有若門然，即唐時石門南道也。從會川渡金沙江西南行，由此入南詔之羊苴咩城，諸葛武侯由此征南中，史萬歲由此擊叛爨，韋仁壽、梁建方亦由此平西洱諸蠻，韋皋復由此通南詔。」

〔註12〕（清）管學宣、（清）萬咸燕纂修：乾隆《麗江府志略》，清乾隆八年（公元 1743）刻本，麗江縣志編委會辦公室，1991 年翻印本，第 69 頁。

〔註13〕（清）張廷玉等撰：《明史》卷三百十四《列傳第二百二・雲南土司二》，北京：中華書局，1974 年，第 8099 頁。

《嘉慶重修一統志》卷四百八十五《麗江府‧關隘》：「在縣西一百二十里，《唐書》韋皋傳，貞元九年（793年）率遣幕府崔佐時，由石門趨雲南，復通石門南道。《明統志》：傅友德略定麗江，破石門關。《明史》：洪武十八年（1385年），巨津州土酋阿奴聰叛，襲劫石門關，吉安侯陸仲亨討之，復其關。二十四年（1391年），木初守巨津州，石門關與西番接境，既襲職，無守之者，沐英請以初之弟虎為千夫長戍守，從之。《通志》：明洪武十七年置巡司守禦，今裁。」

　　（六）鐵橋，地名，曾築鐵橋城，在今麗江，「在廢巨津州北一百三十里，為南詔與吐蕃交會處。」〔註14〕《明史》曰：「守鐵橋以斷吐蕃」〔註15〕。《大元混一方輿勝覽》卷上《麗江路軍民宣撫司‧麗江路‧巨津州》曰：「鐵橋在州北，跨金沙江，與吐蕃接。」李賢等撰《明一統志》卷八十七《麗江軍民府》曰：「鐵橋，在巨津州北，橋之建或云吐蕃，或云隋史萬歲及蘇榮，或云南詔閣羅鳳，後異牟尋置歸唐時斷之，以絕吐蕃，其處有鐵橋城，吐蕃嘗置鐵橋節度於此。」明李元陽萬曆《雲南通志》卷之四《地理‧雲南布政司‧麗江軍民府》所載相同。清顧祖禹《讀史方輿紀要》卷一百十七《麗江軍民府》「鐵橋」條云：「鐵橋，在州北百三十餘里，跨金沙江上。或云隋史萬歲及蘇榮所建，或云南詔閣羅鳳與吐蕃結好時建，或云吐蕃嘗置鐵橋節度使，其所建。《唐史》：天寶初，南詔謀叛唐，於麼些、九賧地置鐵橋，跨金沙江以通吐蕃往來之道。貞元十年（794年），異牟尋歸唐，襲破吐蕃於神川，取其鐵橋十六城。十五年（799年），吐蕃復襲南詔，分軍屯鐵橋，南詔毒其水，人畜多死，徙屯納川。《志》云：時吐蕃置鐵橋城於此，為十六城之一。今有遺址。其橋所跨處，皆穴石鎔鐵為之，冬月水清，猶見鐵環在水底。又《舊志》：鐵橋在施蠻東南。一云施蠻在鐵橋西北，居大施賧、斂賧、尋賧。」又《嘉慶重修一統志》卷四百八十五《麗江府‧古蹟》載曰：「鐵橋城，在麗江縣西北，舊巨津州北一百三十里鐵橋南。《唐書》：天寶初，南詔叛唐，於磨些九賧地置鐵橋，跨金沙江，以通吐蕃來往之道。貞元十年，異牟尋歸唐，襲破吐蕃鐵橋十六城。十五年吐蕃襲南詔，分俊軍屯鐵橋，南詔毒其水，人畜多死。《元

〔註14〕（清）管學宣、（清）萬咸燕纂修：乾隆《麗江府志略》，清乾隆八年（公元1743）刻本，麗江縣志編委會辦公室，1991年翻印本，第89頁。

〔註15〕（清）張廷玉等撰：《明史》卷三百十四《列傳第二百二‧雲南土司二》，北京：中華書局，1974年，第8099頁。

史‧地理志》：磨些二部，皆為烏蠻種居鐵橋。《明統志》：鐵橋之建，或云吐蕃，或云隋史萬歲及蘇榮，或云南詔閤羅鳳、異牟尋歸唐時，斷之以絕吐蕃。其處有鐵橋城，吐蕃嘗置鐵橋節度於此。《府志》：橋所跨處，穴石鋼鐵為之，冬月水清，猶見鐵環在焉，城在鐵橋南，吐蕃十六城之一，今遺址尚存。」

（七）《木氏宦譜》（文譜）對此事載曰：「十六年〔註16〕，奉總兵穎國公劄付，擬本府知府，開設麗江府。本年二月，從征南將軍克佛光寨，元右丞普顏篤自焚。三月，西番大酋卜劫將領賊眾，侵佔本府白浪滄地面。令長男阿初攻退。又本年八月，隨攻北勝府，擒高大惠之裔土酋偽平章高生，尋為夷殺獻，後改州，肆又領兵跟隨總兵穎國公，會同董指揮攻破石門關、鐵橋城等處有功事奏聞。本年九月，赴京進貢朝覲，泰始嘉其偉績，授誥命一道，任本府世襲土官知府職事，中順大夫，防固石門，鎮御番轄，並賜金花鈔貫綵緞表裏衣冠，給金花帶一束，鐫肆字曰：誠心報國。元寶陸錠，令字銀牌，重二十兩。」另有《木氏宦譜》（圖譜）、《麗江土通判木瓊承襲清冊》略載此事。

明張紞《紀錄彙編卷之四十五》之《雲南機務鈔黃》載曰：「奉天承運，皇帝制曰：「朕設爵任賢，懸賞待功，黜陟予奪，俱有成憲。惟蠻夷土官，不改其舊，所以順俗施化，因人授政，欲其上下相安也。乃者命將入黔中，土官木德，世守銅川，量力審勢，率先來歸，復能供我芻餉，從我大兵削平鄧川三營之地，獻歲云初，萬里來貢。似茲忠款，宜加旌擢，今授中順大夫麗江府知府。爾吏曹如敕奉行，毋怠。洪武十七年正月二十一日」按：「木德」應為阿甲阿得即「木得」。

又清倪蛻《滇雲歷年傳》卷十二載其事曰：「明洪武時以克石門寨功，授土知府，屢立戰功，其後世居西陲，捍吐蕃。」另有雍正《雲南通志》卷二十一《人物之一》載有：「（洪武）十六年開設府治，授麗江知府，會西番劫瀾滄江，得引兵卻之，又從指揮董某破石門關寨，命世襲土知府，征巨津，擒阿奴聰，斬偽元帥朱保，屢著勞績。」《嘉慶重修一統志》卷四百八十五記載曰：「（洪武）十六年開設府治，授麗江知府，本年兩番劫瀾滄江，得引兵卻之，又破石門關寨，授世襲土知府，又從征巨津，擒阿奴聰於吐蕃，斬偽元帥朱保。」

【按】：這是木得因戰功而受賞賜。

〔註16〕洪武十六年（1383年）。

（八）中順大夫，官名，金始置，《金史》卷五十五《志第三十六·百官一》曰：「文官九品，階凡四十二有：⋯⋯正五品上曰中議大夫，中曰中憲大夫，下曰中順大夫。」到元朝時，中順大夫升為正四品〔註17〕。到了明朝為升授之階，《明史》卷七十二《志第四十八·職官一》載曰：「正四品，初授中順大夫，升授中憲大夫，加授中議大夫。」〔註18〕明申時行《大明會典》卷六所載與《明史》無異。

進貢方物，隨蒙成例，回頒敕一道：賜木得，金花一對，宝鈔六百錠，紵絲叁疋，紗叁疋，羅弍疋，絹肆疋。木得妻阿社（一），紵絲弍疋，羅弍疋。（二）

周汝誠本和木光本無此部分內容。

【箋證】

（一）木得妻阿社，《木氏宦譜》（文譜）：木得「正妻阿室社，係照磨所三必村和略哥女，誥封恭人。生三子，初、虧、寺。」《木氏宦譜》（圖譜）所載與之相同，略簡於文譜本。《木氏歷代宗譜碑》僅載曰：「恭人生：初、虧、寺。」

（二）《木氏宦譜》（文譜）：「本年九月〔註19〕，赴京進貢朝觀，泰始嘉其偉績，授誥命一道」。又《明史》卷三百十四《列傳第二百二·雲南土司二》：「（洪武）十六年，蠻長木德來朝貢馬，以木德為知府。」

【按】：《明史》作「木德」誤，按照《木氏宦譜》（圖譜）所載：木德「生於康熙甲午年（1714年）四月初四日午時，終於乾隆丁酉年（1777年）六月初七日辰時」，此「木德」與「木得」在任時間不相符合，並另有《麗江土通判木瓊承襲清冊》所載為證，所以當為「木得」。

三

奉天承運，皇帝制曰：朕立極成統，粵遵歷代帝王之典，以建官樹

〔註17〕（明）宋濂等撰：《元史》卷九十一《志第四十一上·百官七》，北京：中華書局，1976年，第2320頁。

〔註18〕（清）張廷玉等撰：《明史》，北京：中華書局，1974年，第1736頁。

〔註19〕洪武十六年九月。

職，命階錫爵。尔雲南麗江世襲土官知府木初（一），恭順崇厚，智哲超俊，累①奏多功，奉命宣化，能用夏以變夷，攄誠報國，克施威而布德，殫忠懷夷，茲特封尔為中順大夫，尚無忝於前人，以永②貽于後嗣。欽哉！（二）

制誥

洪武二十五年二月十三日給

之宝

甲字六百九十七號

半璽

【校勘】

① 周汝誠本和木光本均寫為「略」，按：當為「累」。

② 周汝誠本和木光本寫作「承」，按：當為「永」。

【箋證】

（一）木初，根據《木氏宦譜》（文譜）記載：木初「生元至正五年乙酉（1345 年），於洪熙元年乙巳（1425 年）十二月□日賓天。」〔註20〕又《木氏宦譜》（文譜）詳載曰：「知府阿得阿初，官諱木初，字啟元，號始春，得之嫡長，繼前職。未襲之先，洪武十六年，攻番酋卜劫有功。本年七月，奉總兵官征南將軍穎國公劄付擬授副千夫長。十七年閏十月，奉吏部忠字三號勘合授副千夫長，兼試百戶職事。當年十一月到任，本年十二月，本府寶山州土官生拗，同大理衛李指揮以策平定，攻打本州山寨，安撫人民。十八年，本州土官剌密如吉，復據山寨，仍行領兵前去攻打本寨，擒殺二十餘賊。……二十一年三月，管領土軍，從總兵官西平侯黔寧王沐昭靖英征進景東定邊縣伯夷蠻賊，殲其渠魁，殺獲刀斯浪等。二十四年，隨奉右軍都督府定字五百四號勘合，欽依承襲。五月十八日上任，繼父職。本年十一月，赴京進貢，請誥。……三十一年九月，跟總兵官征虜前將軍西平侯沐惠襄公春，征進伯夷，圍困麓山，擒獲賊首刀干孟回還，蒙賞鈔錠表裏甚厚。……（永樂四年）十

〔註20〕張永康，彭曉主編，雲南省博物館供稿：《木氏宦譜》昆明：雲南美術出版社，2001 年，第 20 頁。

月，令長男阿土追究元時土官安撫司阿吉家下金牌一面，解雲南布政司訖。八年五月，親詣寶山州白的元、始瓦等寨，招諭頭目阿容目名下認納差發，當年作數隨差人進貢，給賜回敕表裏。……十四年，覃恩存慰進階，尋請老移關，本府保勘應襲木土襲職。」《木氏宦譜》（圖譜）載曰：「八世考，知府木初字啟元，號始春。」其餘所載內容同「文譜」但略簡於「文譜」。《木氏歷代宗譜碑》記曰：「廿二世祖阿得阿初，諱木初，字啟元，號始春。襲父職，未襲授中順大夫，為千夫長，擒獲叛賊克勝，頒給印信，授中憲大夫。」又馮時可所撰的《明麗江知府木氏雪山端峰文岩玉龍松鶴生白六公傳》、木瓊上供《麗江土通判木瓊承襲清冊》有對木初的簡略記載，內容與之相同。

《明史》卷三百十四《列傳第二百二‧雲南土司二》曰：「二十四年〔註21〕，木德死，子初當襲。」《明實錄》之《太祖實錄》卷二○七云：「洪武二十四年二月癸酉，……以麗江府知府木德男木初襲父職，其弟虣為千夫長，守石門關。初，西平侯沐英奏：『土官知府木德已死，其子初當襲，……」

【按】：《明史》、《明實錄》寫作「木德」誤，應為「木得」。

正德《雲南志》卷十一《志十一‧麗江軍民府‧官跡》曰：「木初，木得子，屢立戰功，授中順大夫土官知府。」又天啟《滇志》卷三十《羈縻志第十二‧土司官氏‧麗江府》、《土官底簿》卷上《雲南‧麗江軍民府知府》條、清毛奇齡《蠻司合志》卷十《雲南三》、清師範《滇系》九之二《土司‧麗江府》、《道光雲南志鈔》卷七《土司志上‧世官‧麗江府》亦略載木初事，內容都與《木氏宦譜》無異。

（二）《木氏宦譜》（文譜）載曰：「二十五年〔註22〕二月，給授甲子六百九十七號誥命一道授中順大夫，世襲土官知府，蒙欽賞賜回還。」

【按】：這是木初因為多次立有戰功而受賞賜。

進貢方物，請給誥命，隨蒙照例，回頒敕一道：賜木初，寶鈔六百錠，紵絲叁疋，紗叁疋，羅弍疋，絹四疋。木初妻阿撒（一），紵絲弍疋，羅弍疋。（二）

周汝誠本和木光本無此部分內容。

〔註21〕洪武二十四年（1391年）。
〔註22〕洪武二十五年（1392年）。

【箋證】

（一）木初妻阿撒，《木氏宦譜》（文譜）載曰：「（木初）正妻阿室阿木相，官名阿氏撒，係通安州土千戶阿木女即木仙，誥封恭人。生柒子：土、娘、戢、迦、均、興、惠。」《木氏宦譜》（圖譜）所載相同。又《木氏宗譜碑》載曰：「恭人生七子：土、娘、戢、迦、均、興、惠。」

（二）《明實錄・太祖實錄》卷二一六載曰：「洪武二十五年二月甲寅，……麗江府知府木初……來朝貢馬。賜綺、帛、鈔錠有差。」

四

皇帝敕諭雲南等處①承宣布政使司麗江府②世襲土官知府木初，尔雲南去京③萬里，麗江由荒遠僻，西域諸夷必置重藩。尔木初世守，為諸夷誠信，今准廷議，從頒麗江軍民府知府印一顆，子孫世襲，裨陽塘④鎮道（一），節制蕃夷往來禮接之際，機便從宜照擯相體統行事，以彰國威，防奸禦侮，機無暇怠，能此榮及前人，福延後嗣，而身家永昌矣！勿⑤慢⑥尔志，怙恃不悛，所為非典，國有常法，故諭，敬之，毋⑦忘，欽哉！（二）

　　敕命

　　洪武三十年十一月□日給

　　之宝

　　信字九號

　　半璽

【校勘】
① 周汝誠本和木光本均無此字。按：當從國圖本。
② 周汝誠本和木光本均無「府」字。
③ 周汝誠本和木光本有「師」字。
④ 周汝誠本和木光本均寫為「揚塘」。
⑤ 木光本寫作「忽」。
⑥ 周汝誠本和木光本均寫為「怠」。

⑦ 周汝誠本和木光本均寫為「忽」，按：當為國圖本正確。

【箋證】

（一）陽塘、鎮道，兩個地名。具體地點待考證。方國瑜說：「此二撫司應在今保山以北怒江區，不獲詳考其事蹟。瑜曾訪熟悉怒江區故實者，亦不知此二地名。惟永昌府之北，麗江之西，今怒江自治州，高山深谷地區，分布坡地，是時已漸開發，雖『地瘠土寒』，（如《滇略》所說）交通困難，見於記錄者少，但已建立政權。」在《明史》卷四十六《志第二十二·地理七》的「永昌軍民府」條載曰：「鎮道安撫司，楊塘安撫司，二司地舊屬西番，與麗江府接界。俱永樂四年正月置，屬金齒軍民司。嘉靖元年屬府。」《明實錄》之《太宗實錄》卷五十載曰：「永樂四年春正月乙未，設鎮道、楊塘二安撫司，隸雲南都司。其地屬西蕃，與麗江接境。」《中甸縣志》載：「明永樂四年（1406年），麗江府通事禾節來詔諭，設鎮道（轄大中甸、格咱、尼西）、揚塘（轄小中甸及虎跳峽鎮一部）二安撫司，以阿密、末吉為安撫使，隸雲南都司。」〔註23〕

【按】一：國圖本、雲南省圖本、周汝誠本、木光本所寫作的「陽塘」、「揚塘」誤，應為「楊塘」。

【按】二：方國瑜認為楊塘、鎮道「其地應在怒江區之南部……蓋楊塘、鎮道與蘭州接境，其治所在南部，而其北部亦可能歸此二安撫司也。」〔註24〕江應樑認為楊塘、鎮道兩安撫司「故境在今瀘水」〔註25〕也就是在怒江傈僳族自治州。而潘發生認為「今香格里拉（中甸）縣的大中甸壩在歷史上的藏語稱謂為「結打木」、「結當」和「建塘」，與「鎮道」音相近；今香格里拉縣的小中甸壩在歷史上的藏語稱謂為「楊打木」、「楊當」、「楊多」和「楊塘」，與《明實錄》所提出的「楊唐」一致。」〔註26〕在郭大烈、和志武合著的《納西族史》一書中也認為揚塘、鎮道在今小中甸和大中甸。〔註27〕馮智認為楊

〔註23〕雲南省中甸縣地方志編纂委員會編纂：《中甸縣志》，昆明：雲南民族出版社，1997年，第44頁。

〔註24〕方國瑜著：《中國西南歷史地理考釋》，北京：中華書局，2012年，第847頁。

〔註25〕江應樑編著：《明代雲南境內的土官與土司》，昆明：雲南人民出版社，1958年，第114頁。

〔註26〕潘發生著：《揭開滇川藏三角區歷史文化之謎》，昆明：雲南民族出版社，2008年，第120頁。

〔註27〕郭大烈，和志武著：《納西族史》，成都：四川民族出版社，1994年，第301頁。

塘在小中甸，鎮道是結塘，大中甸。〔註28〕《木氏宦譜》（文譜）載：「又本
年〔註29〕十一月，……擬議敕命裨楊塘、鎮道，節制西番。」可見，此二處
應為木氏土司設置，楊塘、鎮道則應該在與麗江相接境的地方。

（二）《木氏宦譜》（文譜）載曰：「……又本年〔註30〕十一月，改置麗江
軍民府，頒給印信，以字八十七號一顆，擬議敕命裨楊塘、鎮道，節制西番，
禮際機便，從宜擯相體統行事，以彰國威。」《元史》卷六十一《志地十三·
地理四》曰：「麗江路軍民宣撫司，路因江為名，謂金沙江出沙金，故云。」
《明史》卷四十六《志第二十二·地理七》：「麗江軍民府，元麗江路宣撫司。
洪武十五年三月為府，三十年十一月升軍民府，領州四。東南距布政司千二
百四十里。」《木氏宦譜》（圖譜）、《土官底簿》卷上所載與之無異。《明實錄·
太祖實錄》卷二五五云：「洪武三十年十一月乙亥，改雲南鶴慶、麗江二府為
軍民府。」

又《明一統志》卷八十七《麗江軍民府》：「《禹貢》梁州之界。天文井、
鬼分野。漢為越巂、益州二郡地，東漢兼屬永昌，隋屬巂州，唐因之，太和以
後沒於蠻，為越析詔，後地屬南詔，於此置麗水節度。宋時為麼些蠻酋蒙醋醋
所據，大理莫能有。元初討平之，置茶罕章宣慰司，至元中改置麗江路軍民總
管府，後罷府，置宣撫司。本朝洪武十五年，改麗江府，後改軍民府，領州四、
縣一。」景泰《雲南圖經志書》卷之五《麗江軍民府》曰：「古名越析川，近
金沙江。金沙，一名犁牛，因犁、麗聲相近，而呼曰麗江。漢、晉以來，俱未
臣服。隋、唐時，有土酋波衝者據其地，號摩些詔，即六詔之一也，後為蒙氏
所併。段氏以此為四鎮之一。元世祖駐蹕於此，以蠻酋為管民官，遂立宣慰司，
後改麗江路軍民總管府，又後改為宣撫司。今洪武十五年改麗江府，三十二年
改麗江軍民府，領州四：曰通安、曰寶山、曰蘭州、曰巨津；縣一：曰臨西，
舊屬巨津，今府帶管之。」明謝肇淛《滇略》卷一《版略》曰：「麗江軍民府，
古荒服地，漢、唐皆隸越巂，蒙氏置麗水節度，後為蠻酋蒙醋醋所據。元討平
之，置麗江路，國初改府，後改軍民府，土官木氏世居之，領州四。」正德《雲
南志》卷十一《志十一·麗江軍民府》所載「建制沿革」條：「《禹貢》梁州之

〔註28〕馮智著：《雲南藏學研究·滇藏政教關係與清代治藏制度》，昆明：雲南民族
　　　　出版社，2007年，第75頁。
〔註29〕洪武三十年（1397年）。
〔註30〕洪武三十年（1397年）。

界，《天文》井、鬼分野。漢為越巂、益州二郡地，東漢兼屬永昌，隋屬巂州，唐因之，太和以後沒於蠻，為越析詔，貞元中屬南詔，於此置麗水節度。宋時為麼些蠻酋蒙醋醋所據，段氏莫能有。元憲宗三年征大理，從金沙濟江，麼些負固不服，四年春平之，置茶罕章宣慰司，至元十三年改置麗江路軍民總管府，二十年罷府，置宣撫司。本朝洪武十五年，改麗江府，後改麗江軍民府，領州四，縣一。」李元陽萬曆《雲南通志》卷之四《地理·雲南布政司·麗江軍民府》所載麗江的沿革與之同。天啟《滇志》卷之二《地理志之一第二·麗江府》：「古荒服地，與吐蕃接壤。漢屬越巂、益州二郡，東漢兼屬永昌，隋屬巂州。唐因之。太和以後沒於蠻，為越析詔。貞元中屬南詔，置麗江節度。宋為麼些蠻酋所據，段氏不能制。元憲宗四年討平之，置茶罕章宣慰司。至元中，改置麗江路軍民總管府。尋罷府，置宣撫司。本朝洪武十五年，改麗江府。後改麗江軍民府，領州四。舊隸臨西一縣，正統二年廢。」明彭時《寰宇通志》卷一百十三《麗江軍民府》、陸應陽《廣輿記》卷二十一《麗江府》所載略同。清顧祖禹《讀史方輿紀要》所記與之略同，僅有是二十年罷府還是二十二年罷府有異，顧祖禹《讀史方輿紀要》載「二十二年府罷，更立宣撫司。」

【按】：《元史》卷六十一《志第十三·地理四·麗江路軍民宣撫司》載：「二十二年，府罷。」《元一統志》卷七《雲南諸路行中書省·麗江路軍民宣撫司》載曰：「二十二年更置軍民宣撫司。」正德《雲南志》載曰：「二十年罷府，置宣撫司。」明李元陽萬曆《雲南通志》卷之四《地理·雲南布政司·麗江軍民府》所載曰：「（至元）二十二年罷府置宣撫司。」乾隆《麗江府志略》上卷《建置略》：「（至元）二十二年，罷府置宣撫司於通安、巨津之間。」《嘉慶重修一統志》曰：「二十二年府廢，更立宣撫司。」當應為至元二十二年（1285年）罷府。

清倪蛻《滇雲歷年傳》卷十二：「麗江漢屬益州郡，為邪龍縣。後屬越巂郡，為定筰縣。至後漢，屬永昌郡。三國、五代屬西寧州、寧州、南寧州不定。唐屬越析詔，大略「巂」、「析」，音訛耳。宋為麼些蠻醋醋城。元麗江路宣撫司，始有麗江之名。」乾隆《麗江府志略》所載麗江建制沿革與其他史籍無異。又《嘉慶重修一統志》卷四百八十五《麗江府》「建制沿革」條：「《禹貢》梁州荒裔，漢越巂郡西徼地。三國漢為建寧郡。晉以後為寧州。隋屬巂州。唐因之。後入於蠻，為越析詔。南詔蒙氏，置麗水節度。宋是麼些蠻據此。元初擊降之，置察罕章管民官。至元八年，改為宣慰司。十三年改置麗江

路軍民總管府。二十二年府廢，更立宣撫司，隸雲南行省。明洪武十五年，改麗江土府。三十年，改為麗江軍民府，隸雲南布政使司。本朝因之。順治十六年。仍改麗江土府。雍正元年，改土官設知府，屬雲南省。今領州二，縣一。」

【按】：景泰《雲南圖經志書》載三十二年改麗江軍民府當誤，《木氏宦譜》、《明史》、《明實錄》、《嘉慶重修一統志》均記為洪武三十年升麗江為軍民府。

【按】：《木氏宦譜》（文譜）記載的木氏各代情況與以上文獻所記麗江沿革大致吻合，並更詳細，茲略摘錄如下：木氏始祖葉古年之前十一代，東漢為越巂詔。從葉古年續傳十七代到秋陽，唐高宗上元中，為三甸總管。陽音都谷，在唐玄宗開元中，為三甸總管，服南詔，到唐玄宗天寶中，南詔閣羅鳳叛唐時，陽音都谷挾擄唐西瀘令鄭回有功，升授總督元帥。都谷刺具，於天寶十年（751年）隨南詔從征，敗唐兵於西洱河，有功，繼任父職。刺具普蒙，於唐德宗貞元元年（785年）更置麗水節度時，任節度使。普蒙普王，在貞元九年（793年）因引導唐將韋皋以南詔兵大破吐蕃，有功，升武勳公。普王刺完，繼父職為武勳公。刺完西內，於唐憲宗元和中改越析軍民總管，繼武勳公。西內西可，在唐文宗太和中。南詔寇唐蜀郡，不服通唐，仍稱為越析詔軍民總管。西可刺土，於唐懿宗咸通四年（863年），南詔攻陷交趾，有功，封越析詔武勳公。刺土俄均，於唐昭宗天復二年（902年）繼任武勳公。俄均牟具，繼任武勳公。牟具牟西，於宋真宗中改為武英侯。牟西牟磋，當宋仁宗至和中，更立摩挲詔大酋長。牟磋牟樂，當宋徽宗政和中，繼任大酋長。牟樂牟保，與段正和，稱為大將軍。牟保阿琮，繼任前職。阿琮阿良，於宋理宗寶祐元年（1253年），蒙古憲宗派御弟元世祖忽必烈征大理時，阿良迎兵於刺巴江口，錫賚甚厚，寵渥優禮，授為茶罕章管民官，元世祖至元中，為提調諸路統軍司，至元十一年（1274年）授為金紫光祿大夫統軍司、進開府儀同三司。阿良阿胡，繼父襲元帥之職，至元九年（1272年）為茶罕章管民官，元成宗元貞元年（1295年）授正奉大夫獲軍宣慰司。阿胡阿烈，於元順帝至元十三年（1276年）改置麗江路軍民總管府，所屬府一，北勝；州七，通安、巨津、寶山、蘭州、永寧、滇灢、順州；縣一，臨西。阿烈阿甲，元順帝至元二十二年（1284年），罷府置宣撫司，不久改為通安州知州，授朝請大夫騎都尉上州尹知州，加正三品。阿甲阿得（木得）在元末時任通安州知州，後復升改麗江宣撫司副使，洪武十六年（1383年）開設麗江府。阿得阿初（木初）在任時，

洪武三十年（1397年）十一月，改置麗江軍民府。〔註31〕據方國瑜考證《木氏宦譜》元以前的世系可靠，事蹟不可靠，從阿琮阿良以下，「歷代詳紀事蹟，多具年月、職名、誥命之類，大都與史籍相符，而《宦譜》特詳。此為自元代至清初，約五百年麗江統治家族之譜系，其勢力範圍包有滇西北以及西康屬若干地區，在此區域之編年史，多可資證。」〔註32〕因此，對《木氏宦譜》元以前部分要慎重使用。

洪武三十五年，具方物進貢朝賀，隨蒙照例，回頒敕一道：賜木初，宝鈔六百錠，紵絲叁疋，紗叁疋，羅弍疋，絹四疋。木初妻阿撒，紵絲弍疋，羅弍疋。

周汝誠本和木光本無此部分內容。

【箋證】

《木氏宦譜》（文譜）云：「（洪武）三十五年，令長男阿土赴京進貢朝賀，蒙欽賜鈔錠表裏回還。」《木氏宦譜》（圖譜）所記相同。

永樂三年，具方物進貢，隨蒙照例，回頒敕一道：賜木初，宝鈔六百錠，紵絲叁疋，紗叁疋，羅弍疋，絹肆疋。木初妻阿撒，紵絲弍疋①，羅弍疋②

周汝誠本和木光本無此部分內容。

【校勘】

① 雲南省圖本寫作「羅貳疋」。
② 雲南省圖本寫為「絹肆疋」。雲南省圖本後面都寫作「紵絲貳疋，羅貳疋」，因此，當為國圖本正確。

【箋證】

《木氏宦譜》（文譜）載曰：「（永樂）三年四月，令弟阿寺隨欽差內監楊

〔註31〕張永康，彭曉主編，雲南省博物館供稿：《木氏宦譜》，昆明：雲南美術出版社，2001年，第6～21頁。
〔註32〕方國瑜著：《雲南史料目錄概說》，北京：中華書局，1984年，第一冊，第474頁。

麟等，領所招來西蕃，赴京朝貢。又當年十月，自備馬匹方物，率領所屬，赴京朝貢，欽賜鈔錠表裏回還。」

<h2 align="center">五</h2>

奉天承運，皇帝制曰：朕恭承天序，統治四海①天下猶一家，施恩酬典，無間內外。爾雲南麗江軍民府世襲知府木初，能以撫輯西陲，開設巨津（一）等處，敷功奏聞，錫爾金牌一面（二），進階升授，封爾②為中憲大夫（三），懋膺嘉命，永世其承，欽哉！

制誥

永樂五年三月□日給

之宝③

甲字八④百九號

半璽

金牌重弍拾兩

義字七⑤十六號

半璽

【校勘】

① 雲南省圖本、周汝誠本、木光本都寫為「方」。
② 雲南省圖本、周汝誠本、木光本均無此字。
③ 雲南省圖本寫作「命」。
④ 雲南省圖本、周汝誠本、木光本均寫為「玖」。
⑤ 雲南省圖本無此字。

【箋證】

（一）巨津，即巨津州，在今雲南省麗江市西北。乾隆《麗江府志略·山川略·古蹟》載：「巨津廢州，在城西北三百里」〔註33〕，《元史》卷六十一

〔註33〕（清）管學宣、（清）萬咸燕纂修：乾隆《麗江府志略》，清乾隆八年（公元1743）刻本，麗江縣志編委會辦公室，1991年翻印本，第88頁。

《志第十三·地理四》載曰：「巨津州，昔名羅波九晱，北接三川、鐵橋，西臨吐蕃。按《唐書》，南詔居鐵橋之南，西北與吐蕃接。今州境實大理西北陬要害地，麽、些大酋世居之。憲宗三年內附。至元十四年，於九晱立巨津州，蓋以鐵橋自昔為南詔、吐蕃交會之大津渡，故名，領一縣。」《元一統志》卷七《雲南諸路行中書省·麗江路軍民宣撫司》載曰：「巨津州，即羅婆九晱，北有三州，鐵橋西接牟浪共城。戡羅眉川。昔濮、盧二蠻所居之地，後為磨些蠻侵奪。其地南詔並六詔，磨些亦一詔也。以其地置麗水節度，本州境其屬也。甲寅年〔註34〕，國朝收付本晱之初，隸茶罕章軍民官。至元十五年，置巨津州，隸麗江路，領縣一，曰臨西。」《明史》卷四十六《志第二十二·地理七》：「巨津州南有華馬山。北有金沙江，流入州界，有鐵橋跨其上。西北有臨西縣，元屬州，洪武十五年三月因之，弘治後廢。又東北有雪山關。東南距府三百里。」明謝肇淛《滇略》卷一《版略》、周季鳳纂修正德《雲南志》卷十一《志十一·麗江軍民府》、李元陽萬曆《雲南通志》卷之四《地理·皇明雲南布政司·麗江軍民府》所載略同。《嘉慶重修一統志》卷四百八十五《麗江府》「古蹟」條關於巨津州在元朝時的沿革與前同，關於元朝之後的記載則云：「《府志》：古西番地。唐時為羅波九晱，樸、獹二蠻所，後麽些蠻奪其地。南詔又並之，屬麗水節度。元初內附，後改置州，明因之。本朝省入府。」

（二）《木氏宦譜》（文譜）載曰：「（永樂）四年五月，奉總兵官西平侯沐惠襄公明文，同錦衣衛鎮撫司指揮使朱程往西番地面，開設楊塘、鎮道二處安撫司，剌何場長官司，你那長官司，催令夷蕃赴京朝貢，奏聞蒙賜督鎮敕書一道，並敘巨津、臨西、毛牛寨、寶山州、蘭州、浪滄江等處功事，欽賜金牌一面，銘曰：誠心報國。永樂五年，義字七十六號，並蒙給甲字八百九號誥命一道，升授中憲大夫世襲土官知府。」《木氏宦譜》（圖譜）所載略同。

【按】：《木氏宦譜》（文譜）寫作「甲字八百九號」，《木氏宦譜》是木氏土司家譜，可靠度較高，按照此記載當為「甲字八百九號」正確，即國圖本所載為是。「義字七十六號」當正確，國圖本所載正確，雲南省圖本所記為誤。

（三）中憲大夫，官名，金始置，《金史》卷五十五《志第三十六·百官一》曰：「文官九品，階凡四十二有：……正五品上曰中議大夫，中曰中憲大

〔註34〕宋理宗寶祐二年（1254年）。

夫，下曰中順大夫。」到元朝時，中憲大夫升為正四品〔註35〕。到了明朝為升授之階，《明史》卷七十二《志第四十八·職官一》載曰：「正四品，初授中順大夫，升授中憲大夫，加授中議大夫。」〔註36〕明申時行《大明會典》卷六所載與《明史》相同。

六

奉天承運，皇帝制曰：人臣膺爵，考諸封典，亦必推其本源，①雲南麗江軍民府世襲知府木初，父木得，率土順天，累績勤王，分茅錫姓，原授中順大夫，今特追贈中憲大夫，勳封一級，尔其有知，服斯恩命！

制誥

永樂十年六月口日給

之宝

甲字九百九十七號

半璽

【校勘】

① 周汝誠本和木光本此處有「爾」字。

【箋證】

《木氏宦譜》（文譜）載：「十年〔註37〕四月，自備馬匹方物，令舍人阿他等赴京進貢，欽蒙給賜甲字九百九十七號誥命一道，賜父阿得中憲大夫。」

【按】：明朝規定：「凡封增，公、侯、伯之追贈，皆遞進一等。……七品以上皆得推恩其其先。五品以上授誥命，六品以下授敕命。……正四品，初授中順大夫，升授中憲大夫。」〔註38〕因此，木得因子而升授一級。

〔註35〕（明）宋濂等撰：《元史》卷九十一《志第四十一上·百官七》，北京：中華書局，1976年，第2320頁。

〔註36〕（清）張廷玉等撰：《明史》，北京：中華書局，1974年，第1736頁。

〔註37〕永樂十年（1412年）。

〔註38〕（清）張廷玉等撰：《明史》卷七十二《志第四十八·職官一》，北京：中華書局，1974年，第1736頁。

七

奉天承運，皇帝制曰：婦人從夫而貴，依子而榮，國家之制，以明推恩，錫封必及雲南麗江軍民府世襲知府木初，母阿社，原授中順大夫木得之妻，善相坤道，嘉慶母儀，今特追贈為恭人（一），尔有知靈，服斯榮光！（二）

制誥

永樂十年六月口日給

之宝

甲字九百九十八號

半璽

周汝誠本和木光本無甲字九百九十八號誥命的內容。

【箋證】

（一）恭人，古代對命婦的封贈，「生曰封，死曰贈」〔註39〕，根據其丈夫的官職品級而定，始於宋朝，「中散大夫以上封恭人」〔註40〕。元朝時候「正從六品封贈父母，父止用散官，母、妻並恭人。」〔註41〕到明朝時是四品官的妻子的封號，《明史》卷七十二《志第四十八·職官一》：「外命婦之號九：公曰某國夫人，侯曰某侯夫人，伯曰某伯夫人。一品曰夫人，後稱一品夫人。二品曰夫人，三品曰淑人，四品曰恭人，五品曰宜人，六品曰安人，七品曰孺人。因其子孫封者，加太字，夫在則否。……嫡在不封生母，生母未封不先封其妻。妻之封，止於一嫡一繼。」明陶宗儀《說郛》卷三十四宋無名氏《趨朝事類·外命婦品》：「中散大夫一下封恭人。」清朝同明朝，並有所擴大，《清史稿》卷一百十《志八十五·選舉五》：「（文、武）正、叢四品恭人。」清阮葵生《茶餘客話》卷一《宗室夫人稱號》載曰：「奉恩將軍正室稱恭人。」

〔註39〕（清）張廷玉等撰：《明史》卷七十二《志第四十八·職官一》，北京：中華書局，1974年，第1736頁。

〔註40〕（清）徐松：《宋會要輯稿》第六十五冊《職官九》，北京：中華書局，1957年，第2595頁。

〔註41〕（明）宋濂等撰：《元史》卷八十四《志第三十四·選舉四》，北京：中華書局，1976年，第2115頁。

（二）《木氏宦譜》（文譜）載曰：「甲字九百九十八號誥命一道，封母阿氏社為太恭人。」

【按】：這是因子木初而封贈，因此當為「太恭人」而不是「恭人」，《皇明恩綸錄》脫「太」字。

八

奉天承運，皇帝制曰：婦人從夫而貴，此國家明制，封典廣推，以及其配，雲南麗江軍民府世襲知府中憲大夫①木初，妻阿撒，素秉溫良，善相勤內，封為恭人，服斯嘉命，尚宜爾室，益修敦道，永惟多福。

制誥

永樂十年六月口日給

之宝

甲字九百九十九號

半璽

周汝誠本和木光本無甲字九百九十九號誥命的內容。

【校勘】

① 雲南省圖本沒有「世襲知府中憲大夫」等字樣。按：當從國圖本。

【箋證】

《木氏宦譜》（文譜）載曰：「甲字九百九十九號誥命一道，正妻阿氏撒封為恭人，賚回到府望闕謝恩訖。」

九

奉天承運，皇帝制曰：聖人之治天下，必資文武以安攘，懋官錫命，效古之大典也。尔雲南麗江軍民府世襲知府中憲大夫木初，歷任有年，累奏敷功，朕甚嘉之。及敘酌勸①特賜②尔「誠心報國」金帶一束，再命褒榮，進尔勳階，升授散官（一）一級，尚宜愈操晚志，啟後多吉，欽哉勉之！

制誥

永樂十年九月□日給

之宝

乙字一百十九號

半璽

【校勘】

① 周汝誠本和木光本都寫為「功」，按：當為「勸」。

② 周汝誠本和木光本都寫為「錫」。按：錫有賞賜之意，此處「賜」，「錫」均可。

【箋證】

（一）散官，也稱散階，有文散官和武散官之分。隋朝始有散官之名，唐朝時為加官或階官。「文散官自開府儀同三司至將仕郎凡二十九階，武散官自驃騎大將軍至陪戎副尉凡四十五階。規定九品以上職事皆帶散位，散官與職事官品級並非致。宋朝沿襲唐制，唯武散官減為三十一階。元豐（1078～1085）改制廢，另以節度副使、團練副使、長史、司馬、別駕、司戶、司士、文學、助教為九等散官。金、元用以表示官員品級，有文、武等各類。明朝一稱階官，指加散階的官員，散階屬榮譽稱號。文官、武官及宦官散階時有變動。散官給授與考滿相關。」〔註42〕明朝時散官的升授見於《明史》卷七十二《職官一》，載曰：「文之散階四十有二，以歷考為差。正一品，初授特進榮祿大夫，升授特進光祿大夫。從一品，初授榮祿大夫，升授光祿大夫。正二品，初授資善大夫，升授資政大夫，加授資德大夫。從二品，初授中奉大夫，升授通奉大夫，加授正奉大夫。正三品，初授嘉議大夫，升授通議大夫，加授正議大夫。從三品，初授亞中大夫，升授中大夫，加授大中大夫。正四品，初授中順大夫，升授中憲大夫，加授中議大夫。從四品，初授朝列大夫，升授朝議大夫，加授朝請大夫。正五品，初授奉議大夫，升授奉政大夫。從五品，初授奉訓大夫，升授奉直大夫。正六品，初授承直郎，升授承德郎。從六品，初授承務郎，升授儒林郎，吏材幹出身授宣德郎。正七品，初授承事郎，升授文

〔註42〕參見張政烺著：《中國古代職官大辭典》，鄭州：河南人民出版社，1990年，第943～944頁。

林郎，吏材幹授宣議郎。從七品，初授從仕郎，升授徵仕郎。正八品，初授迪功郎，升授修職郎。從八品，初授迪功佐郎，升授修職佐郎。正九品，初授將仕郎，升授登仕郎。從九品，初授將仕佐郎，升授登仕佐郎。」〔註43〕

（二）《木氏宦譜》（文譜）載曰：「又因隨西平侯惠襄公春進景東、永寧、滇蒗等處，隨何瞿二都督征討四川鹽井衛叛臣剌馬仁祖、賈哈喇，攻破革石、阿惱瓦寨，擒獲本叛有功，奏聞，給乙字一百十九號重錫誥命一道，聖旨升爾散官一級，賜爾『誠心報國』金帶一條，其餘功賞俱在應襲等冊內。」

【按】：此事是在永樂十年（1412年）。

進貢方物，請給誥命，隨蒙照例，回頒敕一道：賜木初宝鈔①六百錠，紵絲叁疋，紗叁疋，羅弍疋，絹四疋。木初妻阿撒，紵絲弍疋，羅弍疋。

周汝誠本和木光本沒有皇帝賜物品的詳細記載。

【校勘】

① 雲南省圖本寫為「紗」。按：當國圖本正確。

永樂十七年，具方物進貢，隨蒙照例，回頒敕一道：賜木土宝鈔①陸百錠，紵絲叁疋，紗叁疋，羅弍疋，絹肆疋。木土妻阿護，紵絲弍疋，羅弍疋。

周汝誠本和木光本無此部分內容。

【校勘】

① 雲南省圖本寫為「紡」。按：當國圖本正確。

【箋證】

《木氏宦譜》（文譜）載曰：「永樂十七年，自備馬匹方物赴京進貢，前到行在吏部。」

【按】：木初於「（永樂）十四年，覃恩存慰進階，尋請老移關，本府保勘

〔註43〕 （清）張廷玉等撰：《明史》卷七十二《志第四十八·職官一》，北京：中華書局，1974年，第1736～1737頁。

應襲木土襲職。」〔註44〕到永樂十七年十月，欽准襲職，永樂十八年，木土
上任。

十

皇帝敕諭雲南等處承宣布政使司麗江軍民府世襲知府木土，因以勘
擬要轄輿情，准從廷議，請命免尔部夷徵調，照國朝安插邊要重鎮事例，
許令聽宣，不令聽調，無①得擅離信地，惟尔謹守，故敕！

敕命

永樂十九年正月□日給

之宝

周汝誠本和木光本無永樂十九年誥命的內容。

【校勘】

① 雲南省圖本寫為「勿」。按：當為雲南省圖本正確。

【箋證】

木土，據《木氏宦譜》（文譜）記載：木土「生元順帝至正二十四年甲辰
（1364 年）月日，於宣德八年癸丑（1433 年）四月二十四日賓天。」又《木
氏宦譜》（文譜）詳載曰：「知府阿初阿土，官諱木土，字養民，即育民，初之
嫡長，繼父職。永樂十七年，自備馬匹方物赴京進貢，前到行在吏部。本年十
月，蒙本部官引奏，欽准替職，賞錫鈔錠綵段表裏，領到吏部文字五千七百
八號文憑一道。十八年正月上任，十九年為議處輿情，蒙欽頒敕一道，令宣
不令調。……宣德三年，先因石門關阿虧丈四卻不悛，領兵功捕據寨，隨開
新道，重設渡津，便通梗阻。」《木氏宦譜》（圖譜）載曰：「九世考，知府木
土，字養民，號培元。」其餘所載內容與文譜本相同，只是略簡於文譜本。
《木氏歷代宗譜碑》載曰：「廿三世祖阿初阿土，諱木土，字養民。襲父職。
永樂十七年赴京進貢，賞賜鈔錠綵段表裏。贈太中大夫參政職銜。」《麗江土
通判木瓊承襲清冊》有對木土的簡略記載，內容與之相同。

〔註44〕張永康，彭曉主編，雲南省博物館供稿：《木氏宦譜》，昆明：雲南美術出版
社，2001 年，第 21 頁。

十一

奉天承運，皇帝制曰：國家命官，於文武之有勞績者，必錫封爵，以光其寵，朝庭之盛典也。尔雲南麗江軍民府世襲知府木土，克紹先猷，綏懷遠夷，能以彈忠，寧輯邊宇，今特封尔為中順大夫。惟敬是心①惟忠是懷，以永光譽，欽哉！

制誥

永樂二十一年□月□日給②

之宝③

丙字一百十五號

半璽

【校勘】

① 周汝誠本和木光本均沒有「惟敬是心」等字。按：當從國圖本。

② 雲南省圖本沒有「□月□日給」。

③ 雲南省圖本寫作「命」。

【箋證】

《木氏宦譜》（文譜）載曰：「（永樂）二十一年，令舍人木彌、把事楊仲禮等赴京進貢請誥，蒙給錫丙字一百十五號誥命一道，特封為中順大夫世襲知府。」

《明實錄・太宗實錄》卷二一六一載曰：「永樂二十一年七月丁亥，雲南土官千戶木高，曲靖軍民府僧人鏡中等各遣人貢馬及方物。賜幣有差。」

【按】：不知這是不是與木土派人進京上貢是同一件事。

十二

奉天承運，皇帝制曰：朝庭①推恩臣下，必及其配，以厚人倫之本也。雲南麗江軍民府世襲知府中順大夫木土，妻阿護（一），相夫嫺雅，宜家敦厚，封尔為恭人，祗服嘉命，益修婦順，以貽于後，亦將氷閫永光，欽哉！（二）

制誥

永樂二十一年□月□日給②

之寶

丙字一百十六號

半璽

周汝誠本和木光本無丙字一百十六號誥命的內容。

【校勘】

① 雲南省圖本寫作「廷」，按：當為雲南省圖本正確，依國圖本改。

② 雲南省圖本沒有「□月□日給」。

【箋證】

（一）木土妻阿護，《木氏宦譜》（文譜）載：木土「正妻阿室甫，係鶴慶府土官知府高仲女，官名高氏護，誥封恭人。生七子：地、仲、義、昌、恕、苴、揮。」《木氏宦譜》（圖譜）所載相同，略簡於文譜本。《木氏歷代宗譜碑》載曰：「淑人生七子：地、仲、義、昌、恕、苴、揮。」

【按】：木土妻阿護誥封淑人是在正統五年的事，後面詳述此事。

（二）《木氏宦譜》（文譜）曰：「丙字一百十六號誥命一道，正妻阿護封為恭人。」

進貢方物，請給誥命，隨蒙照例，回頒敕一道：賜木土，宝鈔①六百錠，紵絲叁疋，紗叁疋，羅弍疋，絹肆疋。木土妻阿護，紵絲弍疋，羅貳疋。

周汝誠本和木光本沒有皇帝賜物品的詳細記載。

【校勘】

① 雲南省圖本寫為「紗」。按：當國圖本正確。

正統五年，總制兵部尚書王驥（一），奏聞有功，蒙欽准。錫木森，綵段①四疋，絹四疋。（二）

周汝誠本和木光本無此部分內容。

【校勘】

① 雲南省圖本寫為「緞」。按：段古同「緞」，綢緞。因此「段」，「緞」均可。

【箋證】

（一）王驥，字尚德，束鹿（今河北辛集）人。永樂四年（1406 年）進士，官至兵部尚書。死後贈靖遠侯，諡忠毅。王驥曾率軍夫九萬營建北京，於正統六年（1441 年）、正統八年（1443 年）、正統十三年（1448 年）三次征麓川，均大敗敵軍。傳見《明史》卷一百七十一《列傳第五十九》，其詳載曰：「（王驥）長身偉幹，便騎射，剛毅有膽，曉暢戎略。中永樂四年進士。為兵科給事中。使山西，奏免鹽池逋課二十餘萬，尋遷山西按察司副使。洪熙元年入為順天府尹。宣德初，擢兵部右侍郎，代顧佐署都察院。久之，署兵部尚書。九年命為真。」查繼佐《罪惟錄》卷十九《武略諸臣列傳》，王鴻緒《明史稿‧列傳第四十一》、明尹守衡《皇明史竊》卷九十三《鄧智列傳第六十七》載有其事蹟，內容無大異，僅個別字句不同。

（二）《木氏宦譜》（文譜）載曰：「（正統）五年五月，征進麓川奇功事，總制尚書靖遠侯王忠毅公驥奏聞，欽蒙給錫綵緞四表裏。」

十三

奉天承運，皇帝制曰：國家報功之制，待有勞勣者，必錫命封爵，亦及推其本源也。升授勳階，太中大夫資①治少尹（一）雲南布政使司左參政（二）木森（三），祖父木初，原授中憲大夫，升散官一級，生存忠孝，智勇勤勞，著功業以垂世，仁義敦隆，積德澤以慶襲，今特追贈，封為太中大夫雲南布政使司左參政（四），陰爽有靈，服茲寵命，幽顯同光。

制誥

正統五年□月□日給

之宝

戊字七百六十七號

半璽

周汝誠本和木光本無戊字七百六十七號誥命的內容。

【校勘】

① 雲南省圖本寫作「賀」，後面又寫成「資」，按：當國圖本正確。

【箋證】

（一）太中大夫資治少尹，文官勳階。《明史》卷七十二《志第四十八‧職官一》載：「凡文勳十。正一品，左、右柱國。從一品，柱國。正二品，正治上卿。從二品，正治卿。正三品，資治尹。從三品，資治少尹。」明傅維麟《明書》卷六十六《職官二》云：「從三品初授亞中大夫，升授中大夫，加授贈太中大夫資治少尹。」明李默《吏部職掌》載：「從三品初授亞中大夫，升授中大夫，加授贈太中大夫資治少尹。」

（二）左參政，官名，另外還有右參政一職，是明代以及清初布政使的下屬官員。《明史》卷七十五《志第五十一‧職官四》載曰：「承宣布政使司。左、右布政使各一人，從二品，左、右參政，從三品，……參政、參議因事添設，各省不等，詳諸道。」又《明史‧職官四》載：「參政、參議分守各道，並分管糧儲、屯田、軍務、驛傳、水利、撫名等事。」

（三）木森，生於洪武三十四年（1401年）辛巳，於正統六年辛酉（1441年）十二月初八日賓天。〔註45〕《木氏宦譜》（文譜）載曰：「知府阿土阿地，官諱木森，字升榮，號大林，土之嫡長，繼父職。宣德九年，保勘襲職，奉吏部文字一百五十四號文憑，本年七月十三日上任。正統三年，領兵從總兵官定遠王沐忠、敬晟征進麓川緬寇。當時各處軍馬逃散，惟麗江奮勇先陣，過江燒營柵七處，生擒一名，斬首十六顆，獲象二隻，又復斬首二十四顆。蒙犒賞銀碗花牌緞疋等項。四年，又隨官軍殺獲首級二十顆，受賞如前。雲南黔府定遠王沐忠、敬晟另賞沙橋田一莊。……（正統五年）始置巡撫，雲南都御史丁題疏舉揚獎勵，陸軍總制靖遠侯王忠毅公征麓川，遣兵隨克，前後俘撫十六名，象一隻，攻破思仁發柵寨得功。」《木氏宦譜》（圖譜）所載略同。《木氏歷代宗譜碑》載曰：「廿四世祖阿土阿地，諱木森，字升榮，號大林。正統十三年，從沐公征進麓川緬寇，生擒斬首無數，奏聞授太中大夫資治少尹雲南布政司職事。」又馮時可所撰的《明麗江知府木氏雪山端峰文岩玉龍松鶴生白六公傳》、木瓊上供《麗江土通判木瓊承襲清冊》亦有對木初的簡略記載，內容與之同。

〔註45〕張永康，彭曉主編，雲南省博物館供稿：《木氏宦譜》，昆明：雲南美術出版社，2001年，第25頁。

天啟《滇志》卷三十《羈縻志第十二·土司官氏·麗江府》、《土官底簿》卷上《雲南·麗江軍民府知府》條、清毛奇齡《蠻司合志》卷十《雲南三》、《道光雲南志鈔》卷七《土司志上·世官·麗江府》亦略載木初事，內容與《木氏宦譜》無大異。

（四）《木氏宦譜》（文譜）木初條載曰：「正統五年，以孫追封，給戊字七百六十七號誥命一道，贈太中大夫參政職衔。」

《明會典》卷之六《吏部五·文官封贈》載曰：「洪武二十六年，定一品贈三代，二品、三品贈二代，四品至七品贈父母、妻室。凡文官一品至七品，止封增散官職事。其合封一代、二代、三代者俱照見授職事。父母見任者不封，已致仕，並不在任者封之。」

十四

奉天承運，皇帝制曰：國家報功之制，必錫命封爵，亦推其本源也。升授勳階，太中大夫資治少尹雲南布政使司左參政木森，祖母恭人阿撒，今特追贈，封為淑人（一），靈爽有知，服斯榮命！（二）

制誥

正統五年□月□日給①

之宝

戊字七百六十八號

半璽

周汝誠本和木光本無戊字七百六十八號誥命的內容。

【校勘】

① 雲南省圖本沒有「□月□日給」。

【箋證】

（一）淑人，古代命婦的封號。宋徽宗定凡在夫人之下，尚書以上官未至執政者，其母、妻封為淑人。《宋會要輯稿·職官九》載曰：「太中大夫以上封令人，侍郎以上封碩人，尚書以上封淑人。」宋蔡絛《鐵圍山叢談》卷一載曰：宋徽宗政和年間「改郡縣君號為七等：郡君者為淑人、碩人、令人、

恭人；縣君者為室人、安人、孺人。」元朝無此制，到明朝時又稍有了變化，淑人成為三品官員祖母、母、妻的封號。明陶宗儀《說郛》卷三十四宋無名氏《趨朝事類·外命婦品》：「尚書以上封淑人。」《永樂大典》卷之二千九百七十二《國朝諸司職掌》「淑人」條載曰：「凡文官正從三品，祖母、母、妻各封贈淑人。」《明會典》卷之六《吏部五·文官封贈》載曰：「正、從三品祖母、母、妻各封贈淑人。」清朝因襲明制，但又增加宗室奉國將軍之妻為淑人。清阮葵生《茶餘客話》卷一《宗室夫人稱號》載曰：「奉國將軍正室稱淑人。」

（二）《木氏宦譜》（文譜）木初條載曰：「（正統五年）戊字七百六十八號誥命一道，贈封正妻阿氏撒為淑人。

《明會典》卷之六《吏部五·文官封贈》載曰：「凡命婦，因子孫品級封母並祖母者，並加太字，若已亡歿，或曾祖、祖父在者，不加。」

【按】：時木森祖母阿撒已經去世，因此是追贈封為淑人。

十五

奉天承運，皇帝制曰：國家報功之制，待有勞勛者，必錫命封爵，稽古酹典，亦及①推其本源也。升授勳級，太中大夫資治少尹雲南布政使司左參政木森，父木土，原授中順大夫，生存忠孝，智勇勤勞，著功業以垂世，仁義敦隆，積德澤以慶緒，今特追贈，封為太中大夫雲南布政使司左參政，靈爽有知，服茲寵命，幽顯榮光！

制誥

正統五年口月口日給

之宝

戊字七百六十九號

半璽

周汝誠本和木光本無戊字七百六十九號誥命的內容。

【校勘】

① 雲南省圖本寫作「必」。

【箋證】

《木氏宦譜》（文譜）木土條載曰：「正統五年，以子追封給戊字七百六十九號誥命一道，正妻高氏獲，贈封淑人。」

十六

奉天承運，皇帝制曰：國家報功之制，必錫命封爵，亦推其本源也。升授勳級，太中大夫雲南布政使司左參政木森，母恭人阿護，今特追贈，封為淑人，靈爽有知，服斯榮命！

制誥

正統五年□月□日給①

之宝

戊字七百七十號

半璽

周汝誠本和木光本無戊字七百七十號誥命的內容。

【校勘】

① 雲南省圖本沒有「□日給」。

【箋證】

《木氏宦譜》（文譜）木土條載曰：「正統五年，以子追封給戊字七百六十九號誥命一道，正妻高氏獲，贈封淑人。」

【按】：《木氏宦譜》（文譜）雖未寫明是戊字七百七十號誥命，但說了因子而贈封，贈封木土的誥命是戊字七百六十九號，又一道誥命贈封木土妻的當應是「戊字七百七十號」誥命。

十七

奉天承運，皇帝制曰：國家報功之制，待有勞勣者，必錫命封①爵以酬之，乃稽古成法也。爾雲南麗江軍民府世襲知府木森，襲繼先賢，夙志懷忠遠，而麓川（一）烽警，募兵勤旅，不避其鋒，親敵於②後，（二）

功升勳級，雲南布政使司左參③政職事，封尔為太中大夫資治少尹，寵渥優隆，貞誠篤厚，謨烈光前，貽④謀裕⑤後，錫茲誥命，越格榮光。惟尔風勵諸司，敬之欽哉！（三）

> 制誥
>
> 正統五年□月□日給
>
> 之宝
>
> 戌字七百七十一號⑥
>
> 半璽

【校勘】

① 周汝誠本和木光本均無「命」、「封」二字。按：當從國圖本。

② 周汝誠本和木光本均寫為「干」，按：當國圖本正確。

③ 雲南省圖本寫作「恭」。

④ 雲南省圖本寫為「詒」。按：貽，贈給之意。詒贈與，給予之意。二字均可。

⑤ 周汝誠本和木光本均無「謀」、「裕」二字。

⑥ 周汝誠本和木光本均寫為「七百十一號」，脫一字，國圖本所載無誤。

【箋證】

　　（一）麓川，地名。在今雲南瑞麗縣及畹町鎮等地區，與緬甸相接境。《元史》卷六十一《志地十三‧地理四》載曰：「麓川路，在茫施路東。其地曰大布茫，曰賧頭附賽，曰賧中彈吉，曰賧尾福祿培，皆白夷所居。中統初內附，至元十三年立為路，隸宣撫司。」《明史》卷三百十四《列傳第二百二‧雲南土司二》載曰：「麓川、平緬，元時皆屬緬甸。」洪武十五年，土蠻思倫發降明，洪武十七年（1384）置平緬宣慰使司，以思倫發為宣慰使。〔註46〕明李賢《明一統志》卷八十七《麓川平緬軍民宣慰使司》建置沿革載曰：「元置麓川路，本朝洪武中，置麓川平緬宣慰司，尋革，今復置軍民鍪焉。」明劉基《大明清類天文分野之書》卷十六《麓川平緬宣慰司》載曰：「舊麓川路，

〔註46〕（清）張廷玉等撰：《明史》卷三百十四《列傳第二百二‧雲南土司二》，北京：中華書局，1974 年，第 8111 頁。

元中統元年,歸附立麓川路軍民總管府,本朝洪武十七年立麓川平緬宣慰司。」明王圻《續文獻通考》卷二百三十一《輿地考》載曰:「麓川宣慰司,在茫施路東,其也曰大布茫,曰閣頭附賽,曰閣中彈吉,曰閣尾福祿塘,皆白夷所居,中統時,內附至元,十三年立為路,隸宣撫司,本朝洪武中置麓川平緬宣慰司,尋革,後復置。」

(二)麓川之役,麓川宣慰使思氏的叛亂,是明朝在西南最大的動亂。自從元朝末年綺起,中央王朝就和麓川土酋戰爭不斷,到明正統年間達到頂峰。洪武十八年(1385年)思倫發反,率眾寇景東。洪武二十一年(公元1388年),思倫發率眾寇定邊,沐英選精兵三萬急趨定邊,大破思倫發象陣。洪武二十二年(公元1389年)思倫發遣把事招綱等請降並朝貢。自永樂年間至宣德年間,雙方大致穩定。正統二年(1437),麓川宣慰使思任發叛。正統四年(1439年),黔國公沐晟、左都督方政、右都督沐昂率師討伐,以太監吳城、曹吉祥為監軍。但主將方政戰死,沐晟懼罪暴卒。此後,沐昂又率兵征討,成效不大。經過廷議,行在兵部尚書王驥以及英國公張輔等主張用兵,於是就有了三征麓川。正統六年(1441年)以定西伯蔣貴為平蠻將軍,都督李安、劉聚為副,以兵部尚書王驥總督雲南軍務,共率軍十五萬討之。正統八年(公元1443年)第二次征麓川。思任發敗走緬甸,正統十一年,緬甸將思任發獻致雲南,思任發於途中不食,垂死,千戶王政將其斬首。後思任發之子思機發叛,明朝於正統十三年(1448年)再次派軍征討。但三征麓川並沒有徹底解決麓川問題。參見《明史》卷三百十四《列傳二百二·雲南土司二》、謝肇淛《滇略》卷七《事略》、谷應泰《明史紀事本末》卷三十《麓川之役》、高岱《鴻猷錄》第卷九《麓川之役》。

【按】:木森於宣德九年保勘襲職到正統六年賓天,任職期間正值明朝發動征麓川的時候,明朝徵調各族土軍,有木氏之土兵參戰。

(三)《木氏宦譜》(文譜)載曰:「本年九月,自備馬匹方物,差人赴京進貢請給誥命,欽蒙給授戊字七百七十一號誥命一道,並行在吏部勘合,功升勳級,授太中大夫資治少尹雲南布政使司參政職事。贈封二代,於省上任訖還,公座尚存本司。」

【按】:本年即正統五年。

《明史》卷三百十四《列傳第二百二·雲南土司二》載:「正統五年,賜

知府木森誥命，加授大中大夫資治少尹，以征麓川功也。」《明實錄・英宗實錄》卷七一載曰：「正統五年九月丙辰，賜雲南麗江軍民府知府木森誥命，加授太中大夫資治少尹。以殺獲麓川蠻寇功也。」

十八

奉天承運，皇帝制曰：國家報功之制，不惟貴極於其夫，亦必榮極①於其配，蓋廣推人倫也。尔太中大夫資治少尹雲南布政使司左參政木森，妻阿氏里（一），內修婦德，恭懿敦和，封尔為淑人，祗服斯命，欽此。褒榮貽厥光後，茲閫永芳！（二）

制誥

正統五年□月□日給

之宝

戊字七百七十二號

半璽

周汝誠本和木光本無戊字七百七十二號誥命的內容。

【校勘】

① 雲南省圖本寫為「及」，按：當為雲南省圖本正確。依雲南省圖本改。

【箋證】

（一）木森妻阿氏里，《木氏宦譜》（文譜）載曰：「正妻阿室里係木保巡檢阿俗女，誥封淑人，生三子習、那、他。」《木氏宦譜》（圖譜）所載略同。《木氏歷代宗譜碑》簡載曰：「淑人生：寺、日、那、他、女。」

【按】：《木氏宦譜》（文譜）載：木森子日是庶妻阿室能生。〔註47〕並且沒有木森有一子叫寺的，恐《木氏歷代宗譜碑》記載有誤，將木森正妻和庶妻子混淆。《木氏歷代宗譜碑》儘管有很高的歷史學、民族學的研究價值，但是本身存在不少問題，首先，此碑是木懿第四子木橾後代所立，也就是木氏土司家族的一個分支，在敘述上較為簡略，記載歷代土司的時候並沒有把正

〔註47〕張永康，彭曉主編，雲南省博物館供稿：《木氏宦譜》，昆明：雲南美術出版社，2001年，第25頁。

妻和不同庶妻生的孩子分開記載，只是分成了正妻和庶妻所生兒子，給人誤解；其次，《木氏歷代宗譜碑》的碑文與《木氏宦譜》相比較可見有不少誤字。〔註48〕在利用《木氏歷代宗譜碑》的時候應當與《木氏宦譜》以及其他文獻相結合，不能全信此碑。

（二）《木氏宦譜》（文譜）載曰：「戊字七百七十二號誥命一道，正妻阿室裏，封為淑人。」

進貢方物，請給加銜，誥命隨蒙，照例回頒敕一道：賜木森，宝鈔①陸百錠，紵絲叁疋，紗叁疋，羅式疋，絹肆疋。木森妻阿氏里，紵絲式疋，羅式疋。

周汝誠本和木光本無此部分內容。

【校勘】
① 雲南省圖本寫為「紗」，按：當國圖本正確。

【箋證】
《明實錄·英宗實錄》卷七四載曰：「正統五年十二月甲申，……雲南麗江軍民府土官知府木森……來朝，貢馬。賜宴並賜綵幣等物有差。」

【按】：《皇明恩綸錄》的正統五年的誥命均未載明月日，但前面的誥命均是因木森的戰功而賞，僅有這條記載上貢，因此這條誥命可能是正統五年十二月甲申。

十九

奉天承運，皇帝制曰：朕惟①帝王之治，以天下為家，一視同仁，無間遠彌，所以上體天心，廣綏懷之道也。爾雲南麗江軍民府土官知府木嶔（一），自祖父以來，世居南徼，恭事中廷，輸②忠孝誠久而弗替。爾能繼承其③志，克勤厥職，良用爾嘉，茲特授爾太中大夫（二），錫之誥命，以為爾榮，爾尚益篤忠誠，慎終如始④無忝厥職，庶永享太平之

〔註48〕楊林軍編著：《麗江歷代碑刻輯錄與研究》，昆明：雲南民族出版社，2011年，第67頁。

福，欽哉！

　　制曰：朕惟⑤人臣能攄忠於國者，必推恩以及其伉儷，此朝廷之彝典也。雲南麗江軍民府土官知府木嶔妻高氏（三），內助其夫，克恭臣職，今特封尔為淑人，尚其祗承，永光閨閫。（四）

　　制誥

　　天順五年六月二十三⑥日給

　　之宝

　　信字二十三⑦號

　　半璽

【校勘】

① 周汝誠本寫為「性」，後面有寫成「惟」。按：當從國圖本。
② 周汝誠本和木光本均無此字。
③ 周汝誠本和木光本均寫為「父」。
④ 周汝誠本和木光本均寫作「慎始慎終」。
⑤ 周汝誠本寫為「性」，後面有寫成「惟」。按：當從國圖本。
⑥ 周汝誠本和木光本均寫為「二」。
⑦ 周汝誠本和木光本均寫為「二」。按：《木氏宦譜》（文譜）寫作「信字二十三號誥命」，當「信字二十三號誥命」正確。

【箋證】

　　（一）木嶔，生於宣德四年己酉（1429 年）正月日，於成化二十一年乙巳（1485 年）八月二十四日賓天。〔註49〕《木氏宦譜》（文譜）曰：「知府阿地阿習，官諱木嶔，字惟高，號峻喬，森之嫡長，繼父職。正統七年，保勘襲職，奉總督兵部尚書兼大理寺卿王蒙敕諭劄付文憑，三月初十日上任。景泰二年，番寇阿札侵攘巨津州，親率兵追擊，馘首四十二顆，俘擒二十六名。三年六月，蘭州知州應襲羅文凱被賊謀害，奉文設策獲逆羅好等十名，又賊首阿容他引三百餘眾抄掠人民，親領兵捕獲和札等十八人，生擒十二名。……

天順二年，番酋鹽仲丈等肆掠邊境，遣兵追擊，馘首五級，生擒四名。……四年差人赴京進貢。五年，給領信字二十三號誥命一道，授太中大夫世襲土官知府。」《木氏宦譜》（圖譜）所載內容與文譜相同，略簡。《木氏歷代宗譜碑》載曰：「廿五世祖阿地阿寺，諱木欽，字惟高。襲父職。景泰三年，蕃寇侵擾，率兵進擊有功，授太中大夫。」

【按】：《木氏宦譜》的文譜、圖譜本木欽的納西名均寫作「阿地阿習」，並且木森的長子均寫為「習」，而《木氏歷代宗譜碑》寫為「阿地阿寺」，木森的長子記為「寺」。恐《木氏歷代宗譜碑》記載有誤。

另外木瓊上供《麗江土通判木瓊承襲清冊》有對木欽的簡略記載，內容與之相同。《道光雲南志鈔》卷七《土司志上·世官·麗江府》亦略載木欽事。

（二）太中大夫，官名。漢代太中大夫為掌論議之官，《漢書》卷十九上《百官公卿表第七上》載曰：「郎中令，秦官。……屬官有大夫、郎、謁者，皆秦官。……大夫掌論議，有太中大夫、中大夫、諫大夫，皆無原，多至數十人……太初元年更名中大夫為光祿大夫，秩比兩千石。太中大夫秩比千石如故。」唐朝、宋朝時候為四品上之文階官，《舊唐書》卷四十二《志第二十二·職官一》曰：「太中大夫，正四品。」《新唐書》卷四十六《志第三十六·百官一》曰：「凡文官九品，有正、有從，自正四品以下，有上、下，為三十等，凡文散階二十九。……正四品上曰正議大夫，正四品下曰通議大夫，從四品上曰太中大夫，從四品下曰中大夫。」《宋史》卷一百六十九《志第一百二十二·職官九·文散官二十九》載曰：「太中大夫，從四上階。」宋神宗元豐改制後，以換秘書監，後定為第十二階，《宋史》卷一百六十五《志第一百一十六·職官三》載曰：「通直郎至太中大夫充諫議大夫。」又洪邁《容齋隨筆·容齋三筆卷第三·侍從轉官》載曰：「元豐改諫議為太中大夫。」元朝時為從三品官，《元史》卷九十一《志第四十一上·百官七》曰：「文散官四十二：……通議大夫，太中大夫，亞中大夫，以上從三品。」明朝為從三品加授之階，《明史》卷七十二《志第四十八·職官一》載曰載曰：「從三品，初授亞中大夫，升授中大夫，加授太中大夫。」〔註50〕《明會典》卷六《吏部五·散官》所載與《明史》相同。

（三）木欽妻高氏，《木氏宦譜》（文譜）載曰：「正妻阿室順，官名觀音

〔註50〕（清）張廷玉等撰：《明史》，北京：中華書局，1974年，第1736頁。

善，係鶴慶高知府女，誥封淑人。生四子：牙、的、住、寶。」《木氏宦譜》
（圖譜）所記相同。《木氏歷代宗譜碑》記曰：「誥封恭人，生四子：牙、的、
住、寶。」

【按】：《木氏宦譜》文譜、圖譜均寫作「誥封淑人」，只有《木氏歷代宗
譜碑》所說「誥封恭人」恐有誤。

（四）《木氏宦譜》（文譜）曰：「（天順）五年，給領信字二十三號誥命一
道，……正妻高氏善，封為淑人。」

進貢方物，請給誥命，隨蒙照例，回頒敕一道：賜木嶔，宝鈔①陸
百錠，紵絲叄疋，紗叄疋，羅弍疋，絹肆疋。木嶔妻高氏善，紵絲弍疋，
羅弍疋。

周汝誠本和木光本沒有皇帝欽賜物品的記載。

【校勘】
① 雲南省圖本寫作「紗」，按：當國圖本正確。

弘治六年，世守雲南太師黔國公沐琮（一），太監兩臺會題剿撫北勝
蕃賊有功事，欽准。錫木泰，俸地村莊田。（二）

周汝誠本和木光本無此部分內容。

【箋證】
（一）沐琮，字廷芳，沐英之曾孫，沐斌次子。「成化末以嗣黔國公加，
弘治九年卒。」〔註51〕正德時贈「太子太傅、黔國公沐琮。」〔註52〕諡武僖
〔註53〕。方國瑜《雲南史料目錄概說》第一冊《明鎮守雲南沐氏事蹟》曰：
「沐琮，字廷方，父斌喪時，從兄璘由都督同知總戎，繼鎮雲南。璘卒，又命
磷弟瓚嗣職，鎮雲南，成化二年，琮甫冠，入朝襲父爵，三年，命還鎮雲南，

〔註51〕（明）王世貞撰：《弇山堂別集》卷四十二《東宮三師表上・太子太傅・勳臣》，
　　　　北京：中華書局，1985年，第765頁。
〔註52〕（明）王世貞撰：《弇山堂別集》卷四十四《贈公孤宮臣表・贈太師・勳臣》，
　　　　北京：中華書局，1985年，第804頁。
〔註53〕（明）鮑應鰲：《明臣謚考》卷上《四庫全書》（史部十三，政書類二，第651
　　　　冊），上海：上海古籍出版社，第434～435頁。

防交趾為患，平定尋甸、廣西、石屏等處軍事，偕巡撫程宗撫孟密。弘治九年
九月七日，夙興盥櫛，衣冠坐堂上，得風疾，遽卒，贈太師，謚武僖。著有
《益庵集》。」又方國瑜《雲南史料目錄概說》第三冊《滇南沐氏十二代畫像
長卷概說》載曰：「沐琮字廷芳，斌次男，襲黔國公，掛鎮南將軍印，鎮守雲
南，加太子太傅，贈太師，謚武僖。有《益庵集》。」《明史·沐英傳》所載其
事蹟甚簡。

　　（二）《木氏宦譜》（文譜）木泰條載曰：「（弘治）六年，得勝中甸，後玉
寨。本年，又因北勝州嵐峨鄉，被鄰近西番具得等暗結四川接境野番釀禍。
先機為亂。奉三臺行委，親詣本州，設法撫出番目者十鐵等三十五名，令且
監錮，差人追出原擄軍丁三名，並殺死人命，依俗賠償，給散被卻軍民收訖。
取其番賊供給手印木刻在官申呈，藩鎮兩臺太監嘉獎綵緞花牌銀兩等項，差
官導送領訖。隨蒙總兵官征南將軍太師黔國公沐武僖公題奏，給錫該州沙蘭
村田置佃，名曰奉地莊，傳世子孫。」

　　【按】：古「奉」同「俸」，薪金之意。《木氏宦譜》中的「奉地莊」與《皇
明恩綸錄》中的「俸地村莊田」是一致的，從文意來看，奉地莊當是地名。

二十

　　奉天承運，皇帝制曰：朕惟帝王之制，以天下為家，一視同仁，無
間遠邇，所以上體天心，廣綏懷之道也。爾雲南麗江軍民府土官知府木
泰（一），自爾祖父以來，世居邊徼，恭事朝廷，輸忠效誠，久而不替。
爾能繼承厥志，克勤乃職，良用爾嘉，茲特授太中大夫，錫之誥命（二），
以為爾榮，爾尚益篤忠誠，慎終如始，共賜邦家，以①永享太平之福，
欽哉！

　　制曰：朕惟人臣能攄忠於國者，必推恩以及其伉儷，此朝廷之彝典
也。爾雲南麗江軍民府土官②知府木泰，妻阿氏善貴（三），內助其夫，
克共臣職，輸誠奉貢，于茲有年，今特封爾為淑人，（四）尚其祗承，永
光閨闥。

　　制誥

弘治十年十月三十日給

之宝

寅字拾捌號

半璽

【校勘】

① 周汝誠本和木光本均無此字。

② 木光本均無「土官」二字。

【箋證】

（一）木泰，據《木氏宦譜》（文譜）記載，木泰生於景泰六年乙亥（1455年）六月十五日辰時，於弘治十五年壬戌（1502年）十一月二十一日賓天。〔註54〕《木氏宦譜》（文譜）載曰：「知府阿習阿牙，官諱木泰，字本安，號介聖，欽之嫡長，繼父職。……（成化）二十二年，保勘襲職。本年得勝鼠羅苴公寨。二十三年，寇又大犯，復整兵鏖戰於山哈巴江口，馘首十五顆，生擒六名，乘勢追至可琼寨，賊將固守，然攻破之，斬首七十二級，訊質十八名。吾牙等塞不攻自遁。被虜人民盡行復業。藩鎮兩臺嘉獎緞疋花牌等項。……弘治元年，奉吏部丑字八百八十八號文憑，閏正月初二日上任。」木定在任時期攻下多所寨，戰功累累。《木氏宦譜》（圖譜）所記載相同，但不如文譜本詳細。《木氏歷代宗譜碑》載曰：「廿六世祖阿寺阿牙，諱木泰，字本安，號介聖。素慧，不學識先祖所製本方文字，成化廿一年，蕃寇侵犯，領兵追擊有功，誥命授太中大夫。」《土官底簿》卷上《雲南‧麗江軍民府知府》條亦略載木泰事。

【按】：木泰的納西名字應是「阿習阿牙」。另外在乾隆《麗江府志略‧藝文略》中保存了木泰的詩《兩關使節》，從木泰開始倡詩書，〔註55〕木氏土司從此在納西族文學史樹立了一塊里程碑。

（二）《木氏宦譜》（文譜）載曰：「（弘治）十年，自備馬匹方物，遣人赴京進貢請誥，蒙欽錫鈔貫等項，並給宙字十八號誥命一道，授太中大夫，世襲土官知府。」

〔註54〕張永康，彭曉主編，雲南省博物館供稿：《木氏宦譜》，昆明：雲南美術出版社，2001年，第31頁。

〔註55〕郭大烈，和志武著：《納西族史》，成都：四川民族出版社，1994年，第337頁。

【按】：《皇明恩綸錄》寫作：「寅字十八號」誥命，寅字和宙字是形似而訛，應是寅字十八號誥命。

（三）木泰妻阿氏善貴，《木氏宦譜》（文譜）載曰：「正妻阿室卷，官名阿氏善貴，係鄧川州阿知州女，誥封淑人。生四子：秋、鍾、於、連。」《木氏宦譜》（圖譜）所載同。《木氏歷代宗譜碑》曰：「淑人阿室卷生：秋、鍾、於、連。」

（四）《木氏宦譜》（文譜）曰：「（弘治）十年，……並給宙字十八號誥命一道，……正妻阿氏貴，封為淑人。」

進貢方物，請給誥命，隨蒙照例，回頒敕一道：賜木泰，宝鈔①六百錠，紵絲叁疋，紗叁疋，羅弍疋，絹肆疋。木泰妻阿氏善貴，紵絲弍疋，羅弍疋。

周汝誠本和木光本無此部分內容。

【校勘】
① 雲南省圖本寫作「紗」，按：當從國圖本。

正德五年，具方物進貢，請給誥命，隨蒙照例，回頒敕一道：賜木定，宝鈔六百錠，紵絲叁疋，紗叁疋，羅弍疋，絹肆疋。木定妻高氏香，紵絲弍疋，羅弍疋。

周汝誠本和木光本無此部分內容。

【箋證】
《木氏宦譜》（文譜）木定條載曰：「（正德）五年，自備馬匹方物，差人赴京進貢請誥。」

二十一

奉天承運，皇帝制曰：朕惟帝王之治，以天下為家，一視同仁，無間遠迩，所以上體天心，廣懷柔之道也。尔雲南麗江軍民府土官知府木定（一），粵自先世，居守南荒，恭事中廷，久而弥篤。尔能善承其志，

克世厥官，展布忠誠，輯寧邊境，眷惟勞勳，良用尔嘉，茲特授以①中順大夫，錫之誥命，（二）尔尚益修乃職，不替厥初，以永享太平之福，欽哉！

制曰：人臣膺爵祿之榮，必推恩以及其伉儷者，此朝廷之彝典也。尔雲南麗江軍民府土官知府木定妻高氏（三），善相厥夫，克勤內助，茲特封尔為恭人，尚克祗承，用②光閨閫。（四）

制誥

正德六年二月十八日給

之宝

智字玖百捌號

半璽

【校勘】

① 雲南省圖本、周汝誠本、木光本均無此字。

②「用」字應為「永」。

【箋證】

（一）木定，生於成化十二年丙申（1476 年）十二月二十三丙辰日戌時，於嘉靖五年丙戌（1526 年）八月初二日賓天。〔註56〕《木氏宦譜》（文譜）載曰：「知府阿牙阿秋，官諱木定，字靜之，泰之嫡長，繼父職。弘治十六年，保勘襲職。十七年，奉吏部丑字一千一百七號文憑，五月十三日上任。……（正德）四年，救獲鄰封永寧鎮院會題紀錄，獎花碑表裏。」木定任土司期間多次得勝，攻下多所寨。《木氏宦譜》（圖譜）載曰：「十三世考，知府木定，字靜之，號永明。」其餘所載與文譜本同。《木氏歷代宗譜碑》載曰：「廿七世祖阿牙阿秋，諱木定，字靜之。襲父職。正德三年至嘉靖元年，得勝無數，奏聞授中憲大夫。」又《土官底簿》卷上《雲南・麗江軍民府知府》條亦略載木定事，內容與《木氏宦譜》無大異。

（二）《木氏宦譜》（文譜）載曰：「（正德）五年（1510 年），自備馬匹方

〔註56〕張永康，彭曉主編，雲南省博物館供稿：《木氏宦譜》，昆明：雲南美術出版社，2001 年，第 34 頁。

物，差人赴京進貢請誥，欽蒙給錫智字九百八號誥命一道，授中憲大夫世襲知府職事。」

【按】：木定是正德五年赴京進貢，而此道誥命授予時間是正德六年（1511 年）二月十八日，而編號「智字九百八號」與《皇明恩綸錄》相同。記載的時間稍有差異，但前後還是能連貫起來。

（三）木定妻高氏，《木氏宦譜》（文譜）載曰：「正妻阿室香，官名高氏延壽妙香，係北勝州高知州女，誥封恭人。生三子：公、山、琮。」《木氏宦譜》（圖譜）所載相同。《木氏歷代宗譜碑》載曰：「誥封恭人，生三子：公、山、琮。」

（四）《木氏宦譜》（文譜）載曰：「正妻高氏香，追封為恭人。繼妻高氏，贈授封為恭人。」

【按】：明朝規定「應封妻者，止封一人。如正妻生前未封已歿，繼室當封者，正妻亦當追贈，其繼妻止封一人。」〔註57〕《木氏宦譜》（文譜）說高氏香是追封，恐當時高氏香已歿。木定妻子與繼妻均稱為高氏，而「繼妻阿室井，官名高氏延壽贈。」〔註58〕《皇明恩綸錄》所記當是指高氏香。

二十二

奉天承運，皇帝制曰：朕惟帝王之治，以天下為家，故命官錫爵，無間遐迩，所以廣綏懷之道，示激勸之典也。尔雲南麗江軍民府土官知府木公（一），粵自先①世，居守②南荒，恭事中朝，久而不③替，尔能善承其志，修職有加，效力輸忠，輯寧邊境，眷惟勞勛，良足嘉尚，茲特授以中憲大夫，錫之誥命，（二）以示褒榮，尔尚益篤忠誠，慎終如始，保境安民，永享太平之福，欽哉！

制曰：國家報功之典，既錫爵於其夫，而推恩必及④其配者，所以重人倫之本，勵相成之道也。尔雲南麗江軍民府土官知府木公妻鳳氏

〔註57〕（明）申時行等修，（明）趙用賢等纂：《大明會典》，《續修四庫全書》（史部‧政書類，第789冊），上海：上海古籍出版社，第115頁。

〔註58〕張永康，彭曉主編，雲南省博物館供稿：《木氏宦譜》，昆明：雲南美術出版社，2001年，第34頁。

（三），夙敦婦道，內助厥家，善相其夫，恪⑤恭臣職，茲特賜之誥命，封為恭人，尚其祗承，永光閨閫。（四）

　　制誥

　　嘉靖十五年五月二十九日給

　　之宝

　　義字弐百柒拾捌號

　　半璽

【校勘】

① 周汝誠本、木光本均寫作「光」。

② 雲南省圖本、周汝誠本、木光本均寫作「守居」。

③ 周汝誠本、木光本均寫作「弗」。

④ 周汝誠本和木光本均無此字。

⑤ 周汝誠本、木光本均寫作「恰」。

【箋證】

　　（一）木公，生於弘治七年甲寅（1494 年）七月初十丙申日卯時，於嘉靖三十二年癸丑（1553 年）九月初十日。〔註 59〕木公有很高的文學修養，木氏土司的家譜《木氏宦譜》就是由他親自編寫，另外還著有《雪山庚子稿》、《雪山始音》、《萬松吟卷》、《仙樓瓊華》、《雪山詩選》、《玉湖遊錄》、《隱園春興》等，並且請張志淳〔註 60〕撰寫《麗江木氏勳祠碑記》記述木氏祖祖輩輩

〔註 59〕張永康，彭曉主編，雲南省博物館供稿：《木氏宦譜》，昆明：雲南美術出版社，2001 年，第 36 頁。

〔註 60〕張志淳，字進之，號南園，雲南永昌（今保山市）人，成化甲辰（1484 年）進士，官至南京戶部右侍郎。傳見天啟《滇志》卷十四，《新纂雲南通志》卷一百九十《列傳二》。天啟《滇志》卷十四載曰：「張志淳，字進之，郡人。成化庚子鄉試第一，甲辰進士。弘治間，授吏部文選主事。歷升選郎，遭職掌，公與論，用賢拔滯，門無請謁，與天台黃元昭先後齊名。正德初擢太常少卿，提督四夷館，懲人館子弟空名之弊，俾舊習一變，時論多之。晉南京戶部右侍郎，尋致仕。晚年以圖書自娛，所著有《南園集》、《西銘通》、《南園漫錄》、《永昌二芳記》諸書。年八十一卒。又公與新都楊文忠公素厚善，一日小飲文忠寓所，文忠之弟左司馬廷儀及一二大僚燭下分韻，以石榴為題。有一公得「張」字，難之，一公以曲子名為戲。偶司馬座下有童子若耳語者，問之，曰：「若曰無傷，石榴本張騫事也。」一座皆驚。文忠曰：「此兒好看

創業之不易以及所立之功勳，木公自己也寫有《建木氏勳祠自記》，在文中告誡後人要「惟立身行己，克恭克敬，勿褻爾神，勿怠爾心，學書學禮，忠君至懇，愛民至專，孝親至勤，祀神至誠，訓子至要。」〔註61〕木公不僅自己能詩文，而且喜結交當時著名的文人、學者，像張志淳、李元陽〔註62〕、楊升

古書。」因詢公，亦有一子，但日引來見。次日，與俱來，兩人年相若，且臭味同也。是為文忠公長子慎、公之子含，終身為金石之交。慎半生永昌，與含劍蓋合，蓋天定乎！」（（明）劉文徵撰；古永繼校點：《滇志》，昆明：雲南教育出版社，1991年，第475頁。）

〔註61〕（清）管學宣、（清）萬咸燕纂修：乾隆《麗江府志略·藝文略》，清乾隆八年（公元1743）刻本，麗江縣志編委會辦公室，1991年翻印本，第236頁。

〔註62〕李元陽，字仁甫，號中溪。雲南大理人。嘉靖五年（1526年）進士，著作有《雲南通志》、《大理府志》等。後人又集有《李中溪全集》。《新纂雲南通志》有其傳，卷一百九十《楊士雲、李元陽傳》載曰：「李元陽，字仁甫，世居點蒼山十八溪之中，因號中溪。其先浙之錢塘人，祖順仕元，為大理路主事，遂家焉。順生福，福生連，連生山，山生壽，壽生讓。讓生玄，號蓬谷。玄生元陽。元陽生，母夢龍負日入其懷。　兒時，好讀書，夢異人授錦三丈許，令吞之，尋補郡學弟子員，輒登城睇覽，見山海風雲，藻思煥發，文益奇恣。善決疑義，凡天文、兵法諸書，過目輒洞其要。嘉靖壬午，中雲貴鄉試第二。丙戌成進士，授翰林院庶吉士。以議禮忤權臣，出補分宜，丁內艱。　服闋，補江陰，會靖江海寇劫掠，元陽演水操，建城樓，嚴兵衛，賊乃遁去。有被盜者，尉以凶來，因亦自謂盜，元陽曰：「釋之。」眾皆莫測，後得真盜。又有縊其妻而以自縊告，元陽詰之，立服。發奸摘伏，不避強禦。舉孝表廉，興利除害，政嚴而有惠愛。去之日，民流涕遮道者百餘里，為立生祠，勒碑述善政。　遷戶部主事，改監察御史。元陽上疏，有曰：「昔成周卜世三十，卜年八百，然觀於《周禮》，其經緯國體、人事微細無不具，則知王者必修人事，以稱天所以命之之意，不舉歸之天以怠人事也。」又曰：「陛下始即位，嘗以爵祿得君子，近年以來，乃以爵祿畜小人。」疏上，大臣舉不懌。巡按八閩，大學士餞之，手出官名納元陽袖，謂宜薦剡也。比至，廉知貪黷狀，疏劾之，所至風靡，召還都。上欲幸承天，元陽疏止之。上怒，欲行廷杖，臺臣皆悚懼，夜不成寐，元陽獨鼾睡達旦，已而不果杖，人謂元陽真御史。後扈從出都，聞大學士所選官僚皆江南富人，即於行在疏劾之，至承天，復疏之，皆不報。　乃議外補元陽荊州知府，曰：「荊州要地，御史李元陽堪任。」遂授之。荊、襄之間，四百餘里無井泉，元陽至，即捐俸穿井數十。荊地濱大江，古堤圮，七州縣皆為藪澤，巡撫發銀八萬兩，功不成。元陽毅然請為之，期月而就，荊人名其堤與井曰「李公」云。章聖太后歸承天，閹寺挾勢，所至縛府守，皆以三千金贖。一日，候祭白袷驛，寺人下鐵彈如雨，撫、按而下皆奔避，元陽獨不動。首疏藩府不法者十事，藩府自是皆斂戢。嘗試諸生，得張居正卷，大器之，拔為六百人冠，居正時年方十三。　以外艱去任，遂里居不復出。元陽薄自奉，厚施予，如婚嫁、喪葬、飢寒、冤抑以至橋堤道路，列為三十二事，日以自課，至老不替。平生未嘗一日廢書，於宅後作默遊園，日與禪衲討論其中。愛靜坐，至宵分方就寢。胸次豁朗，知在事先，

庵〔註63〕等。並且木公在任時期戰功累累，多次授明王朝的嘉獎。《木氏宦譜》（文譜）詳載其事蹟曰：「知府阿秋阿公，官諱木公，字恕卿，號雪山，又萬松，定之嫡長，繼父職。嘉靖六年，保勘襲職。……內犯圍省，調府兵有功，

人以為有奇術，元陽曰：「天宇泰定耳，何術之有？」中年，著《心性圖說》，為羅洪先所許。修撰楊慎嘗與坐終日，每出謂人曰：「見中溪神貌，如臨水月，鄙吝自消。」嘉靖間，編郡志，後二十年復作續志。未幾，《雲南通志》又出元陽手，書成，示弟子曰：「往見志書，皆載山川、物產、人名而已，不及兵食與法度之所急，何異千金之子，籍珠寶而忘其衣食乎？」年八十餘卒。卒前十日，召門人子弟至默遊園，曰：「自今十日，與子等別矣。吾嘗一死生外形骸，今其得懸解矣。」至期，端坐而逝。」（龍雲、盧漢修，周鍾岳纂；江燕，文明元，王珏點校：《新纂雲南通志》8，昆明：雲南人民出版社，2007年，第221～222頁。）

〔註63〕楊升庵，即楊慎，字用修，號升菴，明代文學家，其父為內閣首輔楊廷和，正德年間狀元，官至翰林院修撰。大禮儀事件之後，遭貶到雲南。著有《滇程記》、《丹鉛恩錄》、《丹鉛雜錄》、《南詔野史》、《全蜀藝文志》、《春秋地名考》等。在《明史》中其傳，卷一百九十二《楊慎》載曰：「楊慎，字用修，新都人，少師廷和子也。年二十四，舉正德六年殿試第一，授翰林修撰。丁繼母憂，服闋起故官。十二年八月，武宗微行，始出居庸關，慎抗疏切諫。尋稱疾歸。　世宗嗣位，起充經筵講官。常講《舜典》，言：「聖人設贖刑，乃施於小過，俾民自新。若元惡大奸，無可贖之理。」時大瑞張銳、於經論死，或言進金銀獲宥，故及之。　嘉靖三年，世宗納桂萼、張璁言，召為翰林學士。慎偕同列三十六人上言：「臣等與萼輩學術不同，議論異。臣所執者，程頤、朱熹之說也。萼等所執者，冷褒、段猶之餘也。今陛下既超擢萼輩，不以臣等言為是，願賜罷斥。」世宗怒，切責，停俸有差。逾月，又偕學士豐熙等疏諫。不得命，偕廷臣伏左順門力諫。帝震怒，命執首事八人下詔獄。於是慎及檢討王元正等撼門大哭，聲徹殿庭。帝益怒，悉下詔獄，廷杖之。閱十日，有言前此朝罷，群臣已散，慎、元正及給事中劉濟、安磐、張漢卿、張原，御史王時柯實糾眾伏哭。乃再杖七人於廷。慎、元正、濟並謫戍，餘削籍。慎得雲南永昌衛。先是，廷和當國，盡斥錦衣冒濫官。及是伺諸途，將害慎，慎知而謹備之，至臨清始散去。扶病馳萬里，憊甚，抵戍所，幾不起。　五年聞廷和疾，馳至家。廷和喜，疾愈。還永昌，聞尋甸安銓、武定鳳朝文作亂，率僮奴及步卒百餘，馳赴木密所與守臣擊敗賊。八年聞廷和訃，奔告巡撫歐陽重請於朝，獲歸葬，葬訖復還。自是，或歸蜀，或居雲南會城，或留戍所，大吏咸善視之。及年七十，還蜀，巡撫遣四指揮逮之還。嘉靖三十八年七月卒，年七十有二。　慎幼警敏，十一歲能詩。入京，賦《黃葉詩》，李東陽見而嗟賞，令受業門下。嘗奉使過鎮江，謁楊一清，閱所藏書。叩以疑義，一清皆成誦。慎驚異，益肆力古學。既投荒多暇，書無所不覽。嘗語人曰：資性不足恃，日新德業，當自學問中來。」故好學窮理，老而彌篤。明世記誦之博，著作之富，推慎為第一。隆慶初，贈光祿少卿。天啟中，追諡文憲。」（（清）張廷玉等撰：《明史，北京：中華書局，1974年，第5081～5083頁。）

賞蒙總兵官征南將軍太師黔國沐敏靖公紹勳記錄奏聞。……九年，前以兵部尚書伍文定並三臺剳付承準吏部丑字一千五十六號文憑，於本年四月上任。……十三年，自備馬匹方物，差人赴京進貢請誥。」《木氏宦譜》（圖譜）所載與文譜同，但不及文譜本詳細。《木氏歷代宗譜碑》載曰：「廿八世祖阿秋阿公，諱木公，字恕卿，號雪山。嘉靖六年得勝鹽井、天生、忠甸等寨，征南將軍沐公奏聞，嘉錫『輯寧邊境』四字，授中憲大夫。」

明馮時可《明麗江知府木氏雪山瑞峰文岩玉龍松鶴生白六公傳》中記載了與《木氏宦譜》中形象不同的木公，其傳曰：「公，字恕卿，壯年讓爵隱於雪山，因取以號雪山。天骨疏朗，神宇高峙，讀書千百言，過目成誦，不假師資，玄言奧義，罔弗洞晤，好為詩，初未涖政，隱於五畝園，居玉龍山南十里，植桃百根，種竹萬竿，一稱丹霞塢，一稱翠雪亭，鑿池構屋其上，為一鏡堂；日惟焚檀淪茗，聽鳥澆花，梵唄漁歌，咸借為適。已而更號萬松，環堂皆值以松，日哦其間，所得佳句錄成一峽，命曰《萬松吟》。又嘗泛玉湖，著《玉湖遊錄》。居嘗手王、孟、高、岑諸編，枕藉弗去，曰：天壤間有樂於此者耶？所交諸名流，相與輕裘緩帶，刻燭擊鉢，於燕寢清香暇。又嘗作迎仙樓，翩翩有凌雲殢霞意，著有《瓊華篇》。楊用修太史為序曰：君以蕩意平心，洗汰塵俗而已，是寄也，而豈溺哉！與永昌張司徒南園及其子外史愈光，藩伯愈符。大理侍御李仁夫，秋官賈體仁為文字，交用修雖未傾蓋，而詩筒往來尤數。嘗稱其緣情綺靡，怡悵切情，駸駸垂拱之傑，開元之英，誠知言也。公所集有數種，其逸者如白雲流清泉，皓雪映新月，其壯者如金鵄摩空，玉驥下扳。今中原士大夫，四始相高，樹旗伐鼓，互相標幟，然不免蹈襲象人土鼓，其亦何當，乃公所至輒遊，遊輒詩，以情為母，以境為輔，卒所以得，非境非情，慷慨淋漓，神來天至，吾無間然矣。既工詩，又長干局，神和形檢，機敏性察，竸綠不用，寬嚴具適，率眾鼓士，有勇知方，數將兵卻大敵，世朝嘉之，親灑宸翰，署「輯寧邊境」四字，又以綵緞、白金、寶鈔賜焉。君所自砥礪，惟忠孝修持，不愧屋漏，念慮不越窮簷，足智應變不越經術，公自稱亦曰：我好儉惡奢，好抑忘矜，好功惡伐，其然哉！晚節削稿不為詩，曰：吾承天子命，繼守斯土，殫心銳意，夙夜匪懈，期分一人猷念猷恐未及，敢復摛藻雕龍務哉！麗未始有譜牒，公作家乘，麗好野祀，公作廟祀其先，亦忠孝之餘也。嘉靖癸丑以疾卒，僅六十，永昌張舍為傳。」乾隆《麗江府志略・藝文略》載有張含撰寫的《雪山大夫傳》，其所記與《明麗江知府木氏雪山瑞峰文岩玉龍松鶴生

白六公傳》大致無大異。

【按】：為木公作傳的張含，字愈光，一字用光·永昌人。正德丁卯（1507年）中雲南鄉試，不樂仕進，遊梁、宋間為李夢陽知，深加稱賞，與楊慎友善。學者稱禺山先生。晚年好縱筆作草書·不師法帖，殊自珍詫。傳見雍正《雲南通志》卷二一《人物一·永昌府》、《明詩別裁集》卷六。

另外，《土官底簿》卷上《雲南·麗江軍民府知府》條記載木公襲職一事。陸應陽《廣輿記》卷二十一《麗江府》人物條曰：「木公，字公恕，麥宗之後則姓木，世為麗江知府，忠順自勵，世宗親灑宸翰褒之，與楊用修詩篇倡和，中上賢士大夫，無以過也。」雍正《雲南通志》卷二十一《人物二·麗江府》明朝部分載曰：「木公，字公恕，世襲土知府，性嗜學。於玉龍山南十里為園，枕藉經書，哦松詠月，嘗以詩質於楊慎，慎錄其詩一百十有四首，名曰《雪山詩選》敘而傳之。」清《嘉慶重修一統志》卷四百八十五《麗江府·人物》木公條曰：「字世卿，麗江人，襲吐知府。性嗜學，以琴書自娛，所著有《雪山詩集》。」

（二）《木氏宦譜》（文譜）載曰：「（嘉靖）十五年，奉欽蒙給義字二百七十八號誥命一道，授中憲大夫世襲知府，欽賜玉音「輯寧邊境」四字，給賞綵緞表裏寶鈔等項。」

（三）木公妻鳳氏，《木氏宦譜》（文譜）載曰：「正妻阿室蒙，官名鳳氏睦，係武定府鳳知府女，誥封恭人。生一子目。」而木公的繼妻阿室干的官名鳳氏韶，也是鳳氏。《木氏宦譜》（圖譜）所載同。《木氏歷代宗譜碑》曰；「恭人生目。」

（四）《木氏宦譜》（文譜）載曰：「正妻鳳氏睦，追封為恭人。」

進貢方物，請給誥命，隨蒙回頒敕一道：宸翰「輯寧邊境」肆字，賜木公，宝鈔①陸百錠，紵絲叁疋，紗叁疋，羅弍疋，絹肆②疋。木公妻鳳氏，紵絲弍疋，羅弍疋。

周汝誠本和木光本無此部分內容。

【校勘】

① 雲南省圖本寫作「紗」。按：當從國圖本。

② 雲南省圖本寫作「二」。

【箋證】

《雪山庚子集》、乾隆《麗江府志略·藝文略》中載的木公撰寫的《嘉靖恩賜『輯寧邊境』四字》詩曰：「輯寧邊境自天來，跪捧黃章向北開；金畫滾龍蟠御字，玉音璽篆煥雲雷。」

嘉靖十九年，兵部題預安南（一）有功事，蒙欽准獎，錫木公白金拾兩。（二）周汝誠本和木光本均無此部分內容。

【箋證】

（一）安南，《安南志略》卷第一，郡邑條載曰：「古南交，周號越裳，秦名象郡。秦末，南海尉趙佗擊並之，自立為國，僭號。西漢初，高帝封為南越王。歷數世，其相呂嘉叛，殺其王及漢使者。孝武遣伏波將軍路博德平南越，滅其國，置九郡，設官守任。今安南居九郡之內，曰交趾、九真、日南是也。後歷朝沿革，郡縣不一。五季間，愛州人吳權據交趾。後丁、黎、李、陳相繼篡奪。宋因封王爵，官制刑政，稍效中州。其郡邑或仍或革，姑概存之。」《明史》卷三百二十一《列傳二百九·外國二·安南》載曰：「安南，古交阯地。唐以前皆隸中國。五代時，始為土人曲承美竊據。宋初，封丁部領為交阯郡王，三傳為大臣黎桓所篡。黎氏亦三傳為大臣李公蘊所篡。李氏八傳，無子，傳其壻陳日炬。元時，屢破其國。」明朝時安南和中國有戰有和，萬曆時復定，仍對明朝納貢。谷應泰《明史紀事本末》卷二二《安南叛服》詳載明朝與安南戰爭。

（二）《木氏宦譜》（文譜）載曰：「（嘉靖）十九年，內安南叛亂，坐調府兵集選待征。蒙兵部尚書毛題稱本職分定哨道，至期舉事者也。命賞白金十兩，製成爵盞一枚，傳世寶之。」《木氏宦譜》（圖譜）寫作：「（嘉靖）九年安南叛亂。」

【按】：《明史》卷三百二十一《列傳二百九·外國二·安南》記載了從嘉靖十七年到嘉靖十九年，毛伯溫南征安南，安南請降之事。〔註64〕所以圖譜所記脫了「十」字，應是嘉靖十九年。

〔註64〕（清）張廷玉等撰：《明史》卷三百二十一《列傳第二百九·外國二》，北京：中華書局，1974年，第8333～8334頁。

二十三

　　奉天承運，皇帝制曰：朕惟帝王之治，以天下為家，故命官錫爵，無間遐迩，所以廣綏懷之道，示激勸之典也。尔雲南麗江軍民府土官知府世襲①加授三品亞中大夫木高（一），粵自先祖，職亂黃堂，累建功勞，世臣藩捍，尔能克襪簪纓，誠心報國，割股奉親，化行邊徼，威鎮北蕃②以德其名，忠孝兩盡，因才而譽，文武兼全，茲特升尔，官居三品，位列九卿，錫之③誥命，以示褒榮，爾尚懋膺④國泰保境安民，祇服龍章之渥，永為喬木世家，欽哉！（二）

　　制曰：國家報功之典，既錫爵於其夫，而推恩必及於⑤配者，所以重人倫之本，勵相傳之道也。尔雲南麗江軍民府世襲土官知府加授三品亞中大夫（三）木高妻左氏（四），素稟懿德，閥閱世家，善相其夫，聿成賢譽，茲特錫之誥命，封為淑人，承此綸恩，永光閨壺。（五）

　　制誥

　　嘉靖四十年□月□日給

　　之宝

　　信字捌百柒拾柒號

　　半璽

【校勘】

① 雲南省圖本、周汝誠本、木光本均寫為「世襲土官知府」。按：當從其他本改。
② 周汝誠本和木光本均寫為「藩」。
③ 雲南省圖本、周汝誠本、木光本均無此字。
④ 雲南省圖本、周汝誠本、木光本均無「爾尚懋膺」。按：當從國圖本。
⑤ 周汝誠本和木光本均寫為「其」。

【箋證】

　　（一）木高，生於正德十年乙亥（1515年）正月二十二庚辰日辰時，於

隆慶二年戊辰（1568年）十一月十一日辰時賓天。〔註65〕木高是一位文武兼全的土司，但是「木高無詩集傳世，流傳下來的都是刻在岩石上的摩崖詩。」〔註66〕《木氏宦譜》（文譜）詳載曰：「知府阿公阿目，官諱木高，字守貴，號端峰，又九江。公之嫡長，繼父職，嘉靖三十三年，保勘襲職。……三十四年，襲知麗江軍民府土官知府，勘合奏准。本年得勝建立鼠羅那各天掌寨，立各以下歸服。三十五年，領到吏部急字四千九百四十六號文憑，本年二月初九日上任。三十八年，有孤蒲賊眾來圍忠甸高勝寨報急，命長男阿都領兵救援，前至解圍，殺賊甚多，得大勝。三十九年六月初九日，本司劄付預計財用，責成眾臣以期速濟，大工事都院遊工部劄付授三品文職，移諮吏部題實授，並誥命。仍照例自備馬匹方物，差人赴京進貢，三臺允給廩糧十分，馬十匹。」木高在任期間多次發生戰爭，得勝多所寨。《木氏宦譜》（圖譜）所載與《木氏宦譜》（文譜）同，但略簡。《木氏歷代宗譜碑》載曰：「廿九世祖阿公阿目，諱木高，字守貞。都院工部劄付授三品文職，移諮吏部題實授，赴京進貢，欽賞實授三品。曰：『誠心報國，割股奉親』云云。」

【按】：《木氏宦譜》文譜、圖譜均寫作木高「字守貴」，而《木氏歷代宗譜碑》寫作「字守貞」，守貞當是誤寫。

《明麗江知府木氏雪山瑞峰文岩玉龍松鶴生白六公傳》曰：「端峰，諱高，字守貴，又號九江主人。君少以才智，為考所奇，年十八，能挽數鈞弓，發無不中，考令往遏吐蕃，屢奏捷。二十一，剿香羅、腥胡，立三寨。二十四，禦吐蕃毛佉，斬三千餘級，添立二寨。二十五，克千陶諸番。君體貌魁奇，意氣遒發，屢著武功，考雪山悉出所賜金牌帶畀之曰：吾兒真韓白流也。考病革，割股籲天；及承諱，哀毀有加。居官飭戎旅，慎刑罰，治郡十六年，邑無吠尨，野有馴雉。性喜吟詠，與中溪李侍御善，侍御贈以詩二十篇，讀之不寐，次韻為答，風格神采，駸駸驊騮前也。嘗謂人曰：讀書最樂，為善最樂，此二樂吾無讓人矣。晚歲鑿池泛舟，延雲弄月，麴蘗自娛，曰吾藏於酒以避世也。戊辰冬，遘疾卒於白沙正寢，年五十有四。君以累著功績，詔授三品文職，升亞中大夫，王音褒嘉，有忠孝文武語。大理侍御李中溪為之傳。」

〔註65〕張永康，彭曉主編，雲南省博物館供稿：《木氏宦譜》，昆明：雲南美術出版社，2001年，第39頁。
〔註66〕郭大烈，和志武著：《納西族史》，成都：四川民族出版社，1994年，第343頁。

【按】：李中溪即李元陽，中溪是李元陽的號。

又乾隆《麗江府志略‧人物略‧忠孝》載曰：「木高，襲土知府。父鰍居，高體質承歡，色養並至，篤疾割股以進，夷民為之感泣。明嘉靖三十年，直指上其事，敕建坊曰：歷傳忠孝。今尚存。」

（二）《木氏宦譜》（文譜）載曰：「（嘉靖）四十年八月初八日，本司割付吏部題奉欽准實授三品，並請給誥命，信字八百七十七號誥命一道，授亞中大夫。其褒辭略曰：「誠以報國，割股奉親，化行邊徼，威鎮北番。以德其名，忠孝兩盡。以才而譽，文武兼全。茲特升爾官居三品，位列九卿，永為喬木世家，」云云。」木瓊《麗江土通判木瓊承襲清冊》曰：「（嘉靖）四十年，累功加升三品、亞中大夫。」

《明史》卷三百十四《列傳第二百二‧雲南土司二》載曰：「嘉靖三十九年，知府木高進助殿工銀二千八百兩，詔加文職三品服色，給誥命。四十年又進木植二千八百兩，詔進一級，授亞中大夫，給誥命。」《明實錄‧世宗實錄》卷四八二載曰：「嘉靖三十九年三月丁丑，麗江軍民府知府木高買木銀二千八百兩。詔加高文職三品服色，並給應得誥命。」《明實錄‧世宗實錄》卷四九三載曰：「嘉靖四十年二月辛卯朔，……雲南麗江軍民府知府木高獻木，值銀二千八百兩，詔加……高三品文職服色，仍於知府原職上進散官一級，授亞中大夫，各給誥命。」

（三）亞中大夫，文散官名，元朝置，為文散官四十二官階之一，明朝沿襲元制，《元史》卷九十一《志第四十一上‧百官七》載曰：「亞中大夫，以上從三品，舊為少中，延祐改亞中。」又《元史》卷九十一載：「文散官四十二階，由一品至五品為宣授，……一品至五品者服紫。」《明史》卷七十二《志第四十八‧職官一》以及《明會典》卷六《吏部五‧散官》均載曰：「從三品，初授亞中大夫，升授中大夫，加授太中大夫。」

（四）木高妻左氏，《木氏宦譜》（文譜）載曰：「正妻阿室毛，官名左氏淑，係蒙化府左知府女，誥封淑人。生二子：都、春。」《木氏宦譜》（圖譜）所載同。《木氏歷代宗譜碑》載曰：「恭人左氏生二子：都、春。」

（五）《木氏宦譜》（文譜）載曰：「（嘉靖）四十年八月初八日，……正妻左氏淑，封為淑人。」《木氏宦譜》（圖譜）曰：「誥封正妻為喬木世家隨副授職三品淑人。」

進貢方物，請給三品誥命，隨蒙照例，回頒敕一道：玉音「喬木世家」肆字建坊，賜木高宝鈔①陸百錠，紵絲叁疋，紗叁疋，羅弍疋，絹肆疋。木高妻左氏，紵絲弍疋，羅弍疋。

周汝誠本和木光本無此部分內容。

【校勘】

① 雲南省圖本寫作「紗」。按：當為鈔。

【箋證】

《木氏宦譜》（文譜）載曰：「（嘉靖）四十年八月初八日，……及蒙敕錫玉音『喬木世家』四字，准建坊牌一座，並賞綵緞三表裏，寶鈔六百錠，與前廩糧腳力齎回到府，於本年八月初七日望闕謝恩訖。其餘賞功對象，俱在應襲冊內。」

二十四

奉天承運，皇帝制曰：朕惟帝王之治，以天下為家，故命官錫爵，無間遐迩，所以廣綏懷之道，示激勸之典也。爾雲南麗江軍民府土官知府木東（一），粤自先世，職守遐荒，恭順朝廷，久而不替，暨爾棟樑之質，經緯之才，奉命專城，能用文而濟武，誠心報國，克移孝以擴忠，修身蒞事，振先烈以彌昌，捍虜安民，控邊郵①而肅靜，功存保障，德庇鄰封，茲特嘉爾賢勞，授②階中憲大夫，錫之誥命，以示褒榮，爾尚益篤忠貞，世作南中鎖鑰，申嚴威武，永為西北藩籬，欽哉！（二）

制曰：國家報功之典，既錫命於其夫，而推恩必及其配者，蓋重人倫之本，敦風化之源③也。爾雲南麗江軍民府土官知府木東妻高氏（三），賦性溫良，持身恭儉，婦道有稱④於生前，恩典以遺於身後，茲贈爾為恭人，陰爽有知，服茲光寵。（四）

制曰：婦從夫貴，率由舊章，雖稽古以加恩，實因賢旌善也。爾雲南麗江軍民府土官知府木東繼室猛氏（五），純雅之姿，柔順之德，助內

克勤克敬⑤相夫宜室宜家，特封尔為恭人，欽此褒章，永光閨壺。（六）

    制誥

    萬曆二年閏十二月初五日給

    之寶

    智字一百四號

    半璽

【校勘】

① 周汝誠本和木光本均寫為「鄙」。

② 周汝誠本和木光本均寫為「控」，按：當國圖本正確。

③ 周汝誠本和木光本均寫為「原」。

④ 雲南省圖本無「有稱」二字，周汝誠本和木光本均寫為「昭」。

⑤ 雲南省圖本、周汝誠本和木光本均寫為「儉」。

【箋證】

    （一）木東，生於嘉靖十三年甲午（1534年）九月二十六日己丑辰時，於萬曆七年己卯（1579年）十一月十八日賓天。〔註67〕《木氏宦譜》（文譜）載曰：「知府阿目阿都，官諱木東，字震陽，號文岩，又鬱華，高之嫡長，繼父職。隆慶三年，保勘襲知府。本年令各地邀殺孤蒲，得勝眾潰。四年，你那才甸出軍得勝。本年奏吏部急字三十二號文憑，於十二月十八日上任。……萬曆二年，自備馬匹方物，差人赴京進貢，謝恩請誥。」《木氏宦譜》（圖譜）所載木東事蹟與文譜同，略簡於文譜本。《木氏歷代宗譜碑》載曰：「三十世祖阿目阿都，諱木東，字震陽，號文岩。隆慶六年差人赴京進貢，敕賜『西北藩籬』四字，授中憲大夫、世襲土官知府職事。」

    《明麗江知府木氏雪山瑞峰文岩玉龍松鶴生白六公傳》載曰：「（木東）號文岩，生而穎異，八歲通達世務，神姿高徹，事親婉而能勞，處家庭莊而不刻。好讀書，招延鄰郡學生與研窮理性，昕夕無倦，築亭堂之北隅，琴書圖畫，以次離列，亭中蓄魚養鶴，眾卉芬芳，客至雅歌投壺，橫參流月，飲不及亂。建師呂閣，時憩其中，觀白存黃，翩翩有天際真人。想及當事，則左矛右

〔註67〕張永康，彭曉主編，雲南省博物館供稿：《木氏宦譜》，昆明：雲南美術出版社，2001年，第41頁。

戟，矢注旗張，雄略神算，渺不可測。嘉靖己未秋，番達入寇，君承父命，帥眾遏之，殲厥渠魁，番大敗遁去。君計曰：番恥於敗，冬必復來，已而果至，處逸據險，克獲尤倍。壬戌，番仍寇巨津，丙寅，再寇臨西，是年仲冬，復大舉入掠，咸敗走之。隆慶戊辰仲夏，毛頭番達入寇忠甸等處，君移民入內地，將精卒捍之，斬首千餘級，俘獲不可勝數。捷聞，父端峰大喜，盡出欽賜金牌帶畀之。父寢疾，君經月不解衣帶，食卻甘旨，比居喪，雞骨菜色，幾於滅性。庚午襲爵，勵精為治，暇則彈琴詠詩，操觚染翰，張弛自適，屢先帝褒嘉，君蓋矢心自效，署其堂聯曰：翠柏參天秀，丹葵向日傾。今上乙亥，鼠羅大渡吐蕃猖獗，君出兵大挫賊峰，立寨其地，拓疆土若干。丁丑，毛佅聚眾復犯，君授其子玉龍方略，陳師出禦，斬首千餘級。而君益乘隙講武，課民騎射，所部兵遂為諸郡最。又時省耕，出萬粟以濟農事，輦石為楥，人不病涉，其民愛而詠歌之。戊寅孟夏月，以母左淑人見背，哀毀成疾，臨革呼玉龍君，孜孜戒以保家報國，語不及他，竟翛然逝，年四十有六，方伯郭麓池為之傳。」

【按】：郭麓池，即郭斗，字應秀（也有寫作應宿），號麓池，雲南右衛籍，河南封丘縣人，嘉靖三十二年（1553 年）進士。由湖廣孝感知縣選南京戶科給事中，升山西副使，歷浙江左布政使遷貴州，萬曆八年致仕。〔註68〕雍正《雲南通志》卷二十一《人物一》又記其事曰：「尋歸田里，構小樓於進耳山，賦詩作書，自適一夕，方據案吟詠，忽擲筆而卒。」

《明實錄・木東實錄》卷四八載曰：「隆慶四年八月壬寅，……命雲南麗江軍民府土官知府木高嫡長子木東襲父職。」

（二）《木氏宦譜》（文譜）載曰：「（萬曆）三年，欽蒙給智字一百四號誥命一道，升授中憲大夫。」

（三）木東妻高氏，《木氏宦譜》（文譜）載曰：「正妻阿室魯，官名高氏嫻，係北勝州高知州女，誥封夫人。生三子：勝、成、先。」《木氏宦譜》（圖譜）所記同。《木氏歷代宗譜碑》載曰：「恭人左氏生；勝、成、先。」

【按】：《木氏宦譜》文譜、圖譜以及《皇明恩綸錄》所記木東並無名叫左氏的妻子，《木氏歷代宗譜碑》所記當誤。

（四）《木氏宦譜》（文譜）載曰：「正妻高氏嫻，追封為恭人。」

〔註68〕（明）蕭彥等撰：《掖垣人鑒》，四庫全書存目叢書編纂委員會編，《四庫全書存目叢書》（史部第 259 冊），濟南：齊魯書社，1996 年，第 317 頁。

（五）木東繼妻猛氏，《木氏宦譜》（文譜）載曰：「繼妻阿室揮，官名猛氏富，係順寧猛知府女。」《木氏宦譜》（圖譜）為記錄繼妻。《木氏歷代宗譜碑》載曰：「繼妻順寧府女。」

（六）《木氏宦譜》（文譜）載曰：「繼妻猛氏富，授封為恭人。」

【按】：此誥命中提到「世作南中鎖鑰」，可見在萬曆皇帝眼中，麗江戰略地位之重要。

進貢方物，請給誥命，隨蒙照例，回頒敕壹道：玉音「西北藩籬」肆字建坊。賜木東，宝鈔①陸百錠，紵絲叄疋，紗叄疋，羅弍疋，絹肆疋。木東妻猛氏，紵絲弍疋，羅弍疋。

周汝誠本和木光本無此部分內容

【校勘】

① 雲南省圖本寫作「紗」。按：當為「鈔」。

【箋證】

《木氏宦譜》（文譜）載曰：「敕錫『西北藩籬』四字，准建坊牌及賞綵緞三表裏，寶鈔六百錠等，並給勘合廩給二分，口糧十二分，馬四匹，原差馳驛齎回到府，本年十月二十一日望闕謝恩訖。」《木氏宦譜》（圖譜）所載相同。

萬曆十三年，進貢方物，請給誥命，蒙復行本司復查，隨蒙照例，回頒敕壹道：賜木旺，宝鈔①陸百錠，紵絲叄疋，紗叄疋，羅弍疋②絹肆疋。木旺妻羅氏，紵絲弍疋，羅弍疋。

周汝誠本和木光本無此部分內容。

【校勘】

① 雲南省圖本寫作「紗」。按：當為「鈔」。

② 雲南省圖本沒有此項內容。

【箋證】

《木氏宦譜》（文譜）木旺條載曰：「（萬曆）十三年，自備馬匹方物，差人赴京進貢謝恩請誥。蒙欽依給賞三表裏，復行本司。」

二十五

奉天承運，皇帝制曰：國家于守土宣力之臣，無間遐邇，恩必逮焉，匪獨①酬庸，亦以示勸，爾雲南麗江軍民府土官知府木旺（一），纘承世職，恪守官常，修爾戈矛，克篤從王之義，保茲氓庶，尤徵馭眾之才，捍圉多勞專城②允稱厥功茂矣！朕甚嘉焉，茲特授爾階正四品中憲大夫，錫之誥命，於戲！綸章渙錫，用昭懷遠之仁，德意勤宣，尚矢奉公之節，勿替南荒保障，永為忠國恒垣③欽哉！（二）

制曰：朝廷推恩臣下，必及其伉儷者，所以厚風化之原，勵相成之道也。尔羅氏（三）乃雲南麗江軍民府土官知府木旺之妻，于歸德門，克閒婦道，佐夫理郡，績著旬宣，夫既顯榮，尔宜偕貴，是用封尔為恭人，祗服寵恩，益修壼則。（四）

制誥

萬曆十六年九月十九日給

之宝

仁字九百三十一號

半璽

【校勘】

① 周汝誠本和木光本均寫為「特」。

② 雲南省圖本寫作「誠」。按：依雲南省圖本改。

③ 周汝誠本寫作「恒」。

【箋證】

（一）木旺，生於嘉靖三十年辛亥（1551 年）九月初一丙戌日丑時，於萬曆二十四年丙申（1596 年）五月十三日賓天。〔註69〕木旺戰功累累，《木氏宦譜》（文譜）載其事蹟曰：「知府阿都阿勝，官諱木旺，字萬春，號玉龍，又坤崗。東之嫡長，繼父職。萬曆八年，保勘襲知府。九年，奉吏部急字五十八

〔註69〕張永康，彭曉主編，雲南省博物館供稿：《木氏宦譜》，昆明：雲南美術出版社，2001 年，第 44 頁。

號文憑，於三月二十一日上任。本年建立照可立習各天靈寨。……十一年，西寇叛亂，助餉銀一千。……十二年……征緬，再助餉銀二千。十三年，自備馬匹方物，差人赴京進貢謝恩請誥。蒙欽依給賞三表裏，復行本司。十四年，建立香柱寨，隨至剌他撫得香水戟買羅相丈明原等一概地方。……二十二年，……緬寇永騰，領兵前去救援，賊退。」《木氏宦譜》（圖譜）所載與之同，略簡於文譜本。《木氏歷代宗譜碑》載曰：「三十一世祖阿都阿勝，諱木旺，字萬春，號玉龍。萬曆十一年西寇叛亂助餉，十二年征緬助餉。廿二年緬寇永騰，征退有功，授通奉大夫、布政使職銜。」

《明麗江知府木氏雪山瑞峰文岩玉龍松鶴生白六公傳》載曰：「子旺嗣，字萬春，號玉龍，君意無前，學術追古，清辭妙句，焱絕煥炳，修偉奇俊，望之知非常人。壯時承父指，率師往破刀那丁思江口阿西節苴等寨，前後斬獲甚多，舊疆克復，其後又克番虜及九枝毛頭等夷無慮數十捷。天子乃下詔褒美曰：惟爾良守，作予屏翰。其賜璽書，以勤有位，授階中憲大夫，配羅氏為恭人。君之制番也，不怃於暇，不惕於擾，神速破其謀，嚴翼奪其氣，緩裘帶，手經史，而搏捖敵人於股掌之上。不惟令一方息肩，且使全滇安枕，其誰烈哉！萬曆丙申，君以疾逝，民思慕之不已，年僅四十有六，太史義興張邦紀為之傳。」

【按】一：木旺於萬曆十八年（1590 年）為覺顯復第塔〔註70〕撰有碑文《覺顯復第塔記》。從現有的木氏詩文中找不到木旺的遺文，此文的出現填補了木旺沒有遺文的空白。〔註71〕

【按】二：光緒《順天府志》九十八《人物志八·先賢八》載曰：「張邦紀，字完樸，大興人，少以文章知名。萬曆二十六年進士，授檢討。三校禮闈，一主楚試，得士甚多。充東宮講官，反覆披陳，太子為之竦息以聽，天啟中，預料璫禍將興，堅臥不起，有談朔洛事，笑而不答，舉觴微屬之而已，黃道周每亟稱之，仕終禮部左侍郎兼翰林院學士，卒，贈禮部尚書諡文愨。」

（二）《木氏宦譜》（文譜）載曰：「（萬曆）十六年，得勝建立卜瓦寶之寨。本年，剌他西番暗結五所來圍香柱寨，親領援急，得勝。本年，隨蒙撫巡

〔註70〕覺顯復第塔在麗江邱塘關（今麗江觀音峽），此碑現存麗江黑龍潭碑林中。
〔註71〕楊林軍著：《徐霞客與麗江》，昆明：雲南出版集團公司，雲南美術出版社，2007 年，第 74 頁。

蕭會三臺題請給仁字九百三十一號誥命一道，授中憲大夫。」

（三）木旺妻羅氏，《木氏宦譜》（文譜）載曰：「正妻阿室能，官名羅氏寧，係蘭州羅知州女，誥封夫人。生三子：宅、希、祥。」《木氏宦譜》（圖譜）所載相同。《木氏歷代宗譜碑》載曰：「恭人羅氏生：宅、希、祥。」

（四）《木氏宦譜》（文譜）載曰：「正妻羅氏寧，封為恭人。」

萬曆三十年，敘餉順寧大侯，功蒙欽獎，錫木增銀弍拾兩。

周汝誠本和木光本無此部分內容。

【箋證】

《木氏宦譜》（文譜）木增條載曰：「（萬曆）三十年三月，順大全捷，察明功罪，敘餉，欽獎銀二十兩。」

二十六

奉天承運，皇帝制曰：帝王聲教之暨，已被遐方，則懷柔之仁，不遺荒要，況宣力在公，尤所崇獎者乎！爾雲南麗江軍民府土官知府木增（一），瞻①智沉雄，才猷敏練②世安臣節。恪守官常，頃以蕃寇之跳樑③乃率師而④殲馘，繼因⑤將作之繁鉅，復效順于庀材，南國干城，爾無忝已！茲授爾階中憲大夫，錫之誥命！夫遠人亦吾人也，庶方小侯，以三命列于褒綸，秩二千石，國恩良厚，爾尚益殫朴忠，克綏乃服，以壯邊垣鎖鑰之寄，則豈唯朝廷重之，於爾先世有榮采焉，欽哉！（二）

制曰：國家疏命臣工，必偕厥配，豈獨體察其情，亦以閫閾⑥之中，婦為政焉，俾之畢力經營，鮮內顧之慮⑦所賴亦非淺已。爾雲南麗江軍民府土官知府木增妻祿氏縈（三），夙有令儀，媲于世胄，恪修⑧婦順，克佐臣共⑨爾夫效有⑩勞勣，實惟⑪相之是用，封爾為恭人，徽⑫茲⑬北闕之恩，式昭南國之化。（四）

制誥

萬曆三十四年二月二十五日給

之寶

義字二百八十三號

半璽

【校勘】

① 周汝誠本和木光本均寫為「膽」。

② 周汝誠本和木光本均寫為「約」。

③ 周汝誠本和木光本均寫為「柔」。

④ 周汝誠本和木光本均寫為「以」。

⑤ 周汝誠本和木光本均寫為「以」。

⑥ 周汝誠本和木光本均將「閭閾」寫為「閨閣」。

⑦ 周汝誠本和木光本均寫為「憂」。

⑧ 周汝誠本和木光本均寫為「守」。

⑨ 周汝誠本和木光本均寫為「工」。

⑩ 周汝誠本和木光本均寫為「為」。

⑪ 周汝誠本和木光本均寫為「為」。

⑫ 周汝誠本和木光本均寫為「邀」。

⑬ 周汝誠本和木光本均寫為「此」。

【箋證】

（一）木增，生於萬曆十五年丁亥（1578年）八月十七日，於隆武二年丙戌（1646年）八月初一日巳時賓天。木增自幼熟讀經史，有很高的文學修養，有詩集《雲薖淡墨》、《芝山雲薖集》、《山中逸趣》、《木生白嘯月堂詩空翠居集》。《木氏宦譜》（文譜）詳載木增事蹟，曰：「知府阿宅阿寺，官諱木增，字長卿，號華嶽，又生白，宅之嫡長，繼前職。萬曆二十六年，保勘襲職。……二十八年，本司代奏欽依準襲祖職，吏部填給急字十號文憑。本年七月初十日上任。……三十年三月，順大全捷，察明功罪，敘餉，欽獎銀二十兩。三十四年，……又蒙給義字二百八十三號誥命一道，授中憲大夫。三十五年二月望闕謝恩。三十七年，親領兵到中甸干普瓦，把託孤蒲，率部叩頭。……四十七年，巴託伍部當差。四十八年，助銀一千二百解京軍前買馬，蒙欽賜忠義。……朝廷褒以忠藎，吏部復題欽升雲南布政使司右參政。三年三月十四

日祗受，四年告政致仕，五年助銀一千解司，差人赴京請給仁字五百五十五號誥命一道，受封中憲大夫雲南布政使司右參政。……崇禎元年，蒙撫院羅上疏薦揚旌褒。……四年五月，奉欽升廣西布政使司右部政，頒給外仁字四號誥命一道，封通奉大夫廣西布政使司右布政。……十年，恢覆照可楊立，又助陵工及捐銀五百解京，吏部復題。……十七年，捐坊工用急充京餉在南都，蒙欽加太僕寺正卿。……隆武二年四月，吏部復疏奉聖旨准太僕寺正卿晉階，尋蒙闔族優加，移司炤會。」《木氏宦譜》（文譜）木懿條載曰：「崇禎十六年，蒙巡撫吳兆元具題歷來忠順，不侵不詐，緣由奉吏部覆雲南都察院會題，奉聖旨准木增太僕寺正卿晉階。……崇禎十七年，木增復蒙欽升左布政使司職銜，晉太僕寺卿，位列九卿四字坊。」《木氏宦譜》（圖譜）所載相同，但不及文譜本詳細。《木氏歷代宗譜碑》載曰：「三十三世祖阿宅阿寺，諱木增，字長卿，號生白，襲父職。天啟二年，賜雲南布政使司右參政。崇禎元年，誥授通奉大夫、升廣西布政使司右布政。十三年，升四川布政使司，左布政加太僕寺正卿職銜。」《麗江土通判木瓊承襲清冊》載曰：「（木增）功擢通奉大夫、四川左布政使司，晉太僕寺正卿。」

《明麗江知府木氏雪山瑞峰文岩玉龍松鶴生白六公傳》載曰：「增生而秀異，如瓊林玉樹，迥出風塵之表，世間濃豔華美，一無所羨。九歲襲父職，即能通世務，如夙習慈孝性成，奉親喪，哀毀幾絕，情禮並至。諸番欺其幼，數以兵入寇。君指揮調度，出入意表，師出無不勝。滇中連歲征討修繕，君常出金助餉，助工至二萬餘。麗不產稻，地脊薄，民常艱食。君怵然閔焉。如齰歲課，又發其連世所儲為施，一境無隱民餒人，故帑藏常虛焉。木氏世受浮屠法，而君獨參最上乘，期於六根不動一念無生，頓見本來面目，蓋已造其堂，而窺其奧矣！今域中士大夫無不譚禪，無不佞佛，作禮案，置經軸，沾沾然若淨界可攀，而真果可結。然高曠者借為浮遊，不類者竄為窩窟，極滋味，營貨利，溺美麗，貪戀雞肋，爭鬥蝸角，尚曰：我白蓮社人，青蓮居士，豈不乖謬。若如君之百行，能全一切，不染綜，澈五明，專心玄寄，吾見亦鮮矣！疑所謂宿根再來也。不肖自吳來滇，嘗遊雞足諸名山，與高宿大智往還，深悉君之令美，而君嘗避，嫌自遠及不佞捧表出境。君使一價布幣千里外，令不肖傳其先五公。然五公者誠賢，恐無能逾公，因作《六公傳》，使海內知名流異人，乃在碧雞金馬西也。」

【按】：蔡毅中撰《雲南木大夫生白先生忠孝紀》所載與前同，這是木增

請蔡毅中為其作傳，〔註72〕因此詳於其他記錄。

又乾隆《麗江府志略・人物略・鄉賢》載曰：「木增，阿得八世孫，萬曆間，襲麗江土知府，值北勝州構亂，以兵擒首逆高蘭。時三殿鼎建，輸金助工，兼陳十事，下部議可，朝廷喜其忠誠，特加參政秩。增又好讀書，傳極群籍，家有萬卷樓，與楊慎、張含唱和甚多。」《四庫全書總目提要》卷一百三十二《子部四十二・雜家類存目九》存有木增《雲薖潑墨》，載曰：「增字生白，雲南麗江土司，世襲土知府。以助餉征蠻功，晉秩左布政使。年甫三十，即謝職。天啟五年，特給誥命以旌其忠。增好讀書，多與文士往還。是書蓋其隨筆摘抄之本，大抵直錄諸書原文，無所闡發。又多參以釋典道藏之語，未免糅雜失倫。特以其出自蠻陬，故當時頗傳之云。」

【按】：《四庫全總目提要》記作《雲薖淡墨》，根據云南省圖書館藏本以及嵇璜《續文獻通考》卷一百七十八《經籍考》所記載，當為《雲薖潑墨》。毛奇齡《蠻司合志》卷一〇《雲南三》、清師範《滇系》九之二《土司・麗江府》載有木增事蹟，內容與《木氏宦譜》同，但都過於簡略。

（二）《木氏宦譜》（文譜）載曰：「三十四年，因先曾遵例請誥封，復行本司達部，六月吏部題奉給錫誥命一道，贈父木青中憲大夫知府職銜，封母羅氏春為恭人。又蒙給義字二百八十三號誥命一道，授中憲大夫。」

（三）木增妻祿氏蘗，《木氏宦譜》（文譜）載曰：「正妻阿室於，官名祿氏蘗，係寧州知州運同祿華誥女，誥封夫人，四子春、光、寶、仁。」《木氏宦譜》（圖譜）所載相同。《木氏歷代宗譜碑》載曰：「夫人生：春、先、保、仁。」

（四）《木氏宦譜》（文譜）載曰：「正妻祿氏蘗，封為恭人。」

二十七

奉天承運，皇帝制曰：國①之有世臣也，如喬木然，必栽培之力，完斯楨幹之效，鉅其有賈勇，率師捐軀赴義者，尤廟堂所亟予也。爾木青（一）乃雲南麗江軍民府土官知府木增之父，夙抱忠貞，克荷世美，習

聞韜略，不愧家聲，芳譽以著乎夜郎，英風復馳于炎徼，志存幹蠱，咎取輿尸，朕實憫焉！茲以子恩，贈爾為中憲大夫雲南麗江軍民府土官知府等榮耳，不得於身，則得於子，而身殞則名②益彰，而靈爽實式承之，服此休光，賁乎泉壤。（二）

制曰：家人利女貞，固矣，然正內正外，厥有攸分，若其以③未亡而④撫藐孤，捨女紅而襄戎旅，此不得之中土士女，而邊徼或有之，亦罕觀也。爾羅氏春，（三）乃雲南麗江軍民府土官木增之母，敬承世德，卓有賢聲，當鄰寇之欺孤，威先捍禦，及播酋之煽虐，義急輓輸，即不庭之同讎，知慕化之尤切，蓋⑤臣令母尒實兼之。茲特封爾為太恭人，寵錫絲綸，榮于華袞。（四）

制誥

萬曆三十四年二⑥月二十五日給

之宝

義字二百八拾四號

半璽

【校勘】

① 雲南省圖本、周汝誠本和木光本此處均有「家」字。
② 周汝誠本和木光本此處均無「名」。
③ 周汝誠本和木光本此處均無此字。
④ 雲南省圖本、周汝誠本和木光本均無此字。
⑤ 周汝誠本和木光本均寫為「燼」，後面又寫作「蓋」，按：當為「蓋」正確。
⑥ 周汝誠本和木光本均寫為「三」。

【箋證】

（一）木青，生於隆慶三年己巳（1569 年）八月朔八日亥時，於萬曆二十五年丁酉（1597 年）八月十五日賓天。〔註73〕木青的文學修養很高，在書

〔註73〕張永康，彭曉主編，雲南省博物館供稿：《木氏宦譜》，昆明：雲南美術出版社，2001 年，第 45 頁。

法上也很有造詣，有詩集《玉水清音》。《木氏宦譜》（文譜）詳載木青事蹟曰：「知府阿勝阿宅，官諱木青，字長生，號橋岳，又松鶴，旺之嫡長，繼父職。未襲之先，萬曆二十年，雲龍州力蘇搶五井司提舉皇鹽作耗，奉總兵官征南將軍太師黔國沐武靖公昌祚及兩臺明文，親領兵征進，殺獲八十三級，蒙獎花牌表裏。二十四年，保勘襲職官事。二十五年，順寧大侯州逆叛，助餉銀四千。」《木氏宦譜》（圖譜）記載了木青卒於軍中之事，曰：「隨奉文，親領土兵進征大侯州，遂卒於軍。」其餘所載與文譜本無異。《木氏歷代宗譜碑》載曰：「三十二世祖阿勝阿宅，諱木青，字長春。襲父職。未襲之先，雲龍力蘇作耗，領兵進征，殺退有功。萬曆二十五年，順寧太侯州逆叛，助餉。授通奉大夫、布政使職銜。」

《明麗江知府木氏雪山瑞峰文岩玉龍松鶴生白六公傳》載曰：「（木青）號松鶴，又號長春，豪邁逈上，鳳觀虎視，議論飈飛，若天下事不足辦者。居常以忠君報國為念，暇則遊意述作，怡情聲律，其所著撰，如飛仙跨鶴，渺不可即；又如胡馬嘶群，悲振萬里。其書法秀骨森然，天授耳縹瓷酌醴，仙仙乎樂也。詳見張太史邦紀傳君賢明之譽，方蘙鬱六詔，乃倏然長往，年僅二十九耳！子增為請於朝，贈中憲大夫，賜匾曰：夙抱忠貞。元配羅氏封太恭人，賜匾褒曰：卓有賢聲，君沒既早，遠邇莫不有埋玉之恨。雖然得道者能徹生死，徹生死者不沒於生死，亦不出於生死，君法法皆通，必靈明有異，人生斯世，道飈石火，百歲亦俱盡耳！無涯之智，結為大年，短造能泯君哉！」

又雍正《雲南通志》卷二十一《人物二·麗江府》明朝部分載曰：「木青，號松鶴，公恕之曾孫也。能詩善書，年二十九而沒。子增刻其詩曰：「玉水清音輕雲，不障千秋雪曲盈，偏宜半畝荷含煙，翠條供詩瘦，啄麥黃雞佐酒肥。」皆其佳句也。」

（二）《木氏宦譜》（文譜）載曰：「（萬曆）三十四年，以子追贈給義字二百八十四號誥命一道，授中憲大夫。」《木氏宦譜》（圖譜）載曰：「後以子追封，給誥命，封通政大夫布政使司職銜，皇帝誥云：有賈勇率師捐軀赴義者，尤廟堂之所亟予也。爾乃土官木增之父不得於身，則得於子，而身殞則名益彰，靈爽實式之，服此休光，賁乎泉壤等語。」

【按】：《皇明恩綸錄》以及文譜均寫作授予「中憲大夫」，而《木氏歷代宗譜碑》寫作「通奉大夫」，圖譜又寫作「通政大夫」。通奉大夫，是宋朝開始

設置的文散官名，大觀時新置。〔註74〕《元史》卷九十一《志第四十一上·百官七》載曰：「通奉大夫，正議大夫，嘉議大夫，以上正三品。」《明史》卷七十二《志第四十八·職官一》載曰：「從二品，初授中奉大夫，升授通奉大夫，加授正奉大夫。」中憲大夫在明朝是正四品升授之階，與通奉大夫還是很有區別，不知為何有多種記錄。

（三）木青妻羅氏春，《木氏宦譜》（文譜）載曰：「正妻阿室加，官名羅氏春，係蘭州羅知州女，誥封夫人。生一子，曰寺，繼父職。」《木氏宦譜》（圖譜）所載相同。《木氏歷代宗譜碑》載曰：「夫人羅氏，生寺。」

又明劉文徵天啟《滇志》卷之十五《人物志第八之二·烈女》載曰：「羅氏，土官知府木青妻。歸青十年，青臥病，竭力調護，卒不起。方在憫凶，適有番寇，慨然曰：『彼以我新遭喪，子在襁褓，婦人無能為耳！』乃雪涕誓師，親擐甲，躍馬先士卒，一鼓克敵，邊鄙以寧。事姑盡孝，敦子以忠勤稱。誥封太恭人。年五十一而終，部民追思焉。謝參藩公肇淛亦紀其事。」雍正《雲南通志》卷二十二《烈女》所載相同。乾隆《麗江府志略·人物略·節義》載曰：「木青妻羅氏，郡人，夫任土知府，氏嫁十年，夫臥病，竭力調治，卒不起。方在閔凶，適有番寇，慨然曰：彼以我新遭喪，子在襁褓，婦人無能為耳。乃親環甲躍馬，先士卒，一鼓克敵，邊鄙以寧。事姑盡孝，教子以忠勤稱。誥封恭人，年五十一終。參藩謝肇淛紀其事。」清謝聖綸《滇黔志略》卷之九《雲南·烈女》所載無異，謝聖綸評價曰：「素嫻禮教，乃忠勇節烈，後先接跡，至蒙詔書褒美，封爵頻加，照耀閭里，光昭史乘。」

（四）《木氏宦譜》（文譜）載曰：「（萬曆）三十四年，以子追贈給義字二百八十四號誥命一道，……正妻羅氏春，授太恭人。」

萬曆四十六年，恭進遼餉（一），隨解赴京，後奉聖旨刊載事例通行天下，欽此欽遵，抄出到部，戶部移文頒行天下褒榮，尋因覆題及敘泰昌元年蒙①欽加，木增三品服色之上，還嘉錫花幣銀叁拾兩。（二）

周汝誠本和木光本無此部分內容。

〔註74〕（元）脫脫等撰：《宋史》卷一百六十九《志第一百二十二·職官九》，北京：中華書局，1975年，第4065頁。

【校勘】

① 雲南省圖本無此字。

【箋證】

（一）遼餉，亦稱新餉，明末田賦加派之一，主要因為遼東的軍事需要。《明史》卷七十八《志第五十四·食貨二賦役》載曰：「（萬曆）四十六年，驟增遼餉三百萬。時內帑充積，帝靳不肯發。戶部尚書李汝華乃援征倭、播例，畝加三釐五毫，天下之賦增二百萬有奇。明年復加三釐五毫。明年以兵工二部請，復加二釐。通前後九釐，增賦五百二十萬，遂為歲額。所不加者，畿內八府及貴州而已。……崇禎三年，軍興，兵部尚書梁廷棟請增田賦。戶部尚書畢自嚴不能止，乃於九釐外畝復徵三釐，惟順天、永平以新被兵無所加，餘六府畝徵六釐，得他省之半，共增賦百六十五萬四千有奇。」

（二）《木氏宦譜》（文譜）載曰：「（萬曆）四十六年，自備馬匹方物，差人赴京進貢，恭慶聖壽，欽錫及妻紵絲綵緞紗羅表裏靴襪等項，並請給鎮邊敕一道，祗領訖。本年，遼陽大驚，餉銀一萬解京，戶部移咨兵部具題，蒙聖旨刊載事例通行天下，蒙吏部復題欽加三品服色，賜花幣銀三十兩。」

又《明史》卷三百十四《志第二百二·雲南土司二》載曰：「（萬曆）三十八年，知府木增以征蠻軍興，助餉銀二萬餘兩，乞比北勝土舍高光裕例，加級。部復賜三品服色，……四十七年，增復輸銀一萬助遼餉。又《明實錄·神宗實錄》卷五百二載曰：「萬曆三十八年，雲南麗江土官知府木增以從征順大等夷，助餉二萬餘兩，乞比北勝州土司同知高承祖、姚安府土舍高光裕等事例加級。宗賢時為驗封員外，遂題復加三品服色。」《明實錄·神宗實錄》卷五七九載曰：「萬曆四十七年二月壬午，……雲南麗江軍民府土官知府木增輸銀一萬兩助充遼餉。」

二十八

皇帝敕諭雲南麗江軍民府世襲土官知府木增，近該尔奏稱高祖木得於太祖高皇帝時，率眾從征，論功升授前職。永樂年間，賜祖木初鎮邊敕書，（一）彈壓疆土，後因被災焚失，向未請補。茲尔襲替有年，因所轄地方，西鄰蕃，北鄰虜，（二）為滇①省要害，且相去窵遠，遇有事變，

難以遙制。欲比照木初事例，請敕鎮邊等因，該部議覆，特准補給。朕念夷方遼闊，營②轄為難，今命尔不妨府事，鎮守所轄邊隘，尔須上體朝廷委任，下念邊鄙生靈，禁約所屬土官頭目人等，不許生事擾害地方，矢忠效順，圖報國恩，務使疆圉清③寧，夷民安妥，以光④尔先世，永享太平之福，毋或驕縱廢事，自取罪愆，欽哉故諭。

廣運

萬曆四十七年三月二十五日給

之宝

【校勘】

① 周汝誠本和木光本均無此字。

② 雲南省圖本、周汝誠本和木光本均寫為「管」。

③ 周汝誠本和木光本均寫作「靖」。

④ 周汝誠本和木光本均寫為「先」。

【箋證】

（一）據《木氏宦譜》（文譜）所載：洪武十六年九月，木得赴京進貢朝觀，明太祖嘉其偉績，授誥命一道，給金花帶一束，鐫肆字曰：「誠心報國」，以及令字銀牌，重二十兩。〔註75〕

（二）《大明一統志》卷八七「麗江軍民府」條載曰：「……西至西番瀾滄江二百里，……北至永寧府革甸長官司界三百二十里。」

【按】：西鄰蕃指西番，北鄰虜指永寧府革甸長官司，革甸長官司，方國瑜認為在今天的中甸，〔註76〕林超民教授認為剌次和長官司、革甸長官司、香羅長官司、瓦魯長官司在中甸及四川木里地區。〔註77〕江應樑先生則認為在西康。〔註78〕

〔註75〕張永康，彭曉主編，雲南省博物館供稿：《木氏宦譜》，昆明：雲南美術出版社，2001年，第15頁。

〔註76〕方國瑜著：《中國西南歷史地理考釋》，北京：中華書局，2012年，第833頁。

〔註77〕林超民編寫：《雲南地方史講義》參考資料，《雲南郡縣兩千年》，昆明：雲南廣播電視大學，第172頁。

〔註78〕江應樑編著：《明代雲南境內的土官與土司》，昆明：雲南人民出版社，1958年，第128頁。

二十九

皇帝敕諭雲南麗江軍民府世襲土官知府木增，近該尔奏稱尔祖木得於高皇帝時，從征有功，升授前職。永樂①間，給督鎮邊敕書，(一) 令守疆土，自後屢②蒙獎諭，賜服加銜，世受國恩，未能圖報，茲循往例，敬差目把和得仲恭獻金鐘銀壺，花氈花毹等物，至今虔修貢儀，謝恩祝壽，具見尔誠心效順，尊事朝廷朕甚嘉之，爰從該部之請，特加賞賚，令賜尔並尔妻紵絲紗羅絹疋，以示殊恩，就令和得仲齎去至可收領，尔宜矢心竭力，永懷忠順，無③負天朝柔遠之仁，而亦長享太平之福。欽哉故諭。

給賜土官知府木增，紵絲叁疋，大紅骨朵雲一疋，鸚哥綠暗花八宝骨朵雲一疋，青暗花八宝骨朵雲一疋，紗叁疋，④大紅雲一疋，鸚哥綠雲一疋，青雲一疋，羅弍疋，素鸚哥綠一疋，素青一疋，絹肆疋（俱素紅）。木增妻祿氏蘩，紵絲弍疋，大紅雲一疋，暗花八宝鸚哥綠雲一疋，羅弍疋，素鸚哥綠一疋，素青壹疋。

廣運

萬曆四十七年三月二十五日給

之宝

周汝誠本和木光本無此部分內容。

【校勘】

① 雲南省圖本此處有「年」字。
② 雲南省圖本無此字。
③ 雲南省圖本寫作「勿」。
④ 雲南省圖本先寫「紗三疋」後寫「青暗花八寶骨朵雲一疋」。

【箋證】

（一）據《木氏宦譜》（文譜）木初條載曰：「（永樂）四年五月，奉總兵官西乎侯沐惠襄公明文，同錦衣衛鎮撫司指揮使朱程往西番地面，開設楊塘、鎮道二處安撫司，剌何場長官司，你那長官司，催令夷番赴京朝貢，奏聞蒙

賜督鎮敕書一道,並敘巨津、臨西、毛牛寨、寶山州、蘭州、浪滄江等處功事,欽賜金牌一面,銘曰:『誠心報國』。」

【按】:木得於洪武二十三年庚午十月初六日賓天。因此《皇明恩綸錄》中所說的永樂間所賜的督鎮邊敕書當是木初在任時期。另外,結合上一道誥命,根據日期萬曆四十七年三月二十五日是有兩道誥命,內容也不完全一樣,不知是傳抄有誤還是同一天真的頒發了兩道誥命。

萬曆四十八年,恭進馬價助遼。天啟元年正月,蒙聖旨,木增再輸助餉,具見忠義,便行文撫按官宣示,以勸後來,東事平,仍與優敘,欽此,欽遵抄出到部通行宣示各省衙門。

周汝誠本和木光本無此部分內容。

【箋證】

《木氏宦譜》(文譜)載曰:「(萬曆)四十八年,助銀一千二百解京軍前買馬,蒙欽賜忠義。」

【按】:萬曆四十八年結束後是泰昌元年。《明實錄・熹宗實錄》卷四載曰:「泰昌元年十二月壬戌,……遼患方殷,增嘗捐萬金助餉」。

泰昌元年十二月,戶、兵二部題奏邊功、新賦入額蒙欽獎,賜木增紵絲弍定表裏,銀弍拾兩。賞男木懿銀拾弍兩。(一)賞舍人頭目陸名,銀拾捌兩。(二)

木光本無此部分內容。

【箋證】

(一)《木氏宦譜》(文譜)載曰:「泰昌改元,北勝州土官同知高世懋死,庶弟高世昌承襲,舍人高蘭謀職,奉文集捕。乃令領兵俘元兇高蘭等,題獎花牌等項。」

《明史》卷三百十四《志第二百二・雲南土司二》載曰:「泰昌元年,錄增功,賞白金表裏,其子懿及舍人頭目各賞銀幣有差。」《明實錄・光宗實錄》卷八載曰:「泰昌元年九月癸酉,……巡撫雲南沈儆炌題:『滇省介在西南,而麗江又在滇西北,境接番達,頻年為患。該府土官木增父子,奮勇斬獲黃

毛達子五十二顆，收降男子一千有奇，並收卜花村魯臺寨安插降民，認納每年氂銀八十一兩零，黑大麥二千二百梆，具題入額。請於知府上量加三品服色，以旌其勞。』部覆從之。」《明實錄·熹宗實錄》卷四載曰：「泰昌元年十二月壬戌，……錄麗江土知府木增禦寇拓土之功，賞銀二十兩，紵絲二表裏，其子懿及舍目等各賞銀有差。遼患方殷，增嘗捐萬金助餉，不獨功在滇南也。」

（二）《明會典》卷一一三《禮部七十一》，《給賜四·土官》載曰：「湖廣、廣西、四川、雲南、貴州、腹裏土官、朝覲進到方物……差來通事把事頭目，各鈔二十錠，綵緞一表裏。隨來土官弟男，並把事頭目人等，鈔二十錠。」

天啟二年，助征蜀奢（一）餉功，撫按題蒙欽賜，木增三品服色緋袍一襲，紵絲弍素裏，銀叁拾兩。

周汝誠本和木光本無此部分內容。

【箋證】

（一）奢是奢崇明，「熹宗天啟元年九月，四川永寧宣撫使奢崇明叛。」〔註79〕奢崇明發動叛亂後與貴州土司安邦彥聯合，因此奢崇明和安邦彥的叛亂稱之為「奢安之亂」。發生在明末的這場叛亂對明王朝以及對西南地區產生了深遠的影響。明朝廷四處籌集兵餉，用了長達九年時間才平定叛亂。「這一戰爭不僅震撼了當時的西南各省，大大耗費了明朝的軍事經濟力量，削弱了對東北女真族進攻的防禦，並且在頗大的程度上動搖了明朝統治的基礎，加深了明代社會內部矛盾關係的發展，預伏著明王朝走向覆亡的契機。」〔註80〕

《木氏宦譜》（文譜）載曰：「天啟二年，四川奢酋作叛解餉，蒙撫院獎金花銀牌匾額，綵緞表裏，欽賜三品服色衣一襲，銀三十兩，綾絲二表裏。」

本年封上事十①蒙聖旨，這所奏亦見忠藎，知道了，欽此，欽遵抄出到部覆題，奉聖旨，是木增加雲南布政使司右參政職銜致事②以勸忠義，欽遵照會，移行本司。

〔註79〕（清）谷應泰撰：《明史紀事本末》，北京：中華書局，1977年，第1109頁。此事在該書第六十九卷《平奢安》有詳細記載。
〔註80〕胡慶鈞著：《明清彝族社會史論叢》，上海：上海人民出版社，1981年，第93頁。

木光本無此部分內容。

【校勘】

① 周汝誠本寫作「上」，按：當為「十」。

② 周汝誠本寫作「仕」。

【箋證】

《木氏宦譜》（文譜）載曰：「天啟二年，……又本年差人赴闕陳言十事，捐銀一千助國，頒賞陣亡忠孝。朝廷褒以忠藎，吏部覆題欽升雲南布政使司右參政。」《木氏宦譜》（圖譜）載曰：「又差人赴闕陳言十事，朝廷褒以忠藎，欽賜忠義牌坊，吏部覆題欽升雲南布政使司右參政。」

又《明史》卷三百十四《志第二百二・雲南土司二》載曰：「天啟二年，增以病告，加授左參政致仕。」《明實錄・熹宗實錄》卷二五載曰：「天啟二年八月乙卯，……雲南麗江土知府木增禦虜致疾，告替入山。准加本省布政使司左參政職銜致仕，以勸忠義。」

木增所上奏十事，據蔡毅中《雲南木大夫生白先生忠孝紀》所載：「乃封十事以上，一曰敬天法祖，欲其時保凝，承尊憲尊度也。二曰愛身修德，欲其去聲色，日新徙義也。三曰愛民，欲其緩徵求，慎徭役也。四曰用賢，欲其任專信篤薄，責厚施也。五曰納諫，欲其廣開言路，優容直臣也。六曰辯邪正，欲其獨秉貞明，詳察博訪也。七曰慎刑，欲其赦過居寬，毋輕逮遣也。八曰重信，欲其絲綸必慎，賞罰必行也。九曰平遼，欲其厚結鄰虜，設間張疑，使之自亂也。十曰聖學，欲其求精，一執中之旨，毋事口耳章句之末也。」

【按】：此處的「本年」當是天啟二年。

三十

皇帝敕諭雲南麗江軍民府知府加升布政使司右參政木增，並子木懿及所屬官吏住持道源（一）人等，朕惟爾府地在南滇，境聯西竺，崇尚佛教，自昔已然。近該爾奏稱，爾母羅氏虔潔修持，捐資建寺，上祝聖壽，下廣善門，茲以奏請藏經，該部議覆，爾母子世居邊徼，志矢忠貞，臣節顯于勤王，子職修于善繼，聞茲①懿行，朕甚嘉焉！特允所請，頒賜

藏經，爾等尚其益堅善念，率眾焚修②導悟番夷，闡揚宗教，皇圖鞏固，
聖化益崇，欽哉！故諭！（二）

　　廣運

　　天啟四年七月初③六日給

　　之宝

【校勘】

① 周汝誠本和木光本寫作「關聞」。
② 雲南省圖本、周汝誠本和木光本寫作「修焚」，雲南省圖本後面又寫作「焚修」。按：當從國圖本。
③ 周汝誠本無此字。

【箋證】

　　（一）道源，字法潤，鶴慶人，俗姓杜。在玄化寺出家。準備建悉檀寺時，其時師住麗江之解脫林，慈和，忍艱苦，多幹才，以故一肩任之。悉檀寺建成於天啟四年，木增上請北藏，欽頒福國悉檀禪寺額，賜道源師紫衣，授僧錄司左覺義。嗣開牟尼山塔院。而後閉關參究，四十餘年如一日。曾遍歷名山，代麗江生白公問法於天童，言下頗有了契。遲暮，誦《法華經》。至庚戌，復閉關百二十日，出即辭眾而逝。荼毗時，念珠光焰騰騰，毫不毀壞。〔註81〕另外在《大理叢書·金石篇》中的《皇明欽賜紫衣大戒沙門法潤禪師實行序》一文詳載道源事蹟，曰：「師德重名山，法諱道源，字法潤，鶴郡人也。杜氏子，生於禮義之鄉，秉真如性。九歲脫塵，投開山本元大師剃落，日侍巾瓶，尋受具。時聆訓迪，崇向佛乘。一聞古人即佛即心之旨，便能契悟。又於日用間諸務叢雜，而無疑畏。開山師默重之，許為當家種草。故於高弟三五人中矚目更殷，重德器也。且日精律部，無過言過動，奉事檀越師長，小心敬承，靡有缺遺。是以世侯生白木公咸敬重之，遂以開山重託屬之師徒。其後父子相資，首尾相承，木公可稱具眼。……未幾，開山事竣，不憚跋涉之勞，奉命往京齎求龍藏，途中危苦備嘗，逢水藺之變，劫掠頻殂者數已。不啻昔賢請經西域之難，良以為法忘軀，作大利益也。棲樊漢逾年，入都孤守八

〔註81〕（清）高奣映著；侯沖，段曉林點校：《雞足山志》點校卷之七《人物下·禪僧》，北京：中國書籍出版社，2004 年，第 281～282 頁。

載，旅泊京華，感動九重，蒙恩賜紫。不唯喜獲法寶，兼承異命，敕授獲藏僧錄司左覺義，師徒亦並有榮施也。齎捧歸來，煌煌天語，留鎮名山，豈小補耶。至壬申歲，本師西逝，師服淡齋廬墓百日，報師資恩，倍加精勤，繼志述事，從前未了公案，一一敷揚。至庚辰年，又往金陵為檀越印經。所歷名山佛剎，非止一區。裝潢事竣，輒買舡子之棹，登太白峰，代生白公問法於天童。……生白公雅慕海內名公鉅卿，雖不能晉接交遊，願通聲氣。師承其志，造三泖，謁玄宰先生，惠以筆法，寶墨淋漓，題寺額曰『欽光法會』。又題方丈室為『寄夢處』。其嘉許如此。又謁處士眉公，喜為方外交。至白下，則識毛公、談公諸賢宰官，則睹學士錢公、青蓮張公及陶紫浪兄弟。其契合廣交又如此。至法門雅契，則唯數蒼雪大師一人而已。所贈詩歌詠贊，互相酬答。還滇，值戒嚴之時，俱獲完美。咸云潤師戒行所感，皆共推服，請居方丈，作大眾眼目。逾年，同弟安仁師捐衣缽，建一齋於重巖下，題曰：『古雪』，為探幽寄傲之所，差足少留。大略師生平深謹樸素，冷面熱腸。余居官時，與之晉接，嘗稱於人曰：「法師似一尊佛，而人不識。」迨至晚年，掩關謝客，終朝禮佛，持誦不輟。蓋為預辦淨土資糧，作安養計耳。至臨終時，喚眾囑後事，合掌念佛而逝。師生於萬曆丙申歲十一月之十三日，寂於康熙庚戌年九月二十五日，世壽逾於古稀。僧臘六十有六。茶毗垂燼，衣帽宛然，數珠不壞，皆云六根清淨所至，咸舉手稱讚，同眾收靈骨，藏於壽量塔中。」

（二）范承勳《雞足山志》卷之八《藝文上》「諭悉檀寺敕條」載曰：「皇帝敕諭：……朕惟爾地僻在南滇，北鄰西竺，崇尚佛教，自昔已然。茲以木增奏稱伊母羅氏，夙好修持，捐資建寺，護國庇民，命僧釋禪虔恭護持，奉請藏經。該部議覆，特允頒賜。爾等尚其益堅善念，率領合山僧眾焚修，導悟邊民，闡揚宗教。皇圖鞏固，聖化遐宣。欽哉故諭。天啟四年七月初六日」

木增的上疏則在高奣映《雞足山志》卷之十《藝文上》的「請頒藏典並乞寺名疏」中有記載，曰：「奏為虔備紙工，請印佛藏，以祝聖壽，以酬母願，以盡臣子之分，並乞敕賜寺名，以永供奉事。臣惟人臣敬事後食，盡其職也；嵩呼華祝，盡其心也，而精力有所未充，必誠禱於佛，若天之默祐焉。此固率土之心所同然者也。臣治居極邊，地鄰西域，俗習崇尚事佛祀天。而所以祝國祚、保境土者，亦祈諸佛與天之靈貺耳。臣甫九歲，遭家多難，蒙朝廷不以臣藐孤，即准承襲。賴母羅氏內則奉孤撫子，外則提兵禦番，積勞致癉。迨疾革之際，臣進榻前，面囑之曰：『慎守封疆，人臣之職也；祝國永壽，人臣之

願也。吾之妝奩，為吾建寺印經，祈福助公，吾瞑目矣。』臣遵母命，於鄰境雞足名山，修建祝國悉檀禪寺一所，於中創萬壽聖殿崇奉焉，並捨置附近祖莊，永為常住。案照先於遼餉疏中，塵瀆神宗皇帝御前訖。又府治芝山，景致清勝，為諸山發脈之宗，臣創建習儀祝釐招提一所，未經提請，不敢擅名。是此二寺有佛像、僧眾而無藏經，猶昏夜無燭，何以資其冥行？賴以諷祝，誠為缺典。今幸值皇上紹隆寶位，乾坤一新，正臣子得仰報君親之日，不勝舞蹈。謹因朝覲之役，敢自備紙張工價，請刷佛大藏經二藏，奉置二寺，朝暮誦閱，以祈我皇上景運天長地久，明德日升月恒，庶盡遠臣丹悃於萬一。伏乞皇上察臣犬馬報主之私至真至切，憐臣烏羔念母之志惟固惟堅。允臣所請，敕下禮部，准令差役照例納銀，代印佛經、律、論等全部二藏。並乞俯賜芝山祝釐寺名，仍照頒藏事例，各給經首護敕並專敕一道，其雞足山祝國悉檀禪寺，請敕責令住持僧人看守，仍令於每月朔望節序及聖誕日，雲集合山各寺僧眾於萬壽殿，啟建無量壽佛道場，恭祝聖壽，永為定規，不得違怠。合用香燭齋供，臣已別買阿岑、高世昌、阿價名下，地名雞坪、魚朋、石硐、夾莊等處民田，永充常住，取租供辦。其芝山今請名祝釐招提，乞敕臣及子孫，督率屬吏僧民人等，虔潔護持。祝延國壽億萬遐齡，天下太平，殊方寧靖。伏乞徑給差役寺僧領齋安奉。俾四海八荒之人，從此改惡遷善，咸沐我皇上恭己無為之治化，其於陰翼默相，不無少補云。奉聖旨該衙門知道。」

三十一

皇帝①敕諭雲南麗江軍民府土官知府加②布政使司右參政木增，近該爾奏稱，爾母羅氏捐資崇建悉檀（一）、福國（二）二寺，奏請藏經，崇奉梵③剎，以光佛教，以祝國釐，該部議覆，特允所請，賜爾藏經，爾尚益秉虔潔，領眾焚修，導悟番夷，闡揚聖化，爾其欽承之，故諭！（三）

廣運

天啟四年七月初六日給

之寶

【校勘】

① 周汝誠本和木光本寫作「又」。

② 雲南省圖本、周汝誠本和木光本此處有「升」字。

③ 周汝誠本和木光本寫作「佛」。

【箋證】

（一）悉檀寺，在今大理賓川縣雞足山上，「文革」時期被毀。悉檀寺為歷代文人遊歷時所居之處，明代旅行家徐霞客就曾在寺中居住，並在其《徐霞客遊記·滇遊日記五》中有詳細記載。寺中曾藏有木氏的家譜《木氏宦譜》。《徐霞客遊記·滇遊日記十三·雞山志略二》載曰：「悉檀寺，萬曆間，古德本無建。護法檀越麗府生白木公。後嗣法潤、弘辨、安仁、體極，住靜白雲。」又《雞足山志》記載：悉檀寺在滿月山下，大龍潭上，背倚靠石鼓峰。明萬曆丁巳（1617 年），麗江土司木增為母親求壽，向朝廷奏准在雞足山建寺，捐銀數萬兩，延請高僧釋禪住持創修，並在寺的大門內建萬壽殿，表示祝國誠心。天啟四年（1624 年），入京請藏經，皇帝賜藏經，題寺名為「祝國悉檀寺」，崇禎己巳（1629 年），建法雲閣貯藏經。崇禎辛未（1631 年），木增子木懿對寺院重加修理，成為一山之冠。崇禎辛巳（1641），僧道源從普陀山，又請回嘉興藏一部。清康熙丁卯（1687），麗江土司木堯重建門閣。〔註82〕後來據賓川縣志辦《雞足山志》載：「此後，麗江木府經常來人瞭解寺中情況，發現破壞就捐資修理。自建寺後 300 多年，中間未曾有重大破壞。清中葉火災，僅毀去廚房，寺院主要建築仍然完整。古人遊記中曾有『紺殿十笏，丹樓五楹』，『遊者若置身瓊樓雲閣中』，自來就吸引著遊山文人學者。明崇禎戊寅（1638），地理學家徐霞客上雞山，在悉檀寺住了一月多，還在寺中磚砌熱水浴池沐浴廠次年，霞客再上雞山，又住了數月，並寫出第一部《雞足山志》，在雞山上寫下了許多日記、詩、文。民國元年（1912），雲南著名學者趙藩，李根源上山，住悉檀寺十餘日，搜集佚文，編纂《雞足山志補》四卷。」

（二）福國寺，麗江著名喇嘛寺，藏名奧米南林，是麗江第一座喇嘛寺院。位於城西北白沙裏芝山上，舊名解脫林，明熹宗賜名福國寺。〔註83〕福國寺始建於明朝萬曆二十九年（公元 1610 年），清同治年間曾毀於兵燹，光

〔註82〕（清）高奣映著；侯沖，段曉林點校：《雞足山志》點校卷之五《建置》，北京：中國書籍出版社，2004 年，第 210 頁。

〔註83〕（清）管學宣、（清）萬咸燕纂修：乾隆《麗江府志略》下卷《禮俗略·寺觀》，清乾隆八年（公元 1743）刻本，麗江縣志編委會辦公室，1991 年翻印本，第203 頁。

緒八年（公元 1882 年）由寺僧重修，寺中的建築「五鳳樓」以及「解脫林」門樓等，在 20 世紀 80 年代已遷至麗江市內黑龍潭公園。〔註84〕知府張學懋曾寫了《麗江芝山福國寺禪林紀勝記》詳細描述了福國寺的美景。

（三）范承勳《雞足山志》卷之八《藝文上》「論悉檀寺敕條」載曰：「朕惟自古帝王，以儒道治天下，而儒術之外，復有釋教相翼並行。朕以沖昧，嗣承大統，天下和平，人民樂業。仰思天眷，祖德洪庇，良由尺公同善之因。況國初建，置僧錄司，職掌厥事。蓋仁慈清淨，其功德不殊；神道設教，於化誘為易。祖宗睿謨，意深遠矣。茲者，朕嘉善道可依，念傳佈之未廣，爰命所司，印造全藏六百七十八函，施捨在京及天下名山寺院，永垂不朽。庶表朕敬天法祖之意，弘仁普濟之誠，使海宇共享無為之福。先民有言：一念思善，和風慶雲；一念不善，災星癘氣。夫善念以有感而興，無感而懈。是以皇極敷言，不厭諄諄；聖哲所貴，善與人同。古今相同，其揆一也。且善在一人，尚萃一家和氣；若億兆向善，豈不四海太和？此經頒布之處，本寺僧眾人等，其務齋心禮誦，敬奉珍藏，不許褻玩，致有毀失。特賜護敕，以垂永久。欽哉！故諭。天啟四年七月初六日給。」

三十二

奉天承運，皇帝制曰：蓋臣盡瘁，遑知身後之名，令①典褒忠，用壯九原之氣，斯為國制，無間歿存。爾中憲大夫雲南麗江軍民府知府木青，乃雲南布政使司右參政木增之父，器識深閎，才猷練達，為家汗血，久推千里雄姿，繫國干城，自是萬夫翹楚，甫承弓冶，遽執橐鞭，志在靖邊，澁②焉身殞。賴令妻之拮据，得勿墜乎箕③裘，是用加贈爾為中④大夫（一）雲南布政使司右參政，錫之誥命。於戲！往勞具在，渥寵宜頒⑤識姓字于麟圖，河山不朽，裕謀猷⑥于燕翼，奕葉其昌。

制曰：子念無涯，率推聖善，乃有矢栢舟以立操，挈⑦褓襁以成名，斯卓然與烈大⑧夫並垂⑨天壤矣。爾封⑩恭人羅氏春，乃雲南布政使司右參政木增之母，含貞女秀，作配勳門，孝奉高堂，虔襄大業，蘭猷芳

〔註84〕和少英著：《納西族文化史》，昆明：雲南民族出版社，2001 年，第 229 頁。

茂，霜雪忽摧，甘九死狗同穴之盟，痛藐孤屬懸絲之候。食而能教，愛不成勞，肆今⑪廿載報國之丹忱，並母五夜號天之血淚，茲特贈爾為太淑人，載渙所生之號，用酧迪子之勞，楓升駢恩，萱闈永耀。（二）

　　制誥

　　天啟五年九月□日給

　　之寶

　　仁字伍百伍拾參號

　　半璽

【校勘】

① 周汝誠本和木光本寫作「名」。

② 周汝誠本和木光本寫作「法」。

③ 周汝誠本和木光本寫作「其」。

④ 周汝誠本和木光本此處有「憲」字。

⑤ 周汝誠本和木光本寫作「頌」。按：當從國圖本。

⑥ 周汝誠本和木光本寫作「猷謀」。

⑦ 周汝誠本和木光本寫作「潔」。

⑧ 周汝誠本和木光本寫作「丈」。

⑨ 周汝誠本和木光本寫作「存」。

⑩ 周汝誠本和木光本寫作「封爾」。

⑪ 周汝誠本和木光本寫作「令」。

【箋證】

　　（一）中大夫，官名，漢代中大夫為掌論議之官，《漢書》卷十九上《百官公卿表第七上》載曰：「郎中令，秦官。……屬官有大夫、郎、謁者，皆秦官。……大夫掌論議，有太中大夫、中大夫、諫大夫，皆無原，多至數十人……太初元年更名中大夫為光祿大夫，秩比兩千石。」唐朝置文散官第九階，四品下之文階官，《舊唐書》卷四十二《志第二十二·職官一》曰：「太中大夫，正四品。」《新唐書》卷四十六《志第三十六·百官一》曰：「凡文官九品，有正、有從，自正四品以下，有上、下，為三十等，凡文散階二十九。……正四品上曰正議大夫，正四品下曰通議大夫，從四品上曰太中大夫，從四品下曰

中大夫。」宋朝為從四品《宋史》卷一百六十九《志第一百二十二‧職官九‧文散官二十九》載曰：「中大夫，從四。」宋神宗元豐改制後，以換秘書監，後定為第十二階，元朝時正四品官，《元史》卷九十一《志第四十一上‧百官七》曰：「文散官四十二：……中大夫，中議大夫，中順大夫，以上正四品。」明朝為從三品加授之階，《明史》卷七十二《志第四十八‧職官一》載曰：「從三品，初授亞中大夫，升授中大夫，加授太中大夫。」《明會典》卷六《吏部五‧散官》所載與《明史》相同。

【按】：木青原授中憲大夫，為正四品，中大夫為從三品，所以加贈木青應為中大夫，當以國圖本和省圖本所載為準。

（二）《木氏宦譜》（文譜）木增條載曰：「（天啟）五年，……差人赴京請給……誥命一道，……又二道贈祖父祖母、父母二代。」

三十三

奉天承運，皇帝制曰：作善降祥，天道鼓桴必應，固①孫逮祖，朝章華衮無私。矧勞著于生前，宜典崇于今日。爾中憲大夫雲南麗江軍民府知府②木旺，乃雲南布政使司右參政木增之祖，性生③忠孝，才裕武文④竭力禦蕃⑤苦⑥心守郡⑦適值王師西討，不辭赤仄⑧頻供當事疊旌，中朝予誥。因志存乎靖亂，遂身斃于臨戎，大節不磨，芳規可式，茲特贈爾為中⑨大夫雲南布政使司右參政。錫之誥命，於戲！九原增耀，知陟降之在⑩天，百代其昌，卜貽謀之長世！

制曰：國重名臣，屹作遐方之鎮，恩加祖妣，式昭烝嘗⑪之儀，義在勸忠，教兼廣孝，爾封⑫恭人羅氏寧，乃雲南布政使司右參政木增之祖母，賢明有則，淑慎無愆，自作配乎勳臣，克光襄乎郡績，萃一門之善事，婦順母賢，啟百代之宏圖，鳳苞麟定，肆尔祥開三世，無非慶篤重閩，茲特贈尔為太淑人，尚流彤管之輝，永作泉臺之賁。

制誥

天啟五年九月□日給

之宝

仁字五百五十四號

半璽

【校勘】

① 雲南省圖本、周汝誠本和木光本寫作「因」，按：當為「因」

② 周汝誠本和木光本無「知府」二字。

③ 周汝誠本和木光本寫作「生性」。

④ 周汝誠本和木光本寫作「文武」。

⑤ 雲南省圖本寫作「番」。

⑥ 雲南省圖本無此字。

⑦ 周汝誠本和木光本寫作「心守郡國」。

⑧ 周汝誠本和木光本寫作「灰」。

⑨ 周汝誠本和木光本此處有「憲」字。

⑩ 周汝誠本和木光本無此字。

⑪ 周汝誠本和木光本寫作「丞界」，按：當國圖本正確。

⑫ 周汝誠本和木光本寫作「封爾」。

【箋證】

《木氏宦譜》（文譜）木增條載曰：「（天啟）五年，……差人赴京請給……誥命一道，……又二道贈祖父祖母、父母二代。」《木氏宦譜》（圖譜）：「天啟四年告政致事，又給誥命一道，並追封祖父母。」

【按】：木旺原授中憲大夫，為正四品，中大夫為從三品，所以加贈木青應為中大夫，當以國圖本和省圖本所載為準。另外，《木氏宦譜》（圖譜）所記載此事時間為天啟四年，與《皇明恩綸錄》和《木氏宦譜》（文譜）所記有出入。

三十四

奉天承運，皇帝制曰：朝家①倚重勳庸之後，星列遐方。乃有身託裔荒，精馳闕下，表清芬于上世，明大義于中朝，非藉崇褒，何以勸後。爾中憲大夫雲南麗江軍民府知府今加升布政使司右參政木增，冰霜②志

操，金石肝腸，艱難惟瀝寸心，慷慨親當百戰，早承先緒，屢奏邊勳，蕃達懾其威名，軍民感其德化。自憤③奴酋肆逆，幾思舉國同仇，待旦枕戈，捐資助餉，即拓疆之餘稅，總索賦以犒師。忠勤九重，榮躋三品，祗績④勞于戎務，遂釋擔于仔肩，堂構得人，林泉可適，猶切聖明之戀，不忘嫠婦之憂，叩闕陳言，傾家殫赤，琅琅大義，終始⑤不渝，如爾丕著忠勤，屈指諸司罕埒，是用加授爾為中⑥大夫，錫之誥命。於戲！匡躬節重宏昭，鳳闕新綸保障，功高永勒龍山，片石祗承休命，用作臣標。

　　制曰：勞臣干國，淑媛宜家，故朝⑦有渥恩施⑧于內閫，所以為賢助勸也。爾封恭人祿氏繄，乃雲南麗江軍民府加升布政使司右參政木增之妻，靜專為度，淑慎其儀，出自德門，嬪于名⑩守，雍雍思媚，瀚瀚而奉嫜姑，燁燁⑪光裏，脫簪珥而供國餉。爰開祥於麟趾，益丕圉乎鴻猷，茲特封爾為淑人，畀珈茀以揚芬，斃衿罄而飾⑫度。

　　制誥

　　天啟五年九月□日給

　　之宝

　　仁字伍百伍拾伍號

　　半璽

【校勘】
① 周汝誠本和木光本寫作「廷」。
② 周汝誠本和木光本寫作「雪」。
③ 雲南省圖本、周汝誠本和木光本寫作「賁」。
④ 周汝誠本和木光本寫作「積」。
⑤ 周汝誠本和木光本寫作「始終」。
⑥ 周汝誠本和木光本此處有「憲」字。
⑦ 周汝誠本和木光本此處有「廷」字。
⑧ 周汝誠本和木光本無此字。雲南省圖本無此字。

⑨ 雲南省圖本無此字。

⑩ 周汝誠本和木光本寫作「民」。

⑪ 周汝誠本和木光本寫作「煇煇」。

⑫ 周汝誠本和木光本寫作「飭」。

【箋證】

　　《木氏宦譜》（文譜）載曰：「（天啟）五年助銀一千解司，差人赴京請給仁字五百五十五號誥命一道，受封中憲大夫雲南布政使司右參政。妻祿氏為淑人。」

　　《明史》卷三百十四《志第二百二·雲南土司二》載曰：「（天啟）五年，特給增誥命，以旌其忠。雲南諸土司知詩書好禮義，以麗江木氏為首云。」

　　《明實錄·熹宗實錄》卷五八載曰：「天啟五年九月甲子，給雲南麗江軍民府知府，今加布政使司右參政職銜，致仕木增誥命，以資助餉也。」

　　天啟七年奏請奉①聖旨，羅氏撫夷訓孤，有裨風化，准建坊表揚節列，蒙欽准木增母建坊表揚。

　　木光本無此部分內容。

【校勘】

① 周汝誠本無此字。

【箋證】

　　《木氏宦譜》（文譜）木增條載曰：「（天啟）六年四月初九，望闕謝恩。又助大工隨差，奏為母節。（天啟）七年，欽准建坊表揚節列。」又《木氏宦譜》（文譜）木青條載曰：「天啟七年，奉欽追錫羅氏准建坊牌揚褒。」《木氏宦譜》（圖譜）木增條：「本年又助大功，隨差奏為母節。七年，欽准建坊，表揚節列。」

三十五

　　奉天承運，皇帝制曰：朝廷憫遠人之失牧也，疆域之內，優以命吏為吏者，多傲幸名器，無以宣布德澤，稱①旨意一隅之地，用選克勤而寵其世。尔木青乃通奉大夫（一）廣西布政使司右布政使木增之父，振

旅同仇，勤輸效悃，尔祖尔父從與享之朕，懋膺宝曆，惟德動天，無遠弗屆，順天者存，時乃天道，茲贈尔通奉大夫廣西布政使司右布政使，國章不朽，懿訓如存。

制曰：婦人同仇，壯我鍾鼓，則錄于奏風重義也。蕃宣方力，臣既寵嘉，揆厥內助，婦贊之殳，猶鼎祀典甚盛已，尔羅氏春，乃通奉大夫廣西布政使司右布政使木增之母，貞則性成，節乃天植，琴瑟則御，槁砧則分，從死存孤，幽贊尔子，茲用贈尔為夫人（二），函昭萱背之光，隴起蘭陔之色。（三）

制誥

崇禎四年□月□日給

之宝

外仁肆號

半璽

周汝誠本和木光本無此部分內容。

【校勘】

① 雲南省圖本無此字。

【箋證】

（一）通奉大夫，宋朝文散官名。宋徽宗大觀二年（1108 年）置，為文官第九階。〔註85〕到元朝時，據《元史》卷九十一《志第四十一上·百官七》所載：「通奉大夫，正議大夫，嘉議大夫，以上正三品。」明朝時，據《明史》卷七十二《志第四十八·職官一》載：「從二品，初授中奉大夫，升授通奉大夫，加授正奉大夫。」清朝廢除。

（二）夫人，命婦的封號，是中央王朝對官員的母親以及正妻的一種封號。《明會典》卷六《吏部五·文官封贈》載曰：「正、從一品，曾祖母、祖母、母各封增夫人，後稱一品夫人。正、從二品，祖母、母、妻各封增夫人。」

〔註85〕（元）脫脫等撰：《宋史》卷一百六十九《志第一百二十二·職官九》，北京：中華書局，1975 年，第 4065 頁。

（三）《木氏宦譜》（文譜）木青條載曰：「崇禎四年，以子追贈二品，給外仁字四號誥命一道，授封通奉大夫布政使職銜。正妻羅氏追贈為夫人。」又《木氏宦譜》（文譜）木增條載曰：「（崇禎）四年五月，……頒給外仁字四號誥命一道，……又二道贈祖父祖母、父母二代。」《木氏宦譜》（圖譜）木青條載曰：「以子追封給誥命，封通奉大夫布政使職銜。皇帝誥云：有賈勇率師捐軀赴義者，尤廟堂之所及予也，爾乃土官木增之父，不得於身，則得於子，而身殞則名益彰，靈爽實式承之，服此休光，賁於泉壤等語。」

【按】：《明史》卷七十二《志第四十八·職官一》曰：「凡封贈，……曾祖、祖、父皆如其子孫官。」因木增為通奉大夫廣西布政使司右布政使，因此贈木青為通奉大夫廣西布政使司右布政使。

三十六

奉天承運，皇帝制曰：朕君臨天下，不寶遠物，諸貢金文石采，槩悉報罷，庶幾投珠抵璧，惟暨遠迤之臣，罔弗同心，迪果毅以遏亂略，朕不靳殊賚。爾廣西布政使司右布政使木增，不假唐蒙之檄，輒慕卜式之風，所司以狀聞，爾益既乃心，協乃力，播告種人，悉受戎索，則惟爾功。籌邊敵愾，績已著于遐方，慕義捐輸，忠更孚于帝室，茲封爾為通奉大夫，敬哉尔身，其自受于多福。

制曰：珈副為榮，箴言無斁①流慶後人，映祥女士。尔祿氏繋乃通奉大夫廣西布政使司右布政使木增之妻，朝夕有恪，禮義罔愆，矢心貞淑，堪標閫閾儀型，勵志交儆，克相藩垣緯②績，茲封尔為夫人，於國家禮亦宜之！

制誥

崇禎四年□月□日給

之寶

外仁肆號

半璽

【校勘】

① 周汝誠本和木光本寫作「度」。按:「斀」終止、厭倦、之意,因此依照文意當從國圖本。

② 周汝誠本和木光本寫作「偉」。

【箋證】

《木氏宦譜》(文譜)載曰:「(崇禎)四年五月,奉欽升廣西布政使司右布政,頒給外仁字四號誥命一道,封通奉大夫廣西布政使司右布政。妻祿氏為夫人。」

關於木增「慕義捐輸」,在畢自嚴《度支奏議・新餉司十七》「題覆獎勵土司捐輸疏」條中詳細記載了對木增的褒獎,曰:「題為輸餉報國以勵忠孝,事專理新餉,山東清吏司案呈崇禎三年十一月十三日,奉本部送戶科,抄出四川總督朱燮元,題前事等因本年十一月十一日奉聖旨這齏解銀兩著,照數查收,木增捐助輸忠,應予獎勵,即著酌議具覆該部,知道,欽此,欽遵,抄出到部,送司查木增所捐餉銀五千兩,已於十二月十九日據目把、和國祥等押解到部,照數查收訖。所有應予獎勵,相應議覆案呈到部,該臣等看得捐資報國,乃臣子之忠誼,而柔遠能邇,實朝廷之激勸,故未有上好仁而下不好義者也,如雲南麗江府致仕知府木增殫力輸忠,竭資報國,迥出尋常,世味之外始焉,助遼餉助大工不下萬金,業經題加參政職銜,以昭其好義之心矣。茲者本官感激殊恩,捐糜益切,比歲黔中用兵,業已助餉七千,逮聞奴虜之跳樑,願效涓埃之輸助,搜括家資變賣產蓄,湊銀五千,解佐遼餉,一腔忠赤,到老不諭誠足焉,西南土司風者相應如督臣所議,量加二品布政職銜以酬忠順,再賜褒封誥命,以勵諸夷將,遐荒絕域,爭輸愛國之忱,而奕世子孫永效忠君之義矣,此出皇上鼓舞。鴻恩非臣等所敢擅專者也,既經督臣具題,前來相應復請,恭候命下臣部移文,各該衙門一體遵奉施行。崇禎四年二月十五日,具題本月二十四日奉聖旨,木增屢勤輸助,忠順可嘉,依議加布政職銜並賜封誥,以示風勵,欽此!」

三十七

奉天承運,皇帝制曰:禹載黑水周盟,髦濮羈縻,勿絕通于上國,爾木旺乃通奉大夫廣西布政使司右布政木增之祖父。高皇帝以爾始

祖木初功事，令衛西南障蕃虜，及于尔躬罔不心在王室，尔孫增職思其外，勉追美於前人，茲贈尔通奉大夫廣西布政使司右布政使，積善有後，頒紫誥之，軸輝彩雲之鄉，足以慰矣！

制曰：彤管錄賢，光天之下女貞，萬里肆當酬功追敘，以勤其孫，尔羅氏寧乃通政大夫廣西布政使司右布政使木增之祖母，壺儀有則，饋事無遺，震戎勵于遠方，巺申光其幽隧①門戶之功，有足紀者，茲贈尔為夫人，尔其歆此明命哉！

制誥

崇禎四年□月□日給

之宝

外仁伍號

半璽

周汝誠本和木光本無此部分內容。

【校勘】

① 雲南省圖本寫作「遂」。

【箋證】

《木氏宦譜》（文譜）木旺條載曰：「崇禎四年，以孫追贈二品，給外仁字五號誥命一道，授封通奉大夫布政使職銜。正妻羅氏追贈夫人。」又《木氏宦譜》（文譜）木增條載曰：「（崇禎）四年五月，……誥命一道，……又二道贈祖父祖母、父母二代。」

三十八

皇帝敕諭雲南麗江軍民府土官知府木懿(一)，爾輸助急公捍圍著績，世效忠順，尊事朝廷，茲遣人以馬疋方物來貢，忱悃可嘉，使回特賜尔及妻綵幣表裏，用答勤誠，爾宜益堅①臣節，圖報國恩，庶永享太平之福，故諭。(二)

回賜雲南麗江軍民府土官知府木懿，紵絲暗骨朵雲大紅壹疋，紵絲暗骨朵雲鶯哥綠壹疋，紵絲暗骨朵雲翠藍壹疋，紵絲紗暗骨朵雲大紅壹疋，銀絲紗暗骨朵雲青壹疋，銀絲紗暗骨朵雲鶯哥綠壹疋，青素線羅壹疋，官綠素線羅壹疋，闊生絹肆疋。木懿妻祿氏瑞（三），紵絲暗陸廂肆季花大紅壹疋，紵絲暗陸廂肆季花鶯哥綠壹疋，青素線羅壹疋，官綠素線羅壹疋。

廣運

崇禎十二年正月二十六日給

之寶

周汝誠本和木光本無此部分內容。

【校勘】

① 雲南省圖本無此字。按：當從國圖本。

【箋證】

（一）木懿，生於萬曆戊申年（1608年）五月望日，於康熙壬申年（1692年）正月晦日賓天。〔註86〕《木氏宦譜》（文譜）載曰：「知府阿寺阿春，官諱木懿，字崑崙，號臺美，增之嫡長，繼父職。公自幼穎異，愛敬渾全，夙具膽識，父增甚珍愛之。天啟四年，父靜攝芝山，公於是年保勘承襲。每雞鳴，必先櫛沐侍門問安，次請裁決幾務，然後退食，見諸行事。……崇禎十年，謹備馬匹方物，循例差人赴京進貢請典。時滇葉阿永年以爭職啟釁，仇殺棼如。公奉兩院檄，星駕親征。永年披靡授首，平復，敘功，奉旨將浪葉並屬麗郡。……崇禎十六年，蒙巡撫吳兆元具題歷來忠順，不侵不詐，緣由奉吏部覆雲南都察院會題，奉聖旨准木增太僕寺正卿晉階，木懿准承繼右布政使司職銜，以為邊疆土司倡義。……順治十七年十一月二十九日，奉吏部頒給劄付一道，麗江府印一顆。……仍襲土知府之職，管領原管地方，復為本朝麗郡開創之祖。」《木氏宦譜》（圖譜）所載與文譜相同，但簡於文譜。《木氏歷代宗譜碑》載曰：「三十四世祖阿寺阿春，諱木懿，字崑崙，襲父職。崇禎十年差人進貢，

〔註86〕張永康，彭曉主編，雲南省博物館供稿：《木氏宦譜》，昆明：雲南美術出版社，2001年，第55頁。

授中憲大夫、雲南布政使司右參政職銜。大清順治十六年大師臨滇，殄除流寇，公爭先投誠，鳴訴，欽賜劄付一道，府印一顆，仍襲知府之職，二品。」

《麗江土通判木瓊承襲清冊》載曰：「萬曆三十四年，木增隨請告老，保勘嫡男十四世祖木懿承襲。順治十六年，木懿病故，將元朝所賜三品銀印一顆、明朝所賜鎮邊金印一顆，俱以繳訖。旋蒙具題，於順治十七年十一月二十九日，奉吏部頒發劄付一道、麗江土知府印一顆，當即祇領任事。」

乾隆《麗江府志略·人物略·忠孝》載曰：「木懿，襲土知府。康熙癸丑年，吳三桂將叛，計由中甸，外結蒙番，西連川陝，道必出麗江，調懿至省，煽誘脅迫，授以偽帥，堅志不從，羈省城七年釋歸。辛酉，大師復滇，遣其孫堯，首先投誠，隨師效力，定遠平寇大將軍貝子章泰雲、雲貴總督趙良棟，具題優獎。」

《嘉慶重修一統志》卷四百八十五《麗江府》所載與之相同。毛奇齡《蠻司合志》卷一〇《雲南三》亦載有木懿事蹟，與其他文獻所載無異。

（二）《木氏宦譜》（文譜）載曰：「崇禎十二年，頒給仁字十六號誥命一道，授封中憲大夫雲南布政使司右參政職銜，照例頒賜紵絲表裏鈔錠，隨加封父木增轉四川左布政司職銜，敕諭：『益篤忠貞』四字，著於省城建坊，後因捐坊工用，急充京餉。」《木氏宦譜》（圖譜）所載相同。

（三）木懿妻祿氏瑞，《木氏宦譜》（文譜）載曰：「繼室祿氏瑞，亦係武定府世宦女，誥封二品淑人。生二子。」

【按】：祿氏瑞是木懿的繼妻，木懿的正妻是祿氏琯。《木氏宦譜》（文譜）載：「正妻祿氏琯，係武定府世宦之女，追封二品淑人。生二子，長木靖，繼父職。」《木氏宦譜》（圖譜）載木懿的正妻是祿氏琯生四子。《木氏歷代宗譜碑》僅記載了木懿正妻祿氏琯，曰：「淑人生：靖、柚、柟、樸。」

【按】：《木氏宦譜》（文譜）所記載柟、樸是木懿繼妻祿氏瑞所生。

三十九

奉天承運，皇帝制曰：朕惟報國曰功永欽延賞之典，懷遠以德韋彰用勤之休睠，彼世臣綏於南服。爾雲南布政使司右參政仍管麗江軍民府事木懿，職兼文武，世效勤勞，佐餉輸急公之誠，斬馘奮捐軀之勇，無

忝乃祖乃父，審克于蕃，于宣是用，授尔階中大夫，錫之誥命，於戲！國恩不可隳汝益底遠圖，永稱喬木，欽哉！

制曰：遠臣心在王室，疏恩榮及尔家一命用申萬里胥被。爾雲南布政使司右參政仍管麗江軍民府事木懿妻祿氏琯，有相之道，迪吉於閨，嘉彼臣貞之永綏，知汝婦功之合，助哲嗣克紹景行猶輝，是用贈尔為淑人，追加異數，深慰遐靈。

制曰：內言不出於閨門，功載於昭于南土人稱榮，遒國有工彝。尔雲南布政使司右參政仍管麗江軍民府事木懿繼妻祿氏瑞，德叶前徽，勤同故織，劻勷孜孜夜徼，顧復煦煦春溫，殊典有加，恩華並沃，是用封尔為淑人，玉躞方昭，金沙同永。

制誥

崇禎十二年□月□日給

之寶

外仁肆號

半璽

周汝誠本和木光本無此部分內容。

【箋證】

祿氏琯，《木氏宦譜》（文譜）載：「正妻祿氏琯，係武定府世宦之女，追封二品淑人。生二子，長木靖，繼父職。」

四十

敕加升四川等處承宣布政使司左布政使職銜①致仕木增，邇者中外軍興，度支煩費，惟爾情殷報國，誼切急公，屢輸多金，用資援剿，朕甚嘉悅，特頒敕獎諭，仍許于省城自建坊表，以示朝廷優禮至意，尔其膺茲新命，益篤忠貞，為諸土司風，欽哉，故敕！

廣運

崇禎十三年八月初三日給

之寶

隨奉欽賜木增，花幣、羊酒部文到司，蒙本司差官導送祗領訖。

周汝誠本和木光本無此部分內容。

【校勘】

① 周汝誠本和木光本寫作「衛」。

【箋證】

《木氏宦譜》（文譜）木增條載曰：「崇禎十三年八月，蒙欽升四川布政使司左布政，敕諭一道，著於省城建坊，以風勵諸省工司，隨奉欽賜花幣羊酒，部文到司，差官導送祗領訖。」《木氏宦譜》（圖譜）木增條所載相同，略簡於文譜本。又《木氏宦譜》（文譜）木懿條載曰：「崇禎十二年，……隨加封父木增轉四川左布政司職銜，敕諭：『益篤忠貞』四字，著於省城建坊，後因捐坊工用，急充京餉。」

崇禎十七年，捐坊工資急克京餉，恭遇南都①立極，蒙欽准木增四川左布政使加太僕寺卿，仍着建坊，照會移行。

周汝誠本和木光本無此部分內容。

【校勘】

① 雲南省圖本寫作「京」。

【箋證】

《木氏宦譜》（文譜）木增條載曰：「（崇禎）十七年，捐坊工用急充京餉在南都，蒙欽加太僕寺正卿。」又《木氏宦譜》（文譜）木懿條載曰：「崇禎十六年，蒙巡撫吳兆元具題歷來忠順，不侵不詐，緣由奉吏部覆雲南都察院會題，奉聖旨准木增太僕寺正卿晉階，……崇禎十七年，木增復蒙欽升左布政使司職銜，晉太僕寺卿，位列九卿四字坊。」

弘光元年奉欽差調慕滇兵，御史陳藎（一）以舉族輸餉差官賚，木增及子金花蟒段，且①題隆武二年四月，吏部覆雲南撫按，題奉聖旨准木

增晉階，木懿准加四川右布政使，以為邊遠土司，倡義急公者，勸該部即給劄文與宗臣壽鉢，差官賚去回奏，欽遵到部，照會移行本司，尋御史陳疏，蒙欽依木氏父子孫舉族優加秩蔭部文移司。（二）

周汝誠本和木光本無此部分內容。

【校勘】

① 雲南省圖本寫作「具」。

【箋證】

（一）陳薑，又名陳贗，大名魏縣（在今河北省境內）。明崇禎辛未（1631年）進士，歷官臺端，性傲慢，兵事非其所擅長。曾任南明弘光朝御史。弘光元年（1645年），巡按雲南，募兵土、漢各半共五六千人入衛。陳薑聽聞南京陷落，留連黔、楚之間。隆武二年（1646年），奉隆武帝命赴福建，乃率部出湖南，何騰蛟欲留其協守長沙，陳薑傲岸，與何騰蛟意見相左，東去。路過江西吉安，萬元吉留之守吉安。不久清兵大舉攻打吉安，元吉、陳薑以言語相觸忤，陳薑引兵退守南安。吉、贛陷落，元吉死之。陳薑零落失意，率諸軍居郴、韶之間，憂愁而死。〔註87〕

（二）《木氏宦譜》（文譜）木增條載曰：「弘光元年，本府令領兵攻捕滇葉頑逆，平服。本年，奉欽差調募滇兵御使陳為解餉事，差官賚金花蟒緞，具題祗領訖。隆武二年四月，吏部覆疏奉聖旨准太僕寺正卿晉階，尋蒙闔族優加，移司炤會。」

〔註87〕王夫之著：《永曆實錄》卷八《焦胡列傳·趙印選王永祚附》，長沙：嶽麓書社，1982年，第83~84頁。

附錄一：《皇明恩綸錄》編年以及與《木氏宦譜》之比較

洪武十五年

《皇明恩綸錄》：「皇帝聖旨，朕荷上天眷顧，海嶽效靈，祖宗積德，自即位以來，十有五載，寰宇全歸于版圖，西南諸夷，為雲南梁王所惑。恃其險遠，弗遵聲教，特命征南將軍潁川侯傅友德、副將軍永昌侯藍玉、西平侯沐英等，率甲士叄拾萬，馬步並進，罪彼不庭，大軍既臨渠魁以護，爾麗江土官阿得，率眾先歸，為夷風望。足見擴誠。且朕念前遣使奉表，智識可嘉，今命爾木姓，從聽總兵官傅擬授職，建功於茲有光，永永勿忘，慎之慎之。敕命 洪武十五年月□日給 之宝」。

《木氏宦譜》（文譜）：「大明洪武十五年，天兵南下，克復大理等處。得率眾首先歸附，總兵官征南將軍太子太師潁國公傅友德等處奏聞，欽賜以木姓。移行總兵潁國公傅，擬授職。」

《木氏宦譜》（圖譜）：「大明洪武十五年，率眾歸順，蒙征南將軍奏聞，蒙賜木姓。」

【按】：三部文獻均記載木得因率眾歸順明王朝而受封賞，賜木姓。《皇明恩綸錄》記載最為詳細。

洪武十六年

《皇明恩綸錄》：「皇帝制諭雲南等處，承宣布政使司麗江府土官知府木得，尔從征南將軍傅等，克佛光寨，攻北勝及石門鐵橋等處奏功，授尔

子孫世襲土官知府，永令防固石門，鎮御蕃韃。今特賜爾鈒花金帶，鐫「誠心報國」一束，衣冠全套，令字銀牌重式拾兩一面，元寶六錠，重六十兩，除金花鈔貫綵段表裏等項，於進貢回賜敕一道：內開載成例，祗枚進階錫命，封為中順大夫，以示褒榮。尔尚推廣皇仁，蕃遠俱沾王化，共慶衣冠，永享太平之福，咸使播聞，欽哉！　　制誥　洪武十六年□月□日給　之宝」。

　　《木氏宦譜》（文譜）：「十六年，奉總兵穎國公劄付，擬本府知府，開設麗江府。本年二月，從征南將軍克佛光寨，元右丞普顏篤自焚。三月，西番大酋卜劫將領賊眾，侵佔本府白浪滄地面。令長男阿初攻退。又本年八月，隨攻北勝府，擒高大惠之裔土酋偽平章高生，尋為夷殺獻，後改州，肆又領兵跟隨總兵穎國公，會同董指揮攻破石門關、鐵橋城等處有功事奏聞。本年九月，赴京進貢朝覲，泰始嘉其偉績，授誥命一道，任本府世襲土官知府職事中順大夫，防固石門鎮御番韃，並賜金花鈔貫綵段表裏衣冠，給金花帶一束，鐫肆字曰：誠心報國。元寶陸錠，令字銀牌，重二十兩。」

　　《木氏宦譜》（圖譜）：「後隨總兵官、征南將軍、太子太師穎國公傅友德克佛光寨，元右丞普顏篤自焚。又西蕃大酋卜刮將領賊眾，侵佔北瀾滄地面，令長男阿初攻退訖。隨攻北勝府擒高大惠之裔，土酋偽平章高生尋為夷殺獻，後改州四，又領兵跟隨傅國公攻破石門關、鐵鎖城等處有功，朝覲太祖，嘉其偉績，授誥命一道，升改世襲土官知府職事，中順大夫，防固石門，鎮御吐蕃，錫匾額四字云「誠心報國」。

　　【按】：三部文獻均記載了木得因軍功受賞，《皇明恩綸錄》記載受賞物品詳細，而《木氏宦譜》記載戰鬥成果稍詳，可互相參閱。

未載時間

　　《皇明恩綸錄》：「進貢方物，隨蒙成例，回頒敕一道：賜木得，金花一對，宝鈔六百錠，紵絲叁疋，紗叁疋，羅式疋，絹肆疋。木得妻阿社，紵絲貳疋，羅式疋。」

　　《木氏宦譜》（文譜）和（圖譜）均載：「正妻阿室社，係照磨所三必村和略哥女，誥封恭人。」

　　【按】：《皇明恩綸錄》此處並未記載時間，《木氏宦譜》也沒有相應的內容。但從記載的內容上可以看出是順接上面的聖旨。

洪武二十五年二月十三

《皇明恩綸錄》：「奉天承運，皇帝制曰：朕立極成統，粵遵歷代帝王之典，以建官樹職，命階錫爵。爾雲南麗江世襲土官知府木初，恭順崇厚，智哲超俊，累奏多功，奉命宣化，能用夏以變夷，攄誠報國，克施威而布德，殫忠懷夷，茲特封爾為中順大夫，尚無忝於前人，以永貽于後嗣。欽哉！ 制諧 洪武二十五年二月十三日給 之宝 甲字六百九十七號 半璽」。

《木氏宦譜》（文譜）：「二十四年，隨奉右軍都督府定字五百四號勘合欽依承襲。五月十八日上任，繼父職。本年十一月，赴京進貢，請諧。二十五年二月，給授甲字六百九十七號諧命一道授中順大夫，世襲土官知府，蒙欽賞賜回還。」

《木氏宦譜》（圖譜）：「於二十四年承襲父職。本年赴京朝覲，欽賜諧命一道，授中順大夫，世襲土官知府。」

【按】：此道諧命是因木初襲職而頒發。《皇明恩綸錄》此道諧命所記載時間為洪武二十五年二月十三日。《木氏宦譜》（文譜）在時間記載上更具體，從木初承襲日期，上任時間，赴京進貢時間都記載了。《皇明恩綸錄》和《木氏宦譜》（文譜）都寫的是洪武二十五年頒發諧命。《木氏宦譜》（圖譜）載木初二十四年進京朝覲，欽賜諧命一道，恐記載過於簡略致誤。

未載時間

《皇明恩綸錄》：「進貢方物，請給諧命，隨蒙照例，回頒敕一道：賜木初，宝鈔六百錠，紵絲叁疋，紗叁疋，羅貳疋，絹四疋。木初妻阿撒，紵絲貳疋，羅貳疋。」

【按】：《皇明恩綸錄》此處並未記載時間，《木氏宦譜》也沒有相應的內容。但可以看出是順接上面的聖旨。

洪武三十年十一月

《皇明恩綸錄》：「皇帝敕諭雲南等處承宣布政使司麗江府世襲土官知府木初，爾雲南去京萬里，麗江由荒遠僻，西域諸夷必置重藩。爾木初世守，為諸夷誠信，今准廷議，從頒麗江軍民府知府印一顆，子孫世襲，裨揚塘、鎮道，節制蕃夷往來禮接之際，機便從宜擯相體統行事，以彰國威，防奸禦侮，機無暇怠，能此榮及前人，福延後嗣，而身家永昌矣！勿怠爾志，怙恃

不悛，所為非典，國有常法，故諭，敬之，勿忘，欽哉！　敕命　洪武三十年十一月日給　之寶　信字九號　半璽」。

《木氏宦譜》（文譜）：「又本年〔註1〕十一月，改置麗江軍民府，頒給印信，以字八十七號一顆，擬議敕命裨楊塘、鎮道，節制西番，禮際機便，從宜攢相體統行事，以彰國威。」

《木氏宦譜》（圖譜）：「隨改置麗江軍民府，頒給印信一顆，擬議敕命裨揚塘節制西番，禮祭機變從宜，攢相體統行事，以彰國威。

【按】：此道誥命是因木初守護疆土有功而頒發。《皇明恩綸錄》和《木氏宦譜》（文譜）所記載此道誥命時間為洪武三十年十一月。《木氏宦譜》（圖譜）沒有記載時間。

洪武三十五年

《皇明恩綸錄》：「洪武三十五年，具方物進貢朝賀，隨蒙成例，回頒敕一道：賜木初，寶鈔六百錠，紵絲叁疋，紗叁疋，羅弍疋，絹四疋。木初妻阿撒，紵絲弍疋，羅弍疋。」

《木氏宦譜》（文譜）：「三十五年，令長男阿土赴京進貢朝賀，蒙欽賜鈔錠表裏回還。」

《木氏宦譜》（圖譜）：「即令長男阿土赴京朝賀，蒙欽賜甚厚。」

【按】：此道誥命主要是記載進京朝賀後所得的賞賜。《皇明恩綸錄》此道誥命所記載時間為洪武三十五年，與《木氏宦譜》（文譜）所載時間一致。《皇明恩綸錄》僅說赴京進貢、朝賀，未提具體是誰進京。《木氏宦譜》（文譜）提到是木初的長男阿土進京朝賀。《木氏宦譜》（圖譜）沒有記載時間。

永樂三年

《皇明恩綸錄》：「永樂三年，具方物進貢，隨蒙成例，回頒敕一道：賜木初，寶鈔六百錠，紵絲叁疋，紗叁疋，羅弍疋，絹肆疋。木初妻阿撒，紵絲弍疋，羅弍疋。」

《木氏宦譜》（文譜）：「三年四月，令弟阿寺隨欽差內監楊麟等，領所招來西番，赴京朝貢。又當年十月，自備馬匹方物，率領所屬，赴京朝貢，欽賜鈔錠表裏回還。」

〔註1〕洪武三十年。

【按】：《木氏宦譜》（文譜）記載了兩次進京朝賀，具載年月，赴京進貢的人物，更為詳細。《皇明恩綸錄》此道誥命僅記載年份，不知為誰進京朝賀，哪次進京朝賀。而《木氏宦譜》（圖譜）沒有相關記載。

永樂五年三月

《皇明恩綸錄》：「奉天承運，皇帝制曰：朕恭承天序，統治四海，天下猶一家，施恩酬典，無間內外。爾雲南麗江軍民府世襲知府木初，能以撫輯西陲，開設巨津等處，敷功奏聞，錫爾金牌一面，進階升授，封爾為中憲大夫，懋膺嘉命，永世其承，欽哉！　　制誥　永樂五年三月□日給　　之宝　　甲字八百九號　　半璽　　金牌重式拾兩　　義字七十六號　　半璽」。

《木氏宦譜》（文譜）：「（永樂）四年五月，奉總兵官西乎侯沐惠襄公明文，同錦衣衛鎮撫司指揮使朱程往西番地面，開設楊塘、鎮道二處安撫司，刺何場長官司，你那長官司，催令夷番赴京朝貢，奏聞蒙賜督鎮敕書一道，並敘巨津、臨西、毛牛寨、寶山州、蘭州、浪滄江等處功事，欽賜金牌一面，銘曰：誠心報國。永樂五年，義字七十六號，並蒙給甲字八百九號誥命一道，升授中憲大夫世襲土官知府。」

《木氏宦譜》（圖譜）：「永樂四年賜督鎮敕書一道。敘巨津、臨西等處功，升授中憲大夫。」

【按】：《木氏宦譜》（文譜）敘述更為詳細，具體事件、人物、時間都有記載。《皇明恩綸錄》記載的時間稍微具體一些。《木氏宦譜》（圖譜）的記載最簡單。從文獻可以看出木初治理所轄地並開設新的地方而進階升授。

永樂八年

《皇明恩綸錄》中沒有這條記載。

《木氏宦譜》（文譜）：「八年五月，親詣寶山州白的元、始瓦等寨，招諭頭目阿容目名下認納差發，當年作數隨差人進貢，給四面敕表裏。」

【按】：《木氏宦譜》（圖譜）也沒有記載。這是木初派人去進貢並有回賜。

永樂十年六月

《皇明恩綸錄》：「奉天承運，皇帝制曰：人臣膺爵，考諸封典，亦必推其本源，雲南麗江軍民府世襲知府木初，父木得，率土順天，累績勤王，分茅錫

姓，原授中順大夫，今特追贈中憲大夫，勳封一級，尔其有知，服斯恩命！　制誥　永樂十年六月□日給　之宝　甲字九百九十七號　半璽」。

《木氏宦譜》（文譜）：「十年四月，自備馬匹方物，令舍人阿他等赴京進貢，欽蒙給賜甲字九百九十七號誥命一道，賜父阿得中憲大夫。」

【按】：此處是追贈木初父親木得的誥命，《皇明恩綸錄》與《木氏宦譜》（文譜）所記載一致。《木氏宦譜》（文譜）記載了木初令舍人阿他赴京朝貢，《皇明恩綸錄》未提誰進京。《木氏宦譜》（圖譜）沒有記載。

永樂十年六月

《皇明恩綸錄》：「奉天承運，皇帝制曰：婦人從夫而貴，依子而榮，國家之制，以明推恩，錫封必及雲南麗江軍民府世襲知府木初，母阿社，原授中順大夫木得之妻，善相坤道，嘉慶母儀，今特追贈為恭人，尔有知靈，服斯榮光！　制誥　永樂十年六月□日給　之宝　甲字九百九十八號　半璽」。

《木氏宦譜》（文譜）：「甲字九百九十八號誥命一道，封母阿氏社為太恭人。」

【按】：此處是追封木初的母親阿社的誥命，《皇明恩綸錄》與《木氏宦譜》（文譜）所記載一致。《木氏宦譜》（圖譜）沒有記載。

永樂十年六月

《皇明恩綸錄》：「奉天承運，皇帝制曰：婦人從夫而貴，此國家明制，封典廣推，以及其配，雲南麗江軍民府世襲知府中憲大夫木初，妻阿撒，素秉溫良，善相勤內，封為恭人，服斯嘉命，尚且尔室，益修敦道，永惟多福。　制誥　永樂十年六月□日給　之宝　甲字九百九十九號　半璽」。

《木氏宦譜》（文譜）：「甲字九百九十九號誥命一道，正妻阿撒封為恭人，賷回到府望闕謝恩訖。」

【按】：此處是封木初妻阿撒的誥命，《皇明恩綸錄》與《木氏宦譜》（文譜）所記載一致。《木氏宦譜》（圖譜）沒有記載。

永樂十年九月

《皇明恩綸錄》：「奉天承運，皇帝制曰：聖人之治天下，必資文武以安攘，懋官錫命，效古之大典也。尔雲南麗江軍民府世襲知府中憲大夫木

初，歷任有年，累奏敷功，朕甚嘉之。及敍酌勸，特賜尔「誠心報國」金帶一束，再命褒榮，進尔勳階，升授散官一級，尚宜愈操晚志，啟後多吉，欽哉勉之！　　制誥　　永樂十年九月□日給　　之宝　　乙字一百十九號　　半璽」。

　　《木氏宦譜》（文譜）：「因隨西平侯惠襄公春進景東、永寧、滇纂等處，隨何瞿二都督征討四川鹽井衛叛臣剌馬仁祖、賈哈喇，攻破革石、阿惱瓦寨，擒獲本叛有功，奏聞，給乙字一百十九號重錫誥命一道，聖旨升尔散官一級，賜尔「誠心報國」金帶一條，其餘功賞俱在應襲等冊內。」

　　【按】：此處木初因軍功受封贈，《皇明恩綸錄》與《木氏宦譜》（文譜）所記載一致。《木氏宦譜》（文譜）所載的征討事件詳細，《木氏宦譜》（圖譜）沒有記載。

未載時間

　　《皇明恩綸錄》：「進貢方物，請給誥命，隨蒙照例，回頒敕一道：賜木初宝鈔六百錠，紵絲叁疋，紗叁疋，羅弍疋，絹四疋。木初妻阿撒，紵絲弍疋，羅弍疋。」

　　【按】：《皇明恩綸錄》此處並未記載時間，《木氏宦譜》也沒有相應的內容。但可以看出是順接上面的聖旨。

永樂十七年

　　《皇明恩綸錄》：「永樂十七年，具方物進貢，隨蒙照例，回頒敕一道：賜木土宝鈔六百錠，紵絲叁疋，紗叁疋，羅弍疋，絹肆疋。木土妻阿護，紵絲弍疋，羅弍疋。」

　　《木氏宦譜》（文譜）：「永樂十七年，自備馬匹方物赴京進貢，前到行在吏部。本年十月，蒙本部官引奏，欽准替職，賞錫鈔錠綵緞表裏，領到吏部文字五千七百八號文憑一道。」

　　《木氏宦譜》（圖譜）：「永樂十七年，自備馬匹方物，隨例進貢，蒙欽准替職，賜鈔錠綵緞表裏及文憑一道。」

　　【按】：此處是木土進京朝貢後所得的賞賜，《皇明恩綸錄》與《木氏宦譜》（文譜）以及（圖譜）所記載一致。《木氏宦譜》（文譜）提到是吏部文字五千七百八號文憑，《皇明恩綸錄》沒提是哪一道。

永樂十九年

《皇明恩綸錄》:「皇帝敕諭雲南等處承宣布政使司麗江軍民府世襲知府木土,因以勘擬要轄輿情,准從廷議,請命免爾部夷,徵調照國朝,安插邊要重鎮,事例許令聽宣,不令聽調,無得擅離信地,惟尔謹守,故敕! 敕命 永樂十九年正月□日給 之宝」。

《木氏宦譜》(文譜):「十八年正月任,十九年為議處輿情,蒙欽頒敕一道,令宣不令調。」

【按】:此道敕命是讓木土繼續守衛麗江,聽明王朝命令。《皇明恩綸錄》和《木氏宦譜》(文譜)都有記載。《木氏宦譜》(圖譜)記載簡略,沒有這條記載。

永樂二十一年

《皇明恩綸錄》:「奉天承運,皇帝制曰:國家命官,於文武之有勞績者,必錫封爵,以光其寵,朝庭之盛典也。尔雲南麗江軍民府世襲知府木土,克紹先猷,綏懷遠夷,能以殫忠,寧輯邊宇,今特封尔為中順大夫。惟敬是心,惟忠是懷,以永光譽,欽哉! 制誥 永樂二十一年□月□日給 之宝 丙字一百十五號 半璽」。

《木氏宦譜》(文譜):「二十一年,令舍人木彌、把事楊仲禮等赴京進貢請誥,蒙給賜丙字一百十五號誥命一道,特封為中順大夫世襲知府,丙字一百十六號誥命一道。」

《木氏宦譜》(圖譜):「蒙誥命特封為中順大夫世襲知府。」

【按】:《皇明恩綸錄》和《木氏宦譜》(文譜)記載一致,都是表彰木土的功績,加封中順大夫。《木氏宦譜》(文譜)中詳細記載了是木土令舍人木彌、把事楊仲禮等赴京進貢。《木氏宦譜》(圖譜)記載過於簡略,未載此事。

永樂二十一年

《皇明恩綸錄》:「奉天承運,皇帝制曰:朝庭推恩臣下,必及其配,以厚人倫之本也。雲南麗江軍民府世襲知府中順大夫木土,妻阿護,相夫嫻雅,宜家敦厚,封尔為恭人,祇服嘉命,益修婦順,以貽于後,亦將氷闈永光,欽哉! 制誥 永樂二十一年□月□日給 之寶 丙字一百十六號 半璽」。

《木氏宦譜》（文譜）：「丙字一百十六號誥命一道。正妻阿獲封為恭人。」

【按】：《皇明恩綸錄》和《木氏宦譜》（文譜）記載一致，都是封賞木土妻子。《木氏宦譜》（圖譜）沒有記載。

未載時間

《皇明恩綸錄》：「進貢方物，請給誥命，隨蒙照例，回頒敕一道：賜木土，宝鈔六百錠，紵絲叁疋，紗叁疋，羅弍疋，絹肆疋。木土妻阿護，紵絲弍疋，羅弍疋。」

【按】：《皇明恩綸錄》此處並未記載時間，《木氏宦譜》也沒有相應的內容。從內容上看應是順接上面的聖旨。

正統五年

《皇明恩綸錄》：「正統五年，總制兵部尚書王驥，奏聞有功蒙，欽准。賜木森，綵段四疋，絹四疋。」

《木氏宦譜》（文譜）：「五年五月，征進麓川奇功事，總制尚書靖遠侯王忠毅公驥奏聞，欽蒙給錫綵緞四表裏。」

【按】：《皇明恩綸錄》和《木氏宦譜》（文譜）記載一致，都是因軍功封賞木森。《木氏宦譜》（圖譜）記載簡略，大致內容差不多。

正統五年

《皇明恩綸錄》：「奉天承運，皇帝制曰：國家報功之制，待有勞勛者，必錫命封爵，亦及推其本源也。升授勳階，太中大夫資治少尹雲南布政使司左參政木森，祖父木初，原授中憲大夫，升散官一級，生存忠孝，智勇勤勞，著功業以垂世，仁義敦隆，積德澤以慶襲，今特追贈，封為太中大夫雲南布政使司左參政，陰爽有靈，服茲寵命，幽顯同光。　制誥　正統五年□月□日給　之宝　戊字七百六十七號　半璽」。

《木氏宦譜》（文譜）木初條載：「正統五年，以孫追封，給戊字七百六十七號誥命一道，贈太中大夫參政職銜」。

【按】：《皇明恩綸錄》和《木氏宦譜》（文譜）記載一致，是追贈木初。《木氏宦譜》（圖譜）僅載「贈封二代」。

正統五年

　　《皇明恩綸錄》:「奉天承運，皇帝制曰：國家報功之制，必錫命封爵，亦推其本源也。升授勳階，太中大夫資治少尹雲南布政使司左參政木森，祖母恭人阿撒，今特追贈，封為淑人，靈爽有知，服斯榮命！　制誥　正統五年□月□日給　之宝　戊字七百六十八號　半璽」。

　　《木氏宦譜》（文譜）木初條載：「戊字七百六十八號誥命一道，贈封正妻阿氏撒為淑人。」

　　【按】:《皇明恩綸錄》和《木氏宦譜》（文譜）記載一致，是追贈木初妻。《木氏宦譜》（圖譜）僅載「贈封二代」。

正統五年

　　《皇明恩綸錄》:「奉天承運，皇帝制曰：國家報功之制，待有勞勣者，必錫命封爵，稽古醑典，亦及推其本源也。升授勳級，太中大夫資治少尹雲南布政使司左參政木森，父木土，原授中順大夫，生存忠孝，智勇勤勞，著功業以垂世，仁義敦隆，積德澤以慶緒，今特追贈，封為太中大夫雲南布政使司左參政，靈爽有知，服茲寵命，幽顯榮光！　制誥　正統五年□月□日給　之宝　戊字七百六十九號　半璽」。

　　《木氏宦譜》（文譜）木土條載：「正統五年，以子追封給戊字七百六十九號誥命一道」。

　　【按】:《皇明恩綸錄》和《木氏宦譜》（文譜）記載一致，是追贈木土。《木氏宦譜》（圖譜）僅載「贈封二代」。

正統五年

　　《皇明恩綸錄》:「奉天承運，皇帝制曰：國家報功之制，必錫命封爵，亦推其本源也。升授勳級，太中大夫雲南布政使司左參政木森，母恭人阿護，今特追贈，封為淑人，靈爽有知，服斯榮命！　制誥　正統五年□月□日給　之宝戊字七百七十號　半璽」。

　　《木氏宦譜》（文譜）木土條載：「正妻高氏獲，贈封淑人。」

　　【按】:《皇明恩綸錄》和《木氏宦譜》（文譜）記載一致，是追贈木初妻。《木氏宦譜》（圖譜）僅載「贈封二代」。

正統五年

《皇明恩綸錄》：「奉天承運，皇帝制曰：國家報功之制，待有勞勣者，必錫命封爵以酬之，乃稽古成法也。爾雲南麗江軍民府世襲知府木森，襲繼先賢，夙志懷忠遠，而麓川烽警，募兵勤旅，不避其鋒，親敵於後，功升勳級，雲南布政使司左參政職事，封爾為太中大夫資治少尹，寵渥優隆，貞誠篤厚，謨烈光前，貽謀裕後，錫茲誥命，越格榮光。惟爾風勵諸司，敬之欽哉！　制誥　正統五年□月□日給　之宝　戊字七百七十一號　半璽」。

《木氏宦譜》（文譜）：「本年九月，自備馬匹方物，差人赴京進貢請給誥命，欽蒙給授戊字七百七十一號誥命一道，並行在吏部勘合，功升勳級，授太中大夫資治少尹雲南布政使司參政職事。贈封二代，於省上任訖還，公座尚存本司。」

《木氏宦譜》（圖譜）：「復蒙誥命一道，給授太中大夫、資治少尹、雲南布政使司參政職事，贈封二代。予省上任訖。」

【按】：《皇明恩綸錄》和《木氏宦譜》（文譜）、（圖譜）記載一致，都是因軍功對木森的封賞，同時贈封二代。

正統五年

《皇明恩綸錄》：「奉天承運，皇帝制曰：國家報功之制，不惟貴極於其夫，亦必榮極於其配，蓋廣推人倫也。爾太中大夫資治少尹雲南布政使司左參政木森，妻阿氏里，內修婦德，恭懿敦和，封爾為淑人，祗服斯命，欽此。褒榮貽厥光後，茲閫永芳！　制誥　正統五年□月□日給　之宝　戊字七百七十二號　半璽」。

《木氏宦譜》（文譜）：「戊字七百七十二號誥命一道，正妻阿氏里，封為淑人。」

【按】：《皇明恩綸錄》和《木氏宦譜》（文譜）記載一致，是封賞木森妻阿氏里。《木氏宦譜》（圖譜）沒有記載。

未載時間

《皇明恩綸錄》：「進貢方物，請給加銜，誥命隨蒙，照例回頒敕一道：賜木森，宝鈔陸百錠，紵絲叁疋，紗叁疋，羅弍疋，絹肆疋。木森妻阿氏里，

紵絲式疋，羅式疋。」

【按】：《皇明恩綸錄》此處並未記載時間，《木氏宦譜》文譜和圖譜也沒有相應的內容。但可以看出是順接上面的聖旨，是進貢的回賜。

天順五年六月二十三

《皇明恩綸錄》：「奉天承運，皇帝制曰：朕惟帝王之治，以天下為家，一視同仁，無間遠邇，所以上體天心，廣綏懷之道也。爾雲南麗江軍民府土官知府木嶔，自祖父以來，世居南徼，恭事中廷，輸忠孝誠久而弗替。尔能繼承其志，克勤厥職，良用尔嘉，茲特授尔太中大夫，錫之誥命，以為尔榮，尔尚益篤忠誠，慎終如始，無忝厥職，庶永享太平之福，欽哉！

制曰：朕惟人臣能擄忠於國者，必推恩以及其伉儷，此朝廷之彝典也。雲南麗江軍民府土官知府木嶔，妻高氏，內助其夫，克恭臣職，今特封尔為淑人，尚其祇承，永光閨闈。　　制誥　　天順五年六月二十三日給　　之宝　　信字二十三號　　半璽」。

《木氏宦譜》（文譜）：「五年，給領信字二十三號誥命一道，授太中大夫世襲土官知府。正妻高氏善，封為淑人。」

【按】：《皇明恩綸錄》和《木氏宦譜》（文譜）記載一致，是封賞木嶔和木嶔妻。《木氏宦譜》（圖譜）沒有記載。

未載時間

《皇明恩綸錄》：「進貢方物，請給誥命，隨蒙照例，回頒敕一道：賜木嶔，宝鈔陸百錠，紵絲叁疋，紗叁疋，羅式疋，絹肆疋。木嶔妻高氏善，紵絲式疋，羅式疋。」

【按】：《皇明恩綸錄》此處並未記載時間，《木氏宦譜》也沒有相應的內容。但可以看出是順接上面的聖旨，是朝貢後的回賜。

弘治六年

《皇明恩綸錄》：「弘治六年，世守雲南太師黔國公沐琮，太監兩臺會題剿撫北勝蕃賊有功事，欽准。錫木泰，俸地村莊田。」

《木氏宦譜》（文譜）：「六年，得勝中旬，後玉寨。本年，又因北勝州崀峨鄉，被鄰近西番具得等暗結四川接境野番釀禍。先機為亂。奉三臺行委，親詣本州，設法撫出番目者十鐵等三十五名，令且監錮，差人追出原擄軍丁

三名，並殺死人命，依俗賠償，給散被劫軍民收訖。取其番賊供給手印木刻在官申呈，藩鎮兩臺太監嘉獎綵緞花牌銀兩等項，差官導送領訖。隨蒙總兵官征南將軍太師黔國公沐武僖公題奏，給錫該州沙蘭村田置佃，名曰奉地莊，傳世子孫。」

《木氏宦譜》（圖譜）：「又四川接境野蕃釀禍，先機為亂，領兵征剿，蒙總兵官征南將軍太師黔國公沐武紹公琮題奏，給賜該州沙蘭村田置佃，名曰奉地莊，傳世子孫。」

【按】：《皇明恩綸錄》和《木氏宦譜》（文譜）、（圖譜）記載一致，都是因軍功對木泰的封賞。此處的《木氏宦譜》（文譜）記載木泰征戰較為詳細。

弘治十年十月三十

《皇明恩綸錄》：「奉天承運，皇帝制曰：朕惟帝王之制，以天下為家，一視同仁，無間遠邇，所以上體天心，廣綏懷之道也。爾雲南麗江軍民府土官知府木泰，自爾祖父以來，世居邊徼，恭事朝廷，輸忠效誠，久而不替。爾能繼承厥志，克勤乃職，良用爾嘉，茲特授太中大夫，錫之誥命，以為爾榮，爾尚益篤忠誠，慎終如始，共賜邦家，以永享太平之福，欽哉！

制曰：朕惟人臣能擄忠於國者，必推恩以及其伉儷，此朝廷之彝典也。爾雲南麗江軍民府土官知府木泰，妻阿氏善貴，內助其夫，克共臣職，輸誠奉貢，于茲有年，今特封爾為淑人，尚其祇承，永光閨閫。　　制誥　　弘治十年十月三十日給　　之宝　　寅字拾捌號　　半璽」。

《木氏宦譜》（文譜）：「十年，自備馬匹方物，遣人赴京進貢請誥，蒙欽錫鈔貫等項，並給宙字十八號誥命一道，授太中大夫，世襲土官知府。正妻阿氏貴，封為淑人。」

《木氏宦譜》（圖譜）：「隨奉誥命一道，授太中大夫，世襲土官知府。」

【按】：《皇明恩綸錄》和《木氏宦譜》（文譜）、（圖譜）記載一致，都是封賞木泰以及木泰妻。

未載時間

《皇明恩綸錄》：「進貢方物，請給誥命，隨蒙照例，回頒敕一道：賜木泰，宝鈔六百錠，紵絲叁疋，紗叁疋，羅式疋，絹肆疋。木泰妻阿氏善貴，紵絲式疋，羅式疋。」

【按】：《皇明恩綸錄》此處並未記載時間，《木氏宦譜》也沒有相應的內

容。但可以看出是順接上面的聖旨，是朝貢的回賜。

正德五年

《皇明恩綸錄》：「正德五年，具方物進貢，請給誥命，隨蒙照例，回頒敕一道：賜木定，室鈔六百錠，紵絲叁疋，紗叁疋，羅弍疋，絹肆疋。木定妻高氏香，紵絲弍疋，羅弍疋。」

《木氏宦譜》（文譜）：「五年，自備馬匹方物，差人赴京進貢請誥」。

【按】：《皇明恩綸錄》和《木氏宦譜》（文譜）所載無大異，木定進京朝貢並有賞賜。《木氏宦譜》（圖譜）沒有記載。

正德六年二月十八

《皇明恩綸錄》：「奉天承運，皇帝制曰：朕惟帝王之治，以天下為家，一視同仁，無間遠迩，所以上體天心，廣懷柔之道也。爾雲南麗江軍民府土官知府木定，粵自先世，居守南荒，恭事中廷，久而弥篤。爾能善承其志，克世厥官，展布忠誠，輯寧邊境，眷惟勞勛，良用爾嘉，茲特授以中順大夫，錫之誥命，爾尚益修乃職，不替厥初，以永享太平之福，欽哉！

制曰：人臣膺爵祿之榮，必推恩以及其伉儷者，此朝廷之彝典也。爾雲南麗江軍民府土官知府木定，妻高氏，善相厥夫，克勤內助，茲特封爾為恭人，尚克祗承，永光閨閫。　　　制誥　　正德六年二月十八日給　　之宝　　智字玖百捌號　　半璽」。

《木氏宦譜》（文譜）：「欽蒙給錫智字九百八號誥命一道，授中憲大夫世襲知府職事。正妻高氏香，追封為恭人。繼妻高氏，贈授封為恭人。」

《木氏宦譜》（圖譜）：「隨奉誥命一道，授中憲大夫世襲土官知府。」

【按】：《皇明恩綸錄》和《木氏宦譜》（文譜）、（圖譜）記載一致，都是封賞木定以及木定妻。《皇明恩綸錄》上所寫是中順大夫，而《木氏宦譜》（文譜）、（圖譜）中所記是中憲大夫。

嘉靖七年

《皇明恩綸錄》沒有這條記載。

《木氏宦譜》（文譜）：「七年，內犯圍省，調府兵有功，賞蒙總兵官征南將軍太師黔國沐敏靖公紹勛記錄奏聞。」

【按】：《木氏宦譜》（圖譜）也沒有記載。這是木公調兵有功而受賞。

嘉靖十五年五月二十九

《皇明恩綸錄》：「奉天承運，皇帝制曰：朕惟帝王之治，以天下為家，故命官錫爵，無間遐邇，所以廣綏懷之道，示激勸之典也。爾雲南麗江軍民府土官知府木公，粵自先世，居守南荒，恭事中朝，久而不替，爾能善承其志，修職有加，效力輸忠，輯寧邊境，眷惟勞勛，良足嘉尚，茲特授以中憲大夫，錫之誥命，以示褒榮，爾尚益篤忠誠，慎終如始，保境安民，永享太平之福，欽哉！

制曰：國家報功之典，既錫爵於其夫，而推恩必及配者，所以重人倫之本，勵相成之道也。爾雲南麗江軍民府土官知府木公，妻鳳氏，夙敦婦道，內助厥家，善相其夫，恪恭臣職，茲特賜之誥命，封為恭人，尚其祗承，永光閨閫。　　制誥　　嘉靖十五年五月二十九日給　　之寶　　義字二百柒拾捌號　　半璽」。

《木氏宦譜》（文譜）：「十三年，自備馬匹方物，差人赴京進貢請誥。十五年，奉欽蒙給義字二百七十八號誥命一道，授中憲大夫世襲知府，欽賜玉音「輯寧邊境」四字，給賞綵緞表裏寶鈔等項。正妻鳳氏睦，追封為恭人。繼妻鳳氏韶，授封為恭人。」

《木氏宦譜》（圖譜）：「隨奉誥命一道，授中憲大夫世襲知府，嘉賜玉旨輯寧邊境四字。」

【按】：《皇明恩綸錄》和《木氏宦譜》（文譜）、（圖譜）所載事件一致，都是封賞木公以及木公妻。但《皇明恩綸錄》沒有提到賜玉音「輯寧邊境」四字，但是結合下面一道誥命來看的話是有賜這四字的。另外也沒有提到是封正妻還是繼妻為恭人。而《木氏宦譜》（文譜）有載賜玉音「輯寧邊境」四字。正妻鳳氏睦，追封為恭人。繼妻鳳氏韶，授封為恭人。

未載時間

《皇明恩綸錄》：「進貢方物，請給誥命，隨蒙回頒敕一道：宸翰「輯寧邊境」肆字，賜木公，寶鈔陸百錠，紵絲叁疋，紗叁疋，羅弍疋，絹肆疋。木公妻鳳氏，紵絲弍疋，羅弍疋。」

【按】：《皇明恩綸錄》此處並未記載時間，《木氏宦譜》也沒有相應的內容。但可以看出是順接上面的聖旨，是進貢的回賜。

嘉靖十九年

《皇明恩綸錄》:「嘉靖十九年,兵部題預安南有功事,蒙欽准獎,錫木公白金拾兩。」

《木氏宦譜》(文譜):「十九年,內安南叛亂,坐調府兵集選待征。蒙兵部尚書毛題稱本職分定哨道,至期舉事者也。命賞白金十兩,製成爵盞一枚,傳世寶之。」

《木氏宦譜》(圖譜):「九年安南叛亂,坐調府兵,集選待征,蒙兵部尚書毛題稱分定哨道,金賞白金。」

【按】:《皇明恩綸錄》和《木氏宦譜》(文譜)所記載事件一致,木公平定安南叛亂有功受賞。《木氏宦譜》(文譜)對所賞賜的東西記載更為詳細。《木氏宦譜》(圖譜)所載時間有差異。

嘉靖四十年

《皇明恩綸錄》:「奉天承運,皇帝制曰:朕惟帝王之治,以天下為家,故命官錫爵,無間遐迩,所以廣綏懷之道,示激勸之典也。爾雲南麗江軍民府土官知府世襲加授三品亞中大夫木高,粵自先祖,職佐黃堂,累建功勞,世臣藩捍,爾能克襲簪纓,誠心報國,割股奉親,化行邊徼,威鎮北蕃,以德其名,忠孝兩盡,因才而譽,文武兼全,茲特升爾,官居三品,位列九卿,錫之誥命,以示褒榮,爾尚懋膺,國泰保境安民,祗服龍章之渥,永為喬木世家,欽哉!

制曰:國家報功之典,既錫爵於其夫,而推恩必及於配者,所以重人倫之本,勵相傳之道也。爾雲南麗江軍民府世襲土官知府加授三品亞中大夫木高,妻左氏,素稟懿德,閥閱世家,善相其夫,聿成賢譽,茲特錫之誥命,封為淑人,承此綸恩,永光閨壼。　　制誥　嘉靖四十年□月□日給　　之寶　信字捌百柒拾柒號　　半璽」。

《木氏宦譜》(文譜):「四十年八月初八日,本司劄付吏部題奉欽准實授三品,並請給誥命,信字八百七十七號誥命一道,授亞中大夫。其褒辭略曰:「誠以報國,割股奉親,化行邊徼,威鎮北番。以德其名,忠孝兩盡。以才而譽,文武兼全。茲特升爾官居三品,位列九卿,永為喬木世家,」云云。正妻左氏淑,封為淑人。及蒙敕錫玉音「喬木世家」四字,准建坊牌一座,並賞綵緞三表裏,寶鈔六百錠,與前廩糧腳力齎回到府,於本年八月初七日望闕謝

恩訖。其餘賞功對象，俱在應襲冊內。」

《木氏宦譜》（圖譜）：「蒙授三品文職照例差人赴京進貢，三臺允給廩糧十分，馬十四、誥命一道，授亞中大夫，其褒辭略云：誠心報國，割股奉親，化行邊徼，威鎮北蕃，以德其名，忠孝兩盡，因才而譽，文武兼全，茲特升爾官居三品位列九卿，永為喬木世家。云云。誥封正妻為喬木世家，隨夫授職三品淑人。敕賜玉音喬木世家四字，准建坊，並賞綵緞表禮寶鈔六百錠。」

【按】：《皇明恩綸錄》和《木氏宦譜》（文譜）、（圖譜）記載一致，都是封賞木高以及木高妻。從行文內容來看，《木氏宦譜》（文譜）、（圖譜）所載的受封、受賞的內容是引用自《皇明恩綸錄》。

未載時間

《皇明恩綸錄》：「進貢方物，請給三品誥命，隨蒙照例，回頒敕一道：玉音「喬木世家」肆字建坊，賜木高寶鈔陸百錠，紵絲叄疋，紗叄疋，羅弍疋，絹肆疋。木高妻左氏，紵絲弍疋，羅弍疋。」

【按】：《皇明恩綸錄》此處並未記載時間，《木氏宦譜》也沒有相應的內容。但可以看出是順接上面的聖旨，並且《木氏宦譜》（文譜）本中已經說了「其餘賞功對象，俱在應襲冊內。」

萬曆二年閏十二月初五

《皇明恩綸錄》：「奉天承運，皇帝制曰：朕惟帝王之治，以天下為家，故命官錫爵，無間遐迩，所以廣綏懷之道，示激勸之典也。尔雲南麗江軍民府土官知府木東，粵自先世，職守遐荒，恭順朝廷，久而不替，暨尔棟樑之質，經緯之才，奉命專城，能用文而濟武，誠心報國，克移孝以擴忠，修身蒞事，振先烈以弥昌，捍虜安民，控邊郵而肅靜，功存保障，德庇鄰封，茲特嘉尔賢勞，授階中憲大夫，錫之誥命，以示褒榮，尔尚益篤忠貞，世作南中鎖鑰，申嚴威武，永為西北藩籬，欽哉！

制曰：國家報功之典，既錫命於其夫，而推恩必及其配者，蓋重人倫之本，敦風化之源也。尔雲南麗江軍民府土官知府木東，妻高氏，賦性溫良，持身恭儉，婦道有稱於生前，恩典以遺於身後，茲贈尔為恭人，陰爽有知，服茲光寵。

制曰：婦從夫貴，率由舊章，雖稽古以加恩，實因賢旌善也。尔雲南麗

江軍民府土官知府木東繼室猛氏，純雅之姿，柔順之德，助內克勤克敬，相夫宜室宜家，特封尔為恭人，欽此褒章，永光閨壼。　　制誥　　萬曆二年閏十二月初五日給　　之宝　　智字一百四號　　半璽」。

《木氏宦譜》（文譜）：「萬曆二年，自備馬匹方物，差人赴京進貢，謝恩請誥。二年，建立香水雷勝寨。三年，欽蒙給智字一百四號誥命一道，升授中憲大夫。正妻高氏嫻，追封為恭人。繼妻猛氏富，授封為恭人。」

《木氏宦譜》（圖譜）：「隨例赴京進貢，奉誥命一道，隧授中憲大夫。正妻高氏封為恭人」。

【按】：《皇明恩綸錄》和《木氏宦譜》（文譜）（圖譜）記載一致，都是封賞木東以及木東妻。

未載時間

《皇明恩綸錄》：「進貢方物，請給誥命，隨蒙照例，回頒敕壹道：玉音「西北藩籬」肆字建坊。賜木東，宝鈔六百錠，紵絲叁疋，紗叁疋，羅弍疋，絹肆疋。木東妻猛氏，紵絲弍疋，羅弍疋。」

《木氏宦譜》（文譜）：「敕錫「西北藩籬」四字，准建坊牌及賞綵緞三表裏，寶鈔六百錠等，並給勘合廩給二分，口糧十二分，馬四匹，原曾馳驛齎回到府，本年十月二十一日望闕謝恩訖。」

《木氏宦譜》（圖譜）：「敕賜西北藩籬四字，准建坊及賞綵緞表禮寶鈔六百錠。」

【按】：《皇明恩綸錄》此處並未記載時間，與《木氏宦譜》（文譜）（圖譜）中所載內容大體一致。內容是封賞，順接上面的聖旨。

萬曆十三年

《皇明恩綸錄》：「萬曆十三年，進貢方物，請給誥命，蒙覆行本司復查，隨蒙照例，回頒敕壹道：賜木旺，宝鈔陸百錠，紵絲叁疋，紗叁疋，羅弍疋，絹肆疋。木旺妻羅氏，紵絲弍疋，羅弍疋。」

《木氏宦譜》（文譜）：「十三年，自備馬匹方物，差人赴京進貢謝恩請誥。蒙欽依給賞三表裏，覆行本司。」

【按】：《皇明恩綸錄》和《木氏宦譜》（文譜）記載一致，是對木旺朝貢後的回賜。《木氏宦譜》（圖譜）未載。

萬曆十六年九月十九

《皇明恩綸錄》：「奉天承運，皇帝制曰：國家于守土宣力之臣，無間邇邇，恩必逮焉，匪獨酬庸，亦以示勸，爾雲南麗江軍民府土官知府木旺，纘承世職，恪守官常，修爾戈矛，克篤從王之義，保茲氓庶，尤徵馭眾之才，捍圉多勞專城，允稱厥功茂矣！朕甚嘉焉，茲特授爾階正四品中憲大夫，錫之誥命，於戲！綸章渙錫，用昭懷遠之仁，德意勤宣，尚矢奉公之節，勿替南荒保障，永為忠國恒垣，欽哉！

制曰：朝廷推恩臣下，必及其伉儷者，所以厚風化之原，勵相成之道也。尔羅氏乃雲南麗江軍民府土官知府木旺之妻，于歸德門，克閑婦道，佐夫理郡，績著旬宣，夫既顯榮，尔宜偕貴，是用封尔為恭人，祗服寵恩，益修壺則。　　制誥　　萬曆十六年九月十九日給　　之宝　　仁字九百三十一號　　半璽」。

《木氏宦譜》（文譜）：「本年，隨蒙撫巡蕭會三臺題請給仁字九百三十一號誥命一道，授中憲大夫。正妻羅氏寧，封為恭人。」

《木氏宦譜》（圖譜）：「本年蒙巡撫蕭具奏，給誥命一道，授中憲大夫，正妻羅氏寧封為恭人。」

【按】：《皇明恩綸錄》和《木氏宦譜》（文譜）（圖譜）記載一致，都是封賞木旺以及木旺妻。

萬曆三十年

《皇明恩綸錄》：「萬曆三十年，敘飭順寧大侯，功蒙欽獎，錫木增銀弍拾兩。」

《木氏宦譜》（文譜）：「三十年三月，順大全捷，察明功罪，敘飭，欽獎銀二十兩。」

【按】：《皇明恩綸錄》和《木氏宦譜》（文譜）記載一致，因軍功封賞木增。

萬曆三十四年二月二十五

《皇明恩綸錄》：「奉天承運，皇帝制曰：帝王聲教之暨，已被遐方，則懷柔之仁，不遺荒要，況宣力在公，尤所崇獎者乎！尔雲南麗江軍民府土官知府木增，瞻智沉雄，才猷敏練，世安臣節。恪守官常，頃以蕃寇之跳樑，乃率師而殲馘，繼因將作之繁鉅，復效順于庀材，南國干城，尔無忝已！茲授

尔階中憲大夫，錫之誥命！夫遠人亦吾人也，庶方小侯，以三命列于褒綸，秩二千石，國恩良厚，尔尚益殫朴忠，克綏乃服，以壯邊垣鎖鑰之寄，則豈唯朝廷重之，於尔先世有榮采焉，欽哉！

制曰：國家疏命臣工，必偕厥配，豈獨體察其情，亦以閫閾之中，婦為政焉，俾之畢力經營，鮮內顧之慮，所賴亦非淺已。尔雲南麗江軍民府土官知府木增妻祿氏蘂，夙有令儀，嬪于世胄，恪修婦順，克佐臣共，尔夫效有勞勣，實惟相之是用，封尔為恭人，徵茲北闕之恩，式昭南國之化。　　制誥　　萬曆三十四年二月二十五日給　　之寶　　義字二百八十三號　　半璽」。

《木氏宦譜》（文譜）：「又蒙給義字二百八十三號誥命一道，授中憲大夫。正妻陸氏蘂，封為恭人。」

【按】：《皇明恩綸錄》和《木氏宦譜》（文譜）記載一致，封賞木增以及木增妻。

萬曆三十四年二月二十五

《皇明恩綸錄》：「奉天承運，皇帝制曰：國之有世臣也，如喬木然，必栽培之力，完斯楨幹之效，鉅其有賈勇，率師捐軀赴義者，尤廟堂所亟予也。尔木青乃雲南麗江軍民府土官知府木增之父，夙抱忠貞，克荷世美，習聞韜略，不愧家聲，芳譽以著乎夜郎，英風復馳于炎徼，志存幹蠱，咎取輿尸，朕實憫焉！茲以子恩，贈尔為中憲大夫雲南麗江軍民府土官知府等榮耳，不得於身，則得於子，而身殞則名益彰，而靈爽實式承之，服此休光，賁乎泉壤。

制曰：家人利女貞，固矣，然正內正外，厥有攸分，若其以未亡而撫藐孤，捨女紅而襄戎旅，此不得之中土士女，而邊徼或有之，亦罕覯也。爾羅氏春，乃雲南麗江軍民府土官木增之母，敬承世德，卓有賢聲，當鄰寇之欺孤，威先捍禦，及播酋之煽虐，義急輇輸，即不庭之同儔，知慕化之尤切，蓋臣令母尔實兼之。茲特封尔為太恭人，寵錫絲綸，榮于華袞。　　制誥　　萬曆三十四年二月二十五日給　　之宝　　義字二百八拾四號　　半璽」。

《木氏宦譜》（文譜）木青條載曰：「三十四年，以子追贈給義字二百八十四號誥命一道，授中憲大夫。正妻羅氏春，授太恭人。」木增條載曰：「三十四年，因先曾遵例請誥封，復門本司達部，六月吏部題奉給錫誥命一道，贈父木青中憲大夫知府職銜，封母羅氏春為恭人。」

《木氏宦譜》（圖譜）：「後以子追封給誥命，封通政大夫布政司職銜。」

【按】：《皇明恩綸錄》和《木氏宦譜》（文譜）（圖譜）記載一致，是追贈木青以及木青妻。

萬曆四十六年

《皇明恩綸錄》：「萬曆四十六年，恭進遼餉，隨解赴京，後奉聖旨刊載事例通行天下，欽此欽遵，抄出到部，戶部移文頒行天下，褒榮尋因覆題及敘泰昌元年蒙，欽加，木增三品服色之上，還嘉錫花幣銀叁拾兩。」

《木氏宦譜》（文譜）：「四十六年，自備馬匹方物，差人赴京進貢，恭慶聖壽，欽錫及妻紵絲綵緞紗羅表裏靴襪等項，並請給鎮邊敕一道，祇領訖。本年，遼陽大驚，餉銀一萬解京，戶部移諮兵部具題，蒙聖旨刊載事例通行天下，蒙吏部復題欽加三品服色，賜花幣銀三十兩。」

《木氏宦譜》（圖譜）：「繼以遼陽大警，餉銀一萬解京，戶部移諮兵部會題，蒙欽三品服色。」

【按】：《皇明恩綸錄》和《木氏宦譜》（文譜）（圖譜）記載一致，是追贈木增進貢遼餉並加三品服色。通過《木氏宦譜》（文譜）所載可見在萬曆四十六年時還有一次差人進京恭慶聖壽後有賞賜。

萬曆四十七年三月二十五

《皇明恩綸錄》：「皇帝敕諭雲南麗江軍民府世襲土官知府木增，近該尔奏稱高祖木得於太祖高皇帝時，率眾從征，論功升授前職。永樂年間，賜祖木初鎮邊敕書，彈壓疆土，後因被災焚失，向未請補。茲尔襲替有年，因所轄地方，西鄰蕃，北鄰虜，為滇省要害，且相去窵遠，遇有事變，難以遙制。欲比照木初事例，請敕鎮邊等因，該部議覆，特准補給。朕念夷方遼闊，營轄為難，今命尔不妨府事，鎮守所轄邊隘，尔須上體朝廷委任，下念邊鄙生靈，禁約所屬土官頭目人等，不許生事擾害地方，矢忠效順，圖報國恩，務使疆圉清寧，夷民安妥，以光尔先世，永享太平之福，毋或驕縱廢事，自取罪愆，欽哉故諭。　　廣運　　萬曆四十七年三月二十五日給　　之宝」。

【按】：《皇明恩綸錄》與《木氏宦譜》（文譜）和（圖譜）都沒有記載，從內容上來看是請補鎮邊敕書。

萬曆四十七年三月二十五

《皇明恩綸錄》：「皇帝敕諭雲南麗江軍民府世襲土官知府木增，近該尔

奏稱尔祖木得於高皇帝時，從征有功，升授前職。永樂間，給督鎮邊敕書，令守疆土，自後屢蒙獎諭，賜服加銜，世受國恩，未能圖報，茲循往例，敬差目把和得仲恭獻金鐘銀壺，花氈花氈等物，至今虔修貢儀，謝恩祝壽，具見尔誠心效順，尊事朝廷朕甚嘉之，爰從該部之請，特加賞賚，令賜尔並尔妻紵絲紗羅絹疋，以示殊恩，就令和得仲齎去至可收領，尔宜矢心竭力，永懷忠順，無負天朝柔遠之仁，而亦長享太平之福。欽哉故諭。

給賜土官知府木增，紵絲叁疋，大紅骨朵雲一疋，鶯哥綠暗花八宝骨朵雲一疋，青暗花八宝骨朵雲一疋，紗叁疋，大紅雲一疋，鶯哥綠雲一疋，青雲一疋，羅式疋，素鶯哥綠一疋，素青一疋，絹肆疋（俱素紅）。木增妻祿氏繁，紵絲貳疋，大紅雲一疋，暗花八宝鶯哥綠雲一疋，羅式疋，素鶯哥綠一疋，素青壹疋。　　廣運　　萬曆四十七年三月二十五日給　　之宝」。

【按】：《皇明恩綸錄》與《木氏宦譜》（文譜）和（圖譜）都沒有記載，是請補鎮邊敕書，並賞賜木增。

萬曆四十八年

《皇明恩綸錄》：「萬曆四十八年，恭進馬價助遼。天啟元年正月，蒙聖旨，木增再輸助餉，具見忠義，便行文撫按官宣示，以勸後來，東事平，仍與優敘，欽此，欽遵抄出到部通行宣示各省衙門。」

《木氏宦譜》（文譜）：「四十八年，助銀一千二百解京軍前買馬，蒙欽賜忠義。」

【按】：《皇明恩綸錄》與《木氏宦譜》（文譜）記載一致，是木增助遼餉後得到表彰。《木氏宦譜》（文譜）中記載了助銀一千二百解京軍前買馬，《皇明恩綸錄》沒有提具體金額。《木氏宦譜》（圖譜）未載。

泰昌元年十二月

《皇明恩綸錄》：「泰昌元年十二月，戶兵二部題奏邊功新賦入額蒙欽獎，賜木增紵絲式疋表裏，銀式拾兩。賞男木懿銀拾式兩。賞舍人頭目陸名，銀拾捌兩。」

《木氏宦譜》（文譜）：「本年，泰昌改元，北勝州土官同知高世懋死，庶弟高世昌承襲，舍人高蘭謀職，奉文集捕。乃令領兵俘元兇高蘭等，題獎花牌等項。」

【按】：《皇明恩綸錄》與《木氏宦譜》（文譜）和（圖譜）記載不一致，《皇

明恩綸錄》說是繳賦稅後賞賜木增、木懿。《木氏宦譜》（文譜）未載繳賦後賞賜，提到了因俘元兇高蘭等，題獎花牌等。可能是兩件事，沒有一致的記錄。

天啟二年

《皇明恩綸錄》：「天啟二年，助征蜀奢餉功，撫按題蒙欽賜，木增三品服色緋袍一襲，紵絲弎素裏，銀叁拾兩。」

《木氏宦譜》（文譜）：「天啟二年，四川奢酋作叛解餉，蒙撫院獎金花銀牌匾額，綵緞表裏，欽賜三品服色衣一襲，銀三十兩，綾絲二表裏。」

【按】：《皇明恩綸錄》與《木氏宦譜》（文譜）記載一致，木增助餉有功受賞。

未載時間

《皇明恩綸錄》：「本年封上事十蒙聖旨，這所奏亦見忠藎，知道了，欽此，欽遵抄出到部覆題，奉聖旨，是木增加雲南布政使司右參政職銜致事，以勸忠義，欽遵照會，移行本司。」

《木氏宦譜》（文譜）：「又本年差人赴闕陳言十事，捐銀一千助國，頒賞陣亡忠孝。朝廷褒以忠藎，吏部覆題欽升雲南布政使司右參政。」

《木氏宦譜》（圖譜）：「又遣人赴闕陳言十事，朝廷褒以忠鑒，欽賜忠義牌坊。吏部後題，欽陞雲南布政使司右參政。」

【按】：《皇明恩綸錄》與《木氏宦譜》（文譜）記載一致，木增上十事疏而受賞。

天啟四年七月初六

《皇明恩綸錄》：「皇帝敕諭雲南麗江軍民府知府加升布政使司右參政木增，並子木懿及所屬官吏住持道源人等，朕惟爾府地在南滇，境聯西竺，崇尚佛教，自昔已然。近該爾奏稱，爾母羅氏虔潔修持，捐資建寺，上祝聖壽，下廣善門，茲以奏請藏經，該部議覆，爾母子世居邊徼，志矢忠貞，臣節顯于勤王，子職修于善繼，聞茲懿行，朕甚嘉焉！特允所請，頒賜藏經，爾等尚其益堅善念，率眾焚修，導悟番夷，闡揚宗教，皇圖鞏固，聖化益崇，欽哉！故諭。　　廣運　　天啟四年七月初六日給　　之寶」。

【按】：《木氏宦譜》（文譜）和（圖譜）都未有記載。此條主要是頒賜藏經給木氏土司。

天啟四年七月初六

《皇明恩綸錄》：「皇帝敕諭雲南麗江軍民府土官知府加布政使司右參政木增，近該爾奏稱，爾母羅氏捐資崇建悉檀、福國二寺，奏請藏經，崇奉梵剎，以光佛教，以祝國釐，該部議覆，特允所請，賜爾藏經，爾尚益秉虔潔，領眾焚修，導悟番夷，闡揚聖化，爾其欽承之，故諭。　　廣運　　天啟四年七月初六日給　　之宝」。

【按】：《木氏宦譜》（文譜）和（圖譜）均未載。與上一條是同一事，頒賜藏經給木氏土司。

天啟五年九月

《皇明恩綸錄》：「奉天承運，皇帝制曰：蓋臣盡瘁，遑知身後之名，令典襃忠，用壯九原之氣，斯為國制，無間歿存。爾中憲大夫雲南麗江軍民府知府木青，乃雲南布政使司右參政木增之父，器識深閎，才猷練達，為家汗血，久推千里雄姿，繫國干城，自是萬夫翹楚，甫承弓冶，遽執橐鞭，志在靖邊，溘焉身殞。賴令妻之拮据，得勿墜乎箕裘，是用加贈爾為中大夫雲南布政使司右參政，錫之誥命。於戲，往勞具在，渥寵宜頒，識姓字于麟圖，河山不朽，裕謀猷于燕翼，奕葉其昌。

制曰：子念無涯，率推聖善，乃有矢栢舟以立操，挈襁褓以成名，斯卓然與烈大夫並垂天壤矣。爾封恭人羅氏春，乃雲南布政使司右參政木增之母，含貞女秀，作配勳門，孝奉高堂，虔襄大業，蘭猷芳茂，霜雪忽摧，甘九死殉同穴之盟，痛藐孤屬懸絲之候。食而能教，愛不成勞，肆今廿載報國之丹忱，並母五夜號天之血淚，茲特贈爾為太淑人，載渙所生之號，用酬迪子之勞，楓升駢恩，萱闈永耀。　　制誥　　天啟五年九月□日給　　之宝　　仁字伍百伍拾叁號　　半璽」。

《木氏宦譜》（文譜）：「（天啟）五年，……差人赴京請給……誥命一道，……又二道贈祖父祖母、父母二代。」

【按】：《皇明恩綸錄》與《木氏宦譜》（文譜）所載都一致，是追贈木青及木青妻。

天啟五年九月

《皇明恩綸錄》：「奉天承運，皇帝制曰：作善降祥，天道鼓桴必應，固

孫逮祖，朝章華袞無私。矧勞著于生前，宜典崇于今日。爾中憲大夫雲南麗江軍民府知府木旺，乃雲南布政使司右參政木增之祖，性生忠孝，才裕武文，竭力禦蕃，苦心守郡，適值王師西討，不辭赤仄，頻供當事疊旌，中朝予詰。因志存乎靖亂，遂身斃于臨戎，大節不磨，芳規可式，茲特贈爾為中大夫雲南布政使司右參政。錫之誥命，於戲，九原增耀，知陟降之在天，百代其昌，卜貽謀之長世！

制曰：國重名臣，屹作遐方之鎮，恩加祖批，式昭烝畀之儀，義在勸忠，教兼廣孝，爾封恭人羅氏寧，乃雲南布政使司右參政木增之祖母，賢明有則，淑慎無愆，自作配乎勳臣，克光襄乎郡績，萃一門之善事，婦順母賢，啟百代之宏圖，鳳苞麟定，肆爾祥開三世，無非慶篤重闈，茲特贈爾為太淑人，尚流彤管之輝，永作泉臺之賁。　　制誥　　天啟五年九月□日給　　之宝仁字五百五十四號　　半璽」。

《木氏宦譜》（文譜）：「（天啟）五年，……差人赴京請給……誥命一道，……又二道贈祖父祖母、父母二代。」

《木氏宦譜》（圖譜）：「天啟四年告政致事，又給誥命一道，並追封祖父母。」

【按】：《皇明恩綸錄》與《木氏宦譜》（文譜）、（圖譜）所載都一致，是追贈木旺及木旺妻。但《木氏宦譜》（圖譜）所載此事為天啟四年。

天啟五年九月

《皇明恩綸錄》：「奉天承運，皇帝制曰：朝家倚重勳庸之後，星列遐方。乃有身託裔荒，精馳闕下，表清芬于上世，明大義于中朝，非藉崇褒，何以勸後。爾中憲大夫雲南麗江軍民府知府今加升布政使司右參政木增，冰霜志操，金石肝腸，艱難惟瀝寸心，慷慨親當百戰，早承先緒，屢奏邊勳，蕃達懾其威名，軍民感其德化。自貢奴酋肆逆，幾思舉國同仇，待旦枕戈，捐資助餉，即拓疆之餘稅，總索賦以犒師。忠勤九重，榮躋三品，祗績勞于戎務，遂釋擔于仔肩，堂構得人，林泉可適，猶切聖明之戀，不忘嫠婦之憂，叩闕陳言，傾家殫赤，琅琅大義，終始不渝，如爾丕著忠勤，屈指諸司罕埒，是用加授爾為中大夫，錫之誥命。於戲！匪躬節重宏昭，鳳闕新綸保障，功高永勒龍山，片石祗承休命，用作臣標。

制曰：勞臣干國，淑媛宜家，故朝有渥恩施于內閫，所以為賢助勸也，

尔封恭人祿氏蘩，乃雲南麗江軍民府加升布政使司右參政木增之妻，靜專為度，淑慎其儀，出自德門，嬪于名守，雍雍思媚，潚瀨而奉孀姑，燁燁光裹，脫簪珥而供國餉。爰開祥於麟趾，益丕墜乎鴻猷，茲特封爾為淑人，畀珈弗以揚芬，斃衿鞏而飾度。　　制誥　天啟五年九月□日給　之宝　仁字伍百伍拾伍號　半璽」。

《木氏宦譜》（文譜）：「五年助銀一千解司，差人赴京請給仁字五百五十五號誥命一道，受封中憲大夫雲南布政使司右參政。妻祿氏為淑人。又二道贈祖父祖母、父母二代。」

【按】：《皇明恩綸錄》與《木氏宦譜》（文譜）所載都一致，是封賞木增。

天啟七年

《皇明恩綸錄》：「天啟七年奏請奉聖旨，羅氏撫夷訓孤，有裨風化，准建坊表揚節列，蒙欽准木增母建坊表揚。」

《木氏宦譜》（文譜）木增條載曰：「六年四月初九，望闕謝恩。又助大工隨差，奏為母節。七年，欽准建坊表揚節烈。」木青條載曰：「天啟七年，奉欽追錫羅氏准建坊牌揚褒。」

《木氏宦譜》（圖譜）「本年（天啟四年）又助大功，隨差奏為母節。七年，欽准建坊，表揚節烈。」

【按】：《皇明恩綸錄》與《木氏宦譜》（文譜）、（圖譜）所載都一致，是欽准建坊表揚木增母親。

崇禎四年

《皇明恩綸錄》：「奉天承運，皇帝制曰：朝廷憫遠人之失牧也，疆域之內，優以命吏為吏者，多傲幸名器，無以宣布德澤，稱旨意一隅之地，用選克勤而寵其世。尔木青乃通奉大夫廣西布政使司右布政使木增之父，振旅同仇，勤輸效愃，尔祖尔父從與享之朕，懋膺宝曆，惟德動天，無遠弗屆，順天者存，時乃天道，茲贈尔通奉大夫廣西布政使司右布政使，國章不朽，懿訓如存。

制曰：婦人同仇，壯我鍾鼓，則錄于奏風重義也。蕃宣方力，臣既寵嘉，揆厥內助，婦贊之歿，猶鼎祀典甚盛已，尔羅氏春，乃通奉大夫廣西布政使司右布政使木增之母，貞則性成，節乃天植，琴瑟則御，槁砧則分，從死存孤，幽贊尔子，茲用贈尔為夫人，函昭萱背之光，隴起蘭陔之色。　　制誥　崇

禎四年□月□日給　　之宝　　外仁肆號　　半璽」。

　　《木氏宦譜》（文譜）木青條載曰：「崇禎四年，以子追贈二品，給外仁字四號誥命一道，授封通奉大夫布政使職銜。正妻羅氏追贈為夫人。」

　　《木氏宦譜》（圖譜）木青條：「後以子追封給誥命，封通政大夫布政司職銜。」

　　【按】：《皇明恩綸錄》與《木氏宦譜》（文譜）、（圖譜）所載都一致，是追贈木青以及木青妻。

崇禎四年

　　《皇明恩綸錄》：「奉天承運，皇帝制曰：朕君臨天下，不宝遠物，諸貢金文石采，榷悉報罷，庶幾投珠抵璧，惟暨遠迩之臣，罔弗同心，迪果毅以遏亂略，朕不靳殊賚。爾廣西布政使司右布政使木增，不假唐蒙之檄，輒慕卜式之風，所司以狀聞，爾益既乃心，協乃力，播告種人，悉受戎索，則惟爾功。籌邊敵愾，績已著于遐方，慕義捐輸，忠更孚于帝室，茲封爾為通奉大夫，敬哉爾身，其自受于多福。

　　制曰：珈副為榮，箴言無斁，流慶後人，映祥女士。尔祿氏蘗乃通奉大夫廣西布政使司右布政使木增之妻，朝夕有恪，禮義罔愆，矢心貞淑，堪標閫閾儀型，勵志交徵，克相藩垣緯績，茲封尔為夫人，於國家禮亦宜之！　　制誥　　崇禎四年□月□日給　　之寶　　外仁肆號　　半璽」。

　　《木氏宦譜》（文譜）：「四年五月，奉欽升廣西布政使司右部政，頒給外仁字四號誥命一道，封通奉大夫廣西布政使司右布政。妻祿氏為夫人。」

　　《木氏宦譜》（圖譜）：「又助京及黔餉，蒙總督朱題請，欽陞廣西布政使司右布政。」

　　【按】：《皇明恩綸錄》與《木氏宦譜》（文譜）、（圖譜）所載都一致，是封木增為廣西布政使司右布政。

崇禎四年

　　《皇明恩綸錄》：「奉天承運，皇帝制曰：禹載黑水周盟，髳濮羈縻，勿絕通于上國，尔木旺乃通奉大夫廣西布政使司右布政使木增之祖父。高皇帝以尔始祖木初功事，令衛西南障蕃虜，及于尔躬罔不心在王室，尔孫增職思其外，勉追美於前人，茲贈尔通奉大夫廣西布政使司右布政使，積善有後，頒紫誥之，軸輝彩雲之鄉，足以慰矣！

制曰：彤管錄賢，光天之下女貞，萬里肆當酬功追敘，以勤其孫，爾羅氏寧乃通政大夫廣西布政使司右布政使木增之祖母，壺儀有則，饋事無遺，震戎勵于遠方，異申光其幽隧，門戶之功，有足紀者，茲贈爾為夫人，尔其欽此明命哉！　　制誥　　崇禎四年□月□日給　　之宝　　外仁伍號半璽」。

《木氏宦譜》（文譜）木旺條載曰：「後致崇禎四年，以孫追贈二品，給外仁字五號誥命一道，授封通奉大夫布政使職銜。正妻羅氏追贈夫人。」

《木氏宦譜》（圖譜）木旺條載曰：「崇禎四年，以孫追贈二品，給誥命一道，授封通奉大夫布政司銜。」

【按】：《皇明恩綸錄》與《木氏宦譜》（文譜）、（圖譜）所載都一致，是追贈木旺以及木旺妻。

崇禎十二年正月二十六

皇帝敕諭雲南麗江軍民府土官知府木懿，爾輸助急公捍圍著績，世效忠順，尊事朝廷，茲遣人以馬疋方物來貢，忱悃可嘉，使回特賜爾及妻綵幣表裏，用答勤誠，爾宜益堅臣節，圖報國恩，庶永享太平之福，故諭。

回賜雲南麗江軍民府土官知府木懿，紵絲暗骨朵雲大紅壹疋，紵絲暗骨朵雲鸚哥綠壹疋，紵絲暗骨朵雲翠藍壹疋，紵絲紗暗骨朵雲大紅壹疋，銀絲紗暗骨朵雲青壹疋，銀絲紗暗骨朵雲鸚哥綠一疋，青素線羅壹疋，官綠素線羅壹疋，闊生絹肆疋。木懿妻祿氏瑞，紵絲暗陸廂肆季花大紅壹疋，紵絲暗陸廂肆季花鸚哥綠壹疋，青素線羅壹疋，官綠素線羅壹疋。　　廣運　　崇禎十二年正月二十六日給　　之寶」。

《木氏宦譜》（文譜）：「崇禎十二年，頒給仁字十六號誥命一道，授封中憲大夫雲南布政使司右參政職銜，照例頒賜紵絲表裏鈔錠」。

《木氏宦譜》（圖譜）：「隨授誥命一道，封中憲大夫，雲南布政司右參政職銜，頒賜綾絲表禮鈔錠」。

【按】：《皇明恩綸錄》與《木氏宦譜》（文譜）、（圖譜）所載都一致，封賞木懿。《木氏宦譜》（文譜）提到是頒給仁字十六號誥命一道，《皇明恩綸錄》可能在傳抄過程中漏載了。

崇禎十二年

《皇明恩綸錄》：「奉天承運，皇帝制曰：朕惟報國曰功永欽延賞之典，

懷遠以德韋彰用勸之休睠，彼世臣綏於南服。尔雲南布政使司右參政仍管麗江軍民府事木懿，職兼文武，世效勤勞，佐餉輸急公之誠，斬馘奮捐軀之勇，無忝乃祖乃父，審克于蕃，于宣是用，授尔階中大夫，錫之誥命，於戲！國恩不可殫汝益底遠圖，永稱喬木，欽哉！

制曰：遠臣心在王室，疏恩榮及尔家一命用申萬里胥被。爾雲南布政使司右參政仍管麗江軍民府事木懿妻祿氏琯，有相之道，迪吉於閨，嘉彼臣貞之永綏，知汝婦功之合，助哲嗣克紹景行猶輝，是用贈尔為淑人，追加異數，深慰逭靈。

制曰：內言不出子閨門，功載于昭於南土人稱榮，邁國有工彝。尔雲南布政使司右參政仍管麗江軍民府事木懿繼妻祿氏瑞，德叶前徽，勤同故織，劻勷孜孜夜儆，顧復煦煦春溫，殊典有加，恩華並沃，是用封尔為淑人，玉躞方昭，金沙同永。　　制誥　　崇禎十二年□月□日給　　之寶　　外仁肆號　　半璽」。

【按】：《木氏宦譜》（文譜）、（圖譜）均未載，是封賞木懿以及木懿妻。

崇禎十三年八月初三

《皇明恩綸錄》：「敕加升四川等處承宣布政使司左布政使職銜致仕木增，邇者中外軍興，度支煩費，惟尔情殷報國，誼切急公，屢輸多金，用資援剿，朕甚嘉悅，特頒敕獎諭，仍許于省城自建坊，表以示朝廷優禮至意，尔其膺茲新命，益篤忠貞，為諸土司風，欽哉，故敕！　　廣運　　崇禎十三年八月初三日給　　之寶」。

《木氏宦譜》（文譜）：「隨加封父木增轉四川左布政司職銜，敕諭：「益篤忠貞」四字，著於省城建坊，後因捐坊工用，急充京餉。」

《木氏宦譜》（圖譜）：「隨賜匾額益篤忠貞四字，著於省城建坊」。

【按】：《皇明恩綸錄》與《木氏宦譜》（文譜）、（圖譜）所載都一致，准建坊表揚。

未載時間

《皇明恩綸錄》：「隨奉欽賜木增，花幣、羊酒部文到司，蒙本司差官導送祗領訖。」

【按】：《木氏宦譜》（文譜）、（圖譜）未載，從內容看當是順接上面。

崇禎十六年

《皇明恩綸錄》未載。

《木氏宦譜》（文譜）：「崇禎十六年，蒙巡撫吳兆元具題歷來忠順，不侵不詐，緣由奉吏部覆雲南都察院會題，奉聖旨准木增太僕寺正卿晉階，木懿准承繼右布政使司職銜，以為邊疆土司倡義。」

《木氏宦譜》（圖譜）：「十六年，巡撫吳兆元具題歷來忠順不侵不詐緣由，奉聖旨准封父太僕寺少卿晉階，賜位列九卿四字建坊。」

【按】：這是准木懿襲右布政使司職銜。

崇禎十七年

《皇明恩綸錄》：「崇禎十七年，損坊工資急克京餉，恭遇南都立極，蒙欽准木增四川左布政使加太僕寺卿，仍着建坊，照會移行。」

《木氏宦譜》（文譜）：「崇禎十七年，木增復蒙欽升左布政使司職銜，晉太僕寺卿，位列九卿四字坊。」

【按】：《皇明恩綸錄》與《木氏宦譜》（文譜）所載一致，准建坊。

弘光元年

《皇明恩綸錄》：「弘光元年奉欽差調慕滇兵，御史陳薑以舉族輸餉差官賫，木增及子金花蟒段，且題隆武二年四月，吏部覆雲南撫按，題奉聖旨准木增晉階，木懿准加四川右布政使，以為邊遠土司，倡義急公者，勸該部即給劄文興宗臣壽鉢，差官賫去回奏，欽遵到部，照會移行本司，尋御史陳疏蒙欽依木氏父子孫舉族優加秩蔭部文移司。」

《木氏宦譜》（文譜）木增條載曰：「弘光元年，本府令領兵攻捕滇蔡頑逆，平服。本年，奉欽差調募滇兵御使陳為解餉事，差官賫金花蟒緞，具題祗領訖。隆武二年四月，吏部覆疏奉聖旨准太僕寺正卿晉階，尋蒙闔族優加，移司炤會。」

【按】：《皇明恩綸錄》與《木氏宦譜》（文譜）記載一致，（圖譜）未載。

附錄二：方國瑜《皇明恩綸錄》概說 [註1]

此書刻明代「聖旨」、「誥命」，始於洪武十五年嘉獎阿得投誠之聖旨，至崇禎十二年加封木懿妻之制誥，凡四十一道，盡為授職加封獎譽之文。至於例貢賜物所頒敕書，則僅載其事由，未錄原文。如洪武三十五年，具方物朝賀賜物頒敕一道，蓋在建文四年七月以後，僅載其事，而不錄文，如是者甚多。據《木氏宦譜》備載誥命、敕諭者甚多，此書僅其一部分，都與宦譜相合，可資參校也。瑜所得為周汝誠手抄本，聞汝誠言：「原書為白沙木氏收藏，蘇州刻版，每一葉周匝刻龍紋，朱色印，本文大字墨色印，極精工。」今所知傳本，僅此而已。

〔註 1〕方國瑜著：《雲南史料目錄概說》第一冊，北京：中華書局，1984 年，第 476頁。

附錄三：約瑟夫·洛克：已印刷的歷史 記載——白沙街的《皇明恩綸錄》

〔註1〕

　　已印刷的歷史記載——白沙街的《皇明恩綸錄》：除了木氏後裔收藏於麗江木氏官邸，即他們的祖先衙門裏的兩部《木氏宦譜》手寫本外，最近還發現一種木家任狀的印刷記錄。

　　麗江木氏有一個分支，不住在麗江城，而住在城北 20 里的一個小村子裏，稱為白沙街的下部。這個村子納西語喊為「本綠」（Mbe—lv），漢語稱為忠義村，這本印刷的木氏任狀集的所有者是一個名叫木文蘭的人，是阿知立的一個後裔。阿知立是世襲擔任麗江土知府的木家的一個成員，就是他向雲南總督控訴麗江木土司，以致使木土司的地位大大降低，土地被沒收。這件事情自然導致產生了族中的爭鬥，儘管事情發生在 223 年以前，木氏內部爭鬥的創傷至今沒有痊癒。

　　麗江木家必定知道這本印刷記錄的存在，但他們在我面前從未提起過關於這本記錄的隻言片語，直到我於偶然中知道了這本名叫《皇明恩綸錄》的書。這本書是明朝隆武二年（公元 1646 年）冬天印刷的，隆武皇帝是流亡者，於公元 1646 年舊曆八月被殺。這本記錄從麗江土官阿得開始，阿得是從公元 1383 年～1390 年 11 月 11 日擔任麗江土知府的。在明朝以前，他只是麗江迤

〔註 1〕 這裡所錄均按原樣錄入，保留尾注，但所錄內容只取了與《皇明恩綸錄》有關的部分，以便看出洛克對《皇明恩綸錄》與《木氏宦譜》所進行的比較，由於篇幅較長不便放在正文中。（美）約瑟夫·洛克（Joseph F.Rock）著；劉宗岳等譯；宣科主編；楊福泉、劉達成審校：《中國西南古納西王國·譯校本》，昆明：雲南美術出版社，1999 年，第 46～77 頁。

東通安州的知州。這本書輯錄了每個任職者所接到的正式公文，那是各個在位皇帝給予他們的聖旨、誥命。最後以麗江軍民府知府木懿結束，木懿是從公元 1624 年統治到 1673 年的。最後的記錄是加封木懿兩個妻子的制誥，最後一頁的最終日期是明崇禎十二年（公元 1639 年），這本書的確是所有納西土司所接到的各個皇帝給予的聖旨、誥命的印刷記錄。第一篇是明太祖洪武十五年（公元 1382 年），而最後一篇是公元 1639 年，包括了 257 年的一段時期。這部記錄可以作為兩部《木氏宦譜》的補充，因為它收錄了有關聖旨、誥命的完整本文。此書所收的明代聖旨、誥命和《木氏宦譜》中所記載的文字有一些差異，我將在下文中把這些差異指出來。

第 7～14 代

第 7 代：阿甲阿得（圖 18），任通安州知州，諱木得，字自然，號恒忠，是阿烈阿甲的長子。在元朝末年，他任通安州知州，後來升為麗江宣撫司副使。

明朝洪武十五年（公元 1382 年），天兵（漢人軍隊）來到中國南部，征服了大理和其他城市。阿甲阿得首先率領部隊向太子太師、穎國公、南征元帥傅友德歸順。傅友德與其他將領代他奏明皇帝，陛下大為喜悅，賜姓木，命他在傅友德的總部工作，聽候任用。

我把《皇明恩綸錄》中所載洪武皇帝賜阿得姓木的皇家上諭附在下面：

> 「皇帝聖旨，朕荷上天眷顧，海嶽效靈，祖宗積德，自即位以來，十有五載，寰宇全歸於版圖。西南諸夷，為雲南梁王〔註2〕所惑，恃其險遠，弗從聲教，特遣征南將軍穎川侯傅友德、副將軍永昌侯藍玉、平西侯沐英等，率甲士三十萬，馬步並進，罪彼不庭。大軍既臨，渠魁以獲。爾麗江官阿得，率眾先歸，為夷風望。足見摅誠！且朕念前遣使奉表，智略可嘉。今命爾木姓，從總兵官傅擬授職，建功於茲有光，永永勿忘，慎之慎之。洪武十五年（公元 1382 年）月日給。

洪武十六年（公元 1383 年），傅友德命令阿得重建麗江府，並任命他為

〔註2〕梁王是忽必烈第五子把匝剌瓦爾密的後裔，元朝皇帝給他雲南梁王的封號。當他被明朝軍隊擊時，他逃到晉寧州的忽納寨村，在那裡他把元朝袍服燒掉，逼他的妻子兒女跳雲南湖（滇池）自殺，然後自己也跳湖自盡。梁王死後，其下屬達的和驢兒二人都自縊而死。

知府。同年二月（公元 1383 年 3 月），他參加南征部隊，幫助將軍攻克了佛光寨〔註3〕，元右丞普顏篤自焚而死。同年三月（公元 1383 年 4 月），西番部落的大首長卜劫企圖率部進攻麗江的北浪滄〔註4〕。阿得命令其長子阿初領兵拒敵，迫其撤退。八月（公元 1383 年 9 月），阿得進攻北勝府，俘獲高大惠〔註5〕的後裔土平章高生尋。後來夷人（彝人）把高生尋殺死，把他的頭獻給阿得。從此，北勝府改為 4 個州城。其後，阿得又參加穎國公、征南將軍傅友德的部隊，與董指揮一起征戰，阿得先後攻下石門關、鐵橋城和其他許多地方。他在這次戰役中的軍事戰果，被特別奏呈於皇帝。九月（公元 1383年 10 月），阿得奉召到帝國朝廷進貢朝覲，太祖（洪武）對他的軍功從重嘉獎，授他誥命一道，封他為世襲的土官知府，統治兩江府；並給他中順大夫的榮街，命令他鎮守石門關，抵禦土著的進犯。賜給他一套金花滾繡的花緞官服，還賜他一條金花腰帶，上面鐫刻著「誠心報國」4 個漢字，另賜 6 個元寶和一個重 20 兩的令字銀牌。

洪武十七年（公元 1384 年），阿得命令他兒子阿初進攻並捕獲刀寇。因他在這次戰役中的勝利，皇帝賜給他很多銀錠。洪武十九年（公元 1386 年），巨津州的土知州阿奴聰反叛朝廷，進攻石門關和其他村寨，阿得、阿初父子率領他們的部隊參加吉安侯陸仲亨的討伐之師，奪回石門關及另一名為蒙古和的地方。阿奴聰率眾逃往西番，同年臘月（公元 1386 年 12 月至 1387 年 1月），阿奴聰又回到巨津州。洪武二十年（公元 1387 年），阿奴聰被活捉，押解往傅友德總部為囚犯，并在那裡被處死刑。

阿得生於元武宗至大四年（公元 1311 年），卒於明洪武二十三年十月初六日（公元 1390 年 11 月 11 日）。他的妻子名阿室社，係和略哥（《木氏宦潛》（乙）中稱為和略可）的女兒，和略哥是三必村的照磨（志書委員）。阿室社被誥封為恭人，她生了 3 個兒子，其名為初、虧、寺。阿得的第 2 個妻子阿室彌生 1 子，名七。長子阿初繼承其父的職位。

第 8 代：阿得阿初（圖 19），麗江府的土知府，他的官名為木初，字啟元，號始春，是阿得的長子，繼承其父的王位。在他即位之前的明洪武十六年（公元 1383 年），由於他擊敗西番的卜劫有功，穎國公、征南將軍傅友德曾向皇帝

〔註3〕佛光寨在鄧川川迤北 30 里，大理浪穹縣（現在的洱源）以東 20 里。
〔註4〕北浪滄，納西人稱北冷磋（Ba-la-tso），在麗江所屬的阿喜區。
〔註5〕高大惠是善巨郡的統治者，善巨郡後來改為北勝，也就是現在的永勝。

保奏，推薦阿初為千戶。洪武十七年閏十月（公元1384年11月～12月），傅的保奏得到吏部批准，發了忠字3號的派令，任命阿初為千戶兼管百戶職事，當年十一月（公元1384年12月～1385年1月）到任。十二月（公元1385年1月），寶山州土知州謀亂。阿初與大理衛的李指揮一道前往，用機智的策略解決了糾紛，佔領了該處許多設木柵欄的山區村寨，使人民安居樂業。同年較晚一些時候，土知州剌密如吉又佔領了這些山寨，發動叛亂。阿初統兵進攻，把上述這些區域重新奪回，斬殺生擒20餘人。洪武二十年（公元1387年），劍川州的七知州楊奴等又犯上作亂，阿初與政府軍馳往襲剿，全體俘獲。陰曆八月（公元1387年9月～10月），劍川州偽元帥保朱〔註6〕密謀不軌，阿初與大理衛都督都指揮使鄭祥前往討伐，生擒保朱，然後將其處死。

洪武二十一年三月（公元1388年4月），阿初率領地方軍隊參加總兵官西平侯黔寧王沐昭靖英〔註7〕將軍的部隊，進攻景東〔註8〕和定邊〔註9〕兩縣，把兩縣城都攻下，殺死伯夷蠻〔註10〕的許多大首領，並俘獲和處死許多俘虜，加刀斯浪等。

洪武二十四年（公元1391年），阿初接到右軍都督府定字第504號公文，通知他皇帝批准他承繼世襲權。同年五月十八日（6月20日），他上任承繼父職。十一月（11月～12月），他到京城覲見皇帝並申請誥封。二十五年二月（公元1392年2月23日～3月23日），他被授予甲字第697號誥命一道，任命他為中順大夫和世襲土官知府，並得到皇帝所賜的許多貴重禮物，衣錦還鄉。同年九月（9月17日～10月16日），隨都督馮誠征永寧〔註11〕州，攻破白交〔註12〕和與滇葉〔註13〕接境的其他村莊。殺退敵人，俘獲他們的領袖卜八如甲，又逼使水寨村的頭人剌塔和他的從屬投降。洪武二十六年（公元

〔註6〕在《雲南通志》上，他的名字寫為朱保。他僭稱元帥。
〔註7〕沐昭靖英就是沐英，他在死後被追封為黔寧王，並諡法靖英。
〔註8〕景東是把邊江上的一個城鎮，這條江的上部稱為沖川河，在下關和大理以南10站，位於雲南省中南部。
〔註9〕定邊縣在蒙化以南.現在的南澗。它位於蒙化河與南澗河匯合之處，蒙化河就是紅河上游，南澗實際是在南澗河的北岸，在唐朝時，南澗是濮落蠻的土地。
〔註10〕伯夷蠻在這裡是指住在雲南南部的擺夷（又謂擇成傣）。
〔註11〕永寧在麗江和金沙江東北。
〔註12〕白交是現在的白交壩或白角壩，該地與永寧接壤。
〔註13〕滇葉州在永寧以南和臥羅河以西，在永寧和永勝（即永北）的當中，它是現在的寧滇縣（參看第五章第七部分）。

1393 年），四川左所鹽井衛剌馬氏〔註14〕的賈哈喇謀反，阿初和都督寧遠侯何福〔註15〕兩人協助官軍進剿。二十七年正月（公元 1394 年 2 月），左所叛軍頭子賈哈喇進攻北勝、滇蒝兩城，阿初協助西平侯惠襄公沐春〔註16〕領兵前往，收復上述兩城。然後設立瀾滄衛，鞏固防禦。同年，阿初又參加都督瞿能的軍事討伐，成功地平定了叛亂。後來，他運輸軍糧到鹽井衛〔註17〕。十一月（同年 12 月），蘭州夥頭〔註18〕八塔干謀反，阿初帶兵與他作戰，生擒和擊斃叛軍 100 餘人，安撫各部等的人民。

洪武三十年九月（公元 1397 年 9 月 22 日～10 月 20 日），阿初隨大理衛李指揮進攻革石〔註19〕、阿惱瓦和其他幾個村寨。他們攻克各處，並生擒偽平章賈哈喇。同年十一月（11 月～12 月），改置麗江軍民府，朝廷頒發一顆官印和以字第 87 號敕令。在該敕令上指示，設立這個府的目的在於保障楊塘鎮的安全，制止西番的進攻，因地制宜地處理事務，以增進國家聲威，把一切事務統一在一個機構之下。洪武三十一年九月（公元 1398 年 10 月），阿初協助總兵官征虜前將軍西平侯、惠襄公沐春進攻伯夷。他們包圍了麓川〔註20〕城，生擒叛軍頭子刀幹孟〔刀為麓川和平緬的土著頭人，叛變以後把麓川宣慰使思倫發驅逐出境。他的轄區在驃睒（緬甸東部地名）〕。當阿初參加戰役歸來，他接到省當局所賜送的許多銀錠和其他貴重禮物。洪武三十五年（公

〔註14〕喇是永寧以東、四川左所現任土司的姓。喇家是納西（麼些）族，但他的臣民大多是彞人。左所區域與永寧區域部分被永寧湖（納西語稱為剌塔湖）分開。左所的主要村寨是多舍，土司衙門就設在那裡。剌塔是左所的一個土著和頭人。他的兒子喇馬非曾去進貢，因此被封為副千戶。據《明史》記載，賈哈喇的領域是柏興，即現在的鹽源縣，他是麼些洞（麼些人所住的山洞）的土司。

〔註15〕何福是安徽鳳陽人，他和傅友德一道來進攻雲南。

〔註16〕沐春是沐英的兒子，沐英死於洪武二十五年六月丁卯日（公元 1392 年 7 月 7 日）。沐春世襲雲南鎮守的職銜（鎮守是一個難靼將軍的封號），他統率這個鎮，封邑 7 年，死時年 36 歲。

〔註17〕鹽井衛是鹽源的隸屬區域，而鹽源又屬於四川的西昌（寧遠）管轄。

〔註18〕夥頭是管轄村子的小官員，比頭人低，夥頭這個詞的原意是廚師，因此其含意亦有招待蒞臨村子的官員之意。

〔註19〕這個村子的名稱是革石，並不是沙畹在其所譯《木氏庭譜》（乙）中所稱的進革切。進字的意思是前進（他們進到革石和阿諾瓦，納西語稱阿諾瓦為阿納瓦）。革石和阿諾瓦兩個村子，分別在左所和木里境內。

〔註20〕麓川是今天的隴川，在騰越（即今天的騰沖）西南 140 里。撣語稱它為猛宛，位於南宛河上。

元 1402 年）〔註 21〕，他派長子阿土到京城進貢覲見皇帝，皇帝賜他很多銀錠，禮遇甚厚。

明永樂二年（1404 年），阿初率領部隊前往巨津州，解了該州土知州阿戡被西番包圍之危，迫使西番軍首領阿娘勻率部撤退，並奪回被他們俘去的許多官民。永樂三年四月（公元 1405 年 5 月），阿初命其弟阿寺〔註 22〕隨欽差內監楊麟等領所招來的西番代表赴京朝賀。同年十月（公元 11～12 月），他自己準備貢物，包括馬匹和土產，帶領一些隨員赴京朝貢，得到皇帝恩賜的許多銀錠，衣錦還鄉。永樂四年五月（公元 1406 年～6 月），他接到總兵官西平侯的公文，命他與錦衣衛鎮撫司指揮使朱程前往西番，在揚塘鎮道設立兩個安撫司：一個是剌何場長官司，另一個是你那〔註 23〕長官司，其目的在催促夷番到朝廷納貢。有人代阿初把這消息奏呈皇帝，皇帝賜他一道督鎮敕書，命他好生保衛疆土。皇帝還賜他一塊鐫有「誠心報國」4 個字的金牌，以嘉獎他在巨津、臨西、犛牛寨、寶山州、蘭州、瀾滄江等地的軍功。

明永樂五年（公元 1407 年），皇帝封阿初為中憲大夫（正四品官）和土官知府的世襲權，皇帝詔書的編號是義字第 76 號和甲字第 809 號。同年十月（公元 11 月），阿初命令他的長子阿土到元朝所任命的安撫使阿吉家搜查出一面金牌，後直接送呈雲南布政使司。

永樂八年五月（公元 1410 年 6 月），阿初親自去到寶山州和白的〔註 24〕、元始瓦等村寨以及其他許多地方，成功地說服村寨頭人阿容目每年供給政府若干勞工，並從那年開始實行。然後他派人到京進貢，皇帝給他一個朝廷的收據，並回賜他許多禮物，嘉勉其厚。水樂十年 4 月（公元 1412 年 5～6 月），他準備進貢的禮物包括馬匹和許多土產，命他的秘書阿他赴京進貢。皇帝頒發甲字第 997、998、999 等號誥命，封阿初的父親阿得為中憲大夫，封他母親為太夫人，封他妻子為恭人，當這些封贈誥命帶到他的衙門時，他們都面向帝京，跪謝皇恩。由於他協助沐春征伐景東、永寧、滇蒼等地，協助都督何

〔註 21〕該年份應讀為惠帝建文四年（公元 1402 年），因明太祖（洪武）於 1398 年 6 月 24 日逝世。

〔註 22〕阿寺是阿初的第二個兄，名叫木笙。

〔註 23〕納西語稱尼納（Nyi-na），藏語稱尼臘（Ni-nag），就是 t 是維西縣，在麗江西北和瀾滄江以東。

〔註 24〕漢人所稱的白地（白的）就是納西語的般短（Bber-dder），在金沙江灣以西；巴克（Bacot）寫為 Be-djri，應故讀作 Mbe-ddu，意思是「村子大」或「大村子」的意思，指北地（今譯白地——校者）八村之一（參看第三章第六部分）。

福、瞿能討伐四川鹽井衛，生擒叛將剌馬仁祖、賈哈喇，奪回革石和阿惱瓦等村寨的軍功，皇帝頒發給他乙字第 119 號誥命，提升一級，賜他一條上面鐫刻有「誠心報國」4 字的金帶以及其他許多禮物，其詳細清單載入《皇明恩綸錄》。

永樂十四年（公元 1416 年），在接受皇帝賜他晉級的誥命後，允准他告老退休，而將官印移交給他的後裔木土，保持世襲權。

木初生於元朝至正五年（公元 1345 年），卒於明宣德元年臘月（公元 1426 年 1 月）。他的妻子名阿室阿木相（她的官名是阿室撒），為通安州土千戶阿木（又名木仙）的女兒。她被誥封為恭人，生 7 子，其名為：土、娘、戟、迦、均、興、惠。他的第 2 個妻子名阿室羅，是剌何場長官司的女兒，生了 1 個兒子，取名為目。他的第 3 個妻子名阿室裏，生 1 子名保。他的第 4 個妻子名阿室羊，生 2 子，名都、希。長子阿土承繼父職。

明正統五年（公元 1440 年），由於他孫子立了軍功，皇帝頒發戊字第 767 號誥命，追封阿初為太中大夫，頒發戊字第 768 號誥命，追封他妻子阿室撒為淑人。

第 9 代：阿初阿土（圖 20），官名木土，字養民（又字育民）。他是阿初的長子，繼承父位。永樂十七年（公元 1419 年），他準備馬匹和土產等禮物，親赴京城進貢。他住在吏部，同年十月（10～11 月），吏部代他奏請皇帝，批准他的世襲職位，並賜他許多銀錠、綢緞禮服等衣錦還鄉。他並接到史部文字第 5708 號文憑一道，因此於永樂十八年正月（公元 1420 年 1 月 15 日～2 月 13 日）正式就職，翌年（公元 1421 年），皇帝聽從公眾意見，欽頒敕一道，令宜不令調。永樂二十一年（公元 1423 年），他命令隨從木彌、軍曹楊仲禮和其他許多人到朝廷進貢，目的在於申請新的誥命。皇帝頒發丙字第 115 號誥命，封他為中順大夫，授予他知府的世襲權。並頒發丙字第 116 號誥命，封他的妻子阿護為恭人。

明宣德三年（公元 1428 年），由於阿虜丈屢次在石門關侵擾村寨，木土帶領軍隊進攻，將其捕獲，收復了這些區域，修建許多新路和渡口，便利交通。宣德八年正月（公元 1433 年 1 月 21 日～2 月 19 日），他調集部隊，同年二月（公元 2 月 20 日～3 月 20 日），征服掠峭村，該村效忠歸順。同年三月（公元 3 月 21 日～4 月 19 日），水寧番人擄去寶山州知州阿日。木土帶領軍隊親往征剿，通過多次激戰，從番人手中奪回阿日。

木土生於元順帝至正二十四年（公元 1364 年），卒於明宣德八年四月二十四日（公元 1433 年 5 月 13 日）。他的妻子名阿室甫（官名高氏護），係鶴慶〔註25〕土知府高仲的女兒，受恭人的誥封，生 7 個兒子，其名為：地、仲、義、昌、恕、苴、揮。後由長於阿地繼承父位。

正統五年（公元 1440 年），由於其子阿地建立軍功，皇帝追封阿土為太中大夫，追封阿土的妻子為淑人，分別頒發戊字第 769 號和戊字第 770 號兩道誥命。

當阿土還活著的時候，他向白沙裏發布了一道命令，禁止官吏放任他們的牲口吃百姓的莊稼。有一次，官員的牛正在吃農民的莊稼，看見這事的那些人都不明白為什麼官員不把牛牽走。阿土知道以後，立刻命令把這些牛宰殺，祭獻於北嶽神祠，並把所有的牛肉分給百姓共吃。這樣一來，所有他的臣民都服從他的法令和規章。從此以後，每年向北嶽神祠貢獻成了他們的風俗，宰殺若干出賣的牲畜，定期獻祭。

第 10 代：阿土阿地（圖 21），官名木森，字升榮，號大林，是阿土的長子，襲父職。明宣德九年（公元 1434 年），吏部下發文字第 154 號文憑，批准他的世襲權。同年七月十三日（公元 1434 年 8 月 17 日），他正式就職。正統三年（公元 1438 年），他帶領部隊隨總兵官定遠王沐忠（沐敏晟）〔註26〕征討麓川。在這次戰役中，各處所調軍隊怯懦不堪，逃逸甚眾，只有麗江軍隊非常勇敢，首先奮勇渡江，然後燒毀敵軍營帳 7 處，生擒敵首 1 人，斬首敵眾 16 人，獲俘大象兩頭，並再次斬首 24 人。因此皇帝賜阿地一個銀碗、一個有花卉圖案的盾牌和許多綢緞等物。

宣德四年（公元 1439 年），他又參與官軍征敵，斬敵首級 20 餘。這次他又得到朝廷的賞賜，此外，雲南黔府定遠王沐忠給他沙橋〔註27〕村的一個農莊。宣德五年五月（公元 1440 年 6 月），由於征服麓川所取得的戰功，兵部

〔註25〕鶴慶是麗江以南 80 里的一個商業城鎮，過去屬於麗江，在納西頭領統治之下，它的居民大部分是愕布（La-bbu，即民家）人，只有很少數的納西人。
沙畹所說鶴慶在麗江東南 350 里之說不正確，他沒有說明他所寫里程數字的出處。

〔註26〕「忠敬」是個追封的封號。在他帶兵從麓川回到楚雄以後，於 1439 年逝世。在統治雲南的沐家 16 代中，沐英是第 1 代。他們是雲南的軍事總督，如封建領主意義統治著該省。

〔註27〕沙橋位於去往大理的路上，距昆明 8 站，距離 575 里（今屬南華縣）。

尚書靖遠侯王忠毅公驥〔註28〕為他奏明皇帝，皇帝賜他綵緞多匹以及其他禮物。九月（公元 10 月 26 日～11 月 25 日），他準備馬匹和土產等貢品，派人到朝廷進頁，其目的在於申請誥命。經史部調查他的軍功後，皇帝准其請求，頒發戊字第 771 號誥命，封他為太中大夫、資治少尹、雲南布政使司參政，他以前的兩代祖先都曾受到追贈的封號。他在雲南首府正式就職，後來他回到他的家鄉，但仍保留雲南布政使司參政的官職。皇帝另外頒發戊字第 772 號誥命，封他的妻子阿室裏為淑人。

同年，初次設立巡撫，其職務由雲南都御史丁充任，丁曾寫過一個碑銘，讚揚阿地的功績並予以獎勵。宣德六年（公元 1441 年），他帶領他的部隊協助靖遠侯王忠毅公驥征討麓川。阿地軍功卓著，俘獲 16 人、大象 1 頭，並進攻柵寨頭人思任發〔註29〕。

阿地生於洪武三十四年（公元 1401 年）〔註30〕，卒於明正統六年十二月（公元 1442 年 1 月 12 日～2 月 10 日）。他的妻子名阿室裏，為木保〔註31〕巡檢阿俗的女兒。她受到淑人的誥封，生 3 個兒子，其名為：習、那、他。第 2 個妻子阿室能生 1 子，名日。他第 3 個妻子也生 1 子名阿女。阿習繼承了父位。

第 11 代，阿地阿習（圖 22），官名木嶔，字惟高，號峻喬，是阿地的長子，承襲父職。正統七年（公元 1442 年），他的繼承世襲權被保舉和批准，通過雲南王姓總督、兵部尚書兼大理寺卿，他收到了朝廷頒發的敕令〔註32〕。同年三月初十日（公元 1442 年 4 月 20 日），阿習正式就職。景泰二年（公元 1451 年），西番進攻巨津州，阿習親自帶兵前往征討，在這次戰役中，新首 42人，生擒 26 人。

景泰三年六月（公元 1452 年 6 月 17 日～7 月 16 日），蘭州世襲知州羅文凱被賊暗殺，阿習奉令緝拿兇犯歸案。他成功地捕獲了 10 個兇手，包括他

〔註28〕他的名字是王驥，諡法為尚德，直隸保定府束鹿人。他身材高大，容貌莊嚴。卒時 83 歲，忠毅是他死後追封的封號。

〔註29〕思任發是曾經叛變的麓川土司。麓川被攻克以後，他逃跑了。柵寨是其領地上的有柵的村寨。

〔註30〕這個年份應讀為建文三年（公元 1401 年），因洪武年號僅有 31 年。

〔註31〕木保里是一個有幾個村莊的鄉，在麗江西南約 20 里。這個鄉最大的村寨為曼刷瓦（Muan-sh-wua-wua）。

〔註32〕此句原文為「奉兵部尚書兼大理寺卿敕諭箚封文憑」。內無雲南王姓總督等字，抑或洛克所據版本中有之。——校者

們的首領羅好。另一股流民在首領阿容他的帶領下,糾集 300 人搶掠鄉民。阿習率他的部隊進剿,捕獲匪人 18 名,其中包括賊頭和札;另一次又捕獲 12 名。景泰六年(公元 1455 年),在寶山州、白地以及其他一些地方,土著首領刀日卜他及其子阿俗率領部下大肆搶劫,阿習親自帶兵征剿,生擒 4 名,斬首 8 名。因此,阿俗投降,阿習為他們安排一個地方,叫投降的阿俗及其隨從在那兒生活。天順二年(公元 1458 年),土著首領鹽仲丈率領山民殘酷地搶掠邊區,阿習派兵追擊,擊斃 5 名,生擒 4 名。天順四年(公元 1460 年),阿俗又率眾佔領寶山州。阿習派兵前往,就地擊斃 23 名。同年,阿習遣人到京進貢。翌年,皇帝頒發信字第 23 號敕令,封他為太中大夫和世襲知府。阿習的妻子高氏善,被誥封為淑人。

　　天順六年(公元 1462 年),阿習征服剌寶〔註 33〕、魯普瓦寨、鼠羅〔註 34〕、你羅和折普瓦等地。景泰八年(1464 年),他征服鼠羅、剌羅、岩那瓦、裏俸、見能瓦和梅矢瓦等村寨。成化四年(1468 年),他又征服你那〔註 35〕、母來各、當瓦、本都瓦、岩甸等地。景泰六年(公元 1470 年),他征服你那、維西、下接、具加瓦、相必瓦、剌木瓦和剌何場等村寨。景泰十八年(公元

〔註 33〕剌寶就是古時的寶山,麗江以北 3 站路。魯普瓦寨(魯普瓦有柵的村子)就是納西語的魯盤瓦(Lu-per-wua),即可以俯瞰金沙江的剌伯山峰的北面。「瓦」字在納西語是一群房屋或一個村莊的意思,而漢字「瓦」只是納西語的譯音。

〔註 34〕鼠羅是這個區域和村於的名稱,西番稱這個區域和村子為深鍾(Shen-dzong)它在四川西南(現為西康)的木里境內。過去在那個特定地點曾有一座鐵鍊橋架在束吉(Shu Gyi,鐵河)之上,深鍾的意思為鐵橋(西番語)。這條河在西番語中稱為若曲(Zho Chhu)〔金登・沃爾德(Kingdon Ward)稱它為鼠羅河(鼠羅在納西語中意為鐵山谷)〕漢德爾・瑪齊蒂(Handel-Mazzetti)稱它為都鼠(Dou tschu),這是一個誤稱,顯然他把它和董曲混淆起來,董曲是若曲的一個支流,它的源頭在貢嘎嶺山峰。若曲之源在納鳥(戴維斯少校稱它為納布),在深鍾以北 10 天路程,並不是以前人們認為的在貢嘎嶺山峰。

　　中部若河流域(漢人稱若河為無量河)的居民是一種稱為束新(Shu-khin,鐵人)的部族,這個名稱是根據河的名字而取名的,他們的語言一半是納西語,一半是藏語,但納西人和西番人都不懂他們的語言。據說他們是古代納西領袖派到那裡衛戍的士兵的後裔,就像住在這條江更南面俄亞村的居民一樣,只是俄亞居民講的是純粹的納西語。

　　在無量河的下部住著一種與納西有關的部落,稱為日西(Zher-khi),參看我所寫關於日西部落的論文(Monument aserica Vol.III,1938;171-188)。

〔註 35〕「你那」即納西語的尼納,也就是漢語所稱的維西。其他的名字顯然是維西縣各村的名字。

1482 年），他征服照可、其宗〔註 36〕、刺普、均里場、其立伕丁等地。景泰十九年（公元 1483 年），他進攻中甸的村寨，征服早瓦寨。景泰二十年（公元 1484 年），僭羅等寨自動投降。

阿習生於宣德四年己酉（公元 1429 年）正月，卒於明成化二十一年八月二十四日（公元 1485 年 10 月 2 日）。他的妻子名阿室順，她的官名為觀音善，是鶴慶高知府的女兒。她被誥封為淑人，生 4 子，其名為：牙、的、住、寶。阿習的第 2 個妻子叫觀音福珍，也是高家的女兒，生 2 子，其名為：束、俗。他的第 3 個妻子阿室娘，是木保巡檢的女兒，生 5 子，其名為：吉、沙、祿、他、見。他的第 4 個妻子名阿室桂，係順盪楊氏的女兒，生 2 子，其名為：樂、的。阿習共有兒子 13 人，長子阿牙承襲父位。

第 12 代：阿習阿牙（圖 23），官名木泰，字本安，號介聖。是木嶔的長子，承襲父位。成化二十一年（公元 1485 年），土著首領阿加南八進犯白甸〔註 37〕和其他許多地方，阿牙親自帶兵追擊，斬首 5 名，其餘被戰敗。成化二十二年（公元 1486 年），他被保舉承襲父職，得以批准。同年，他征服鼠羅的苴公村。

成化二十三年（公元 1487 年），部落民捲土重來，聲勢甚大。阿牙重整軍隊，與部落民大戰於哈巴江口〔註 38〕附近山區，殺死 15 名，並生擒 6 名。阿牙乘勝急追到可琼村，部落民企圖固守此地頑抗，被他殺死 72 名，生擒 18 名，交付審訊。藏匿在吾牙村的西番部落民，害怕被殲，四散逃竄。被部落民擄去的那些人都得以重返家園，安居樂業。南省布政使和提督賜給阿牙綵緞多疋和一個有花弁圖案的盾牌，嘉獎他在這次故役中的卓著勳績。同年，阿牙征服鼠羅的於楊寨，就在這時，別甸寨則自願投降。成化二十四年（公元

〔註 36〕其宗和刺普是兩個村子的名字，納西語稱為吉子（Gyi-dzu）和刺婆（La-po）；前者位於金沙江西岸，刺普河匯合之處，這條刺普河來源於金沙江與瀾滄江分界的栗地坪。刺普位於這條河的南岸，距其宗約 20 里。

〔註 37〕白甸是瀾滄江西岸維西西南的一個小鎮或村，其位置在一些小山腳下。這個山脈的頂峰在這裡形成瀾滄江與怒江的分界線，在英國地圖上是雲南與緬甸的邊界，但在 1928 年的中國軍事地圖上，中英邊界不但包括怒江山谷，而且也包括淶江（伊洛瓦底江的東支），後者（指中國地圖）是正確的。

〔註 38〕哈巴江從中甸哈巴山〔納西語稱之為哈巴汁嗯魯（Ha-ba ndsher-nv-lv）〕流下來，流過一個有把總封號的土司的領地。納西語稱這個區域為哈巴（Ha-ba），漢語稱哈八（Ha-pa），這條河流過一個寬闊的山谷，經過幾個村子後流入金沙江，在匯合處附近是一個很深的岩石峽谷。

1488 年，實際為弘治元年），他把別甸寨併入鼠羅領域內。

弘治二年（公元 1489 年），阿牙征服照可的加日寨，並佔領同區域石頭坎的下部地區。弘治三年（公元 1490 年），土著首領阿加南立率部落民佔據巨津州許多村寨，阿牙親率部隊 3 次進剿，生擒入侵者 89 名落江而死者無數。然後，他又征服了你那（維西縣）的巴羅和岩瓦兩寨。弘治四年（公元 1491 年），他征服了託散和伕玉兩寨以及均集玉寨。

弘治元年（公元 1488 年），阿牙接到朝廷的丑字第 888 號敕文，在這一年閏正月初二（公元 1488 年 2 月 14 日），阿牙正式就職。弘治五年（公元 1492 年），他征服空立玉寨，而鼠羅的見沙各和託其羅兩寨則歸降。弘治六年（公元 1493 年），他征服生後玉寨。同年，土著首領具得在北勝州崀峨鄉〔註39〕附近勾結四川邊境的部落民密謀作亂，阿牙奉雲南省 3 個大員的命令，親自帶領部隊前往征剿。到達該地以後，他制定了許多計劃，最後成功地佯裝撤退，誘敵出戰，把頭人幹鐵和部落民 35 人盡行捕獲，然後派兵追擊其餘從眾。後來，這些俘虜中有 3 個人進行暗殺活動，根據當地習俗，對他們 3 人處以賠償的懲罰，並將所得罰金發給被他們搶劫的軍民〔註40〕。阿牙還令上述部落民留下手印，製成木模，保存在他的衙門裏。這事呈報雲南兩長官即布政使和提督；皇帝的內監送來給他綵緞多疋，一個花卉圖案盾牌和很多銀錠，這些禮物是由一個特派官員專程來送交於他的。同時，總兵官、征南將軍、黔國公、太師、僡國公沐琮〔註41〕代他奏報皇帝，皇帝把北勝州（現在的永勝）附近沙蘭村的全部土地賜給他。從此，這個地方改名奉地莊，歸他世世代代擁有。同年，阿牙又征服下列各村寨：伽僭、西里伕、大當、香各。

弘治九年（公元 1496 年），他征服了年玉寨，並設立岩那瓦寨。弘治十年（公元 1497 年），他準備馬匹和土產等禮物，派人進京進貢，目的在申請誥命，皇帝賜他許多銀錠以及其他禮物，並頒發寅字第 18 號誥命，封他為太中大夫世襲土官知府，他的妻子阿氏貴，則被封為淑人。

弘治十一年（公元 1498 年），阿牙征服瓦日瓦寨及鼠羅的西里瓦寨和刺甲瓦寨。弘治十二年（公元 1499 年），他又征服中甸，設立大年玉瓦富和香

〔註39〕崀峨在永北東南（永北即永勝）一個小湖叫草海（草湖）的附近，它在一個稱為仁里的小鎮的正西面，仁里位於流入金沙江的一條叫矣察河的小河西岸。
〔註40〕此段原文為：「設法撫出番目者幹鐵等 35 名，令且禁錮，差人追出原擄軍丁 3 名，並殺死人命依法賠償，給散被劫軍民收訖。」——校者
〔註41〕沐琮是沐斌的兒子，沐森的孫子，沐英的重孫，他們都曾經統治雲南。

各瓦寨。同年，他征服你那（維西）的俸魯瓦寨、鼠羅的古普瓦寨、以及卜瓦、平口甸、母若甸、加散岩瓦、木俸瓦等寨。弘治十三年（公元 1500 年），他征服鼠羅的迷剌岩瓦寨和佉納瓦寨。弘治十四年（公元 1501 年），征服你那的立堯各寨和玉剌寨。同年，鼠羅部落民歸降。弘治十五年（公元 1502 年），他征服了中甸的揮佉寨、剌紅瓦寨、手立瓦寨和你那的託普瓦寨。

阿牙生於景泰六年六月十五日（公元 1455 年 7 月 29 日），卒於弘治十五年十一月二十一日（公元 1502 年 12 月 20 日）。他的妻子名阿室卷，官名為阿室善貴，她是鄧川州〔註 42〕知州阿氏的女兒，被誥封為淑人。生 4 子，其名為阿秋、阿鍾、阿於、阿連。長子阿秋承襲父職。

謹按：據說木氏祖先之一麥琮有一次曾經接受大理國王的邀請。在他回來的途中，他感覺他已喪失了他的靈異能力。於是，他再去到玉龍山中，想喝石盆裏的「靈水」（參看本章《第 2～6 代》部分），但到處尋找都找不著。他在一塊岩石上坐下來休息，無意中把他的竹杖插在地上。突然，他發覺地變得越來越軟，而竹杖比原來長高了 11 個節，過了一會，竹子上繁茂地發芽並生長出枝葉來。於是他恍然大悟，自言自語地說：「我並沒有喪失我的靈異之能，但我一定是犯下了一種罪過。11 代以後，我將再來投生，完成我的塵世之緣。」〔註 43〕幾天後，麥琮就死去了。

從牟保阿琮（麥琮）算起到阿習阿牙恰好為 11。阿牙生而穎慧，不教自會，沒有任何人教他，就能讀他祖先麥琮所發明的納西象形文字〔註 44〕。此外，他以木家祖先為榜樣，做了很多使木氏昌盛繁榮的事情。阿牙或者就是麥琮的再生，而麥琮的預言或許是真實的。我（家譜作者自指——譯者）認為這或許就是佛所說的「因果論」以及「三生輪迴」的理論吧！

第 13 代：阿牙阿秋（圖 24），官名木定，字靜之，是木泰的長子，承繼父職。弘治十六年（公元 1503 年），他的世襲權被保舉和批准。弘治十七年（公元 1504 年），他接到吏部所發丑字第 1107 號文憑，同年五月十三日（公元 1504 年 6 月 24 日），他正式就職。正德三年（公元 1508），他征服你那的從仲、天龍兩寨。正德四年（公元 1509 年），他征服你那的阿得酋及其他地

〔註 42〕鄧川在大理以北 1 站路，距離 90 里。
〔註 43〕此句原文為：「非予忘靈慧，當有過 11 代，予復生緣。」與洛克爾的譯文有出入。——校者
〔註 44〕此句原文為：「識先祖所製本方文字。」未明確說明是象形文字，國內學術界一般認為傳說中麥琮所創的文字是指音節文字「哥巴文」。——校者

方。正德五年（公元 1510 年），他向朝廷進貢馬匹和土產，申請誥命。皇帝頒發智字第 908 號誥命，封他為中憲大夫（《皇明恩綸錄》說是中順大夫）以及世襲土官知府，追封他的亡妻高氏香為恭人，封他的第 2 個妻子高氏為恭人。

同年，陶目村歸降。正德七年（公元 1512 年），並索立、大香甸等寨也來歸順。正德八年（公元 1513 年），他征服鼠羅的那古、牙烈瓦、魯彌等寨。正德九年（公元 1514 年），征服伴羅瓦和失瓦兩寨。正德十年（公元 1515 年），征服節落和梅失瓦兩寨，而光矢和伴甸兩寨則投降。正德十一年（公元 1516 年），他征服幹那瓦寨，並征討立由和刀才兩地取得勝利。正德十二年（公元 1517 年），他征服你那的各娘、剌紅瓦兩寨，以及鼠羅的長安寨。正德十四年（公元 1519 年），征服你那的阿陶村。正德十五年（公元 1520 年），他征服虧甸和幹普瓦寨。正德十六年（公元 1521 年），征服永寧的麻瓦寨和鼠羅的香各瓦寨。

嘉靖元年（公元 1522 年），他征服並重建鼠羅的瓦託和處可瓦兩寨及永寧的木俸瓦寨，又征服水寧的麻瓦寨。嘉靖二年（公元 1523 年），他征服你那的陶索寨和鼠羅的也音、木勝兩寨。當年他又解鄰縣永寧之圍。提督和雲南總督聯名寫了一個手卷，上面記錄著他的卓著功跡，並賜他一個花卉圖案盾牌。同年，他征服你那（維西）的下列各寨：欠保、五村、刺加、失村。嘉靖五年（公元 1526 年），他征服照可羅那村以上，立西〔註 45〕村以下地區以及你那的必魯各寨和鹽井〔註 46〕的那勝寨。

阿秋生於成化十二年十二月二十三日（公元 1477 年 1 月 7 日），卒於嘉靖五年八月初二日（公元 1526 年 9 月 8 日）。其妻阿室香是北勝州知州高氏的女兒。他的官名字為高氏延壽妙香，誥封為恭人。她生 3 子，其名為阿公、阿山、阿琮。他的第 2 個妻子阿室井的官名是高氏延壽，亦被榮封為恭人。她生 4 子：阿木、阿苴、阿戟、阿從，長子阿公繼承父位。

第 14 代：知府阿秋阿公（圖 25），官名木公〔註 47〕，字恕卿，號雪山，

〔註 45〕立西村現在寫為立灑村，在維西迤西的怒江山谷內。

〔註 46〕鹽井是現在四川的鹽源，五所和木里王就在鹽源的管轄之下。

〔註 47〕這部有畫像的《木氏宦譜》是木公年輕時（尚未繼任麗江土知府時），在他的朋友高氏幫助下編纂的。他還寫了一部詩集，稱為《雪山詩集》（雪山是木公的別號）。在他所寫的詩中，又選出 114 首印成一本小冊子，稱為《雪山詩選》，楊慎為這部詩選寫了一篇序言，日期是嘉靖己酉六月二十四日（公元

別號萬松。他是木定的長子，承襲父位。嘉靖六年（公元 1527 年），他的世襲權被保舉和批准。同年，他征服和重建你那的必魯各寨、鹽井的那勝寨以及陶索、西原和欠甸等寨。同年，尋甸的安銓和鳳朝文〔註48〕造反，七年（公元 1528 年），他們進攻滇省，甚至包圍了省會。木公派兵解圍，立了大功。總兵官、征南將軍、太師、沐敏靖公詔勳〔註49〕代他奏明皇帝，登記在案。

嘉靖八年（公元 1529 年），木公征服並重建永寧的大海寨〔註50〕和海螺寨。嘉靖九年（公元 1530 年），通過兵部尚書伍文定及雲南省主要大員的保薦，他接到吏部所發丑字第 1056 號文憑。同年四月（公元 1530 年 4 月 27 日～5 月 26 日），他正式就職。同年，他征服照可的當何、卷那兩寨以及加光丁村。嘉靖十年（公元 1531 年），他征服並重建當琮寨、天生寨、小寨和鼠羅的光矢寨。

嘉靖十三年（公元 1534 年），他備辦馬匹和土產，派專使到朝廷進貢，申請皇帝誥命。嘉靖十五年（公元 1536 年），皇帝頒發義字第 248 號誥命，封他為中憲大夫，世襲土官知府。並欽賜卷軸一幅，上寫「輯寧邊境」4 個字。另外還賜給他許多綵緞和銀錠，追封他的亡妻鳳氏睦為恭人，對他第 2 個妻子鳳氏韶也給予同樣的誥封。

1549 年 7 月 18 日）。麗江志書記載，楊慎選了木公的 114 首詩，稱為《雪山詩選》。

〔註48〕這兩個造反者的名字是安銓和鳳朝文。安銓是曲靖所屬昆明東北的尋甸人，而鳳朝文是昆明迤北的武定人。他們兩人都分別在兩地擔任世襲土司。兩人聯合造反，進攻雲南府（昆明），放火燒了東北門，攻下嵩明、楊林和馬龍州。

《馬龍州志》第 2 卷第 24 節中記載，嘉靖七年（公元 1528 年），武定和尋甸土酋（土司）造反。最初仁德府（土司）安洋和安迤相繼叛亂，因此在等甸設立了一個流官。當府官徵收以穀物支付的常年稅款時，他把安銓的妻室和兒子脫去衣服，暴打一頓，然後把他們關在牢裏。因此安銓聯合武定蠻鳳朝文共同造反，他們殺了尋甸和武定的官員 13 人，糾合士兵 2 萬人在該城燒殺搶掠。仁德府是在元朝時設立的，先稱仁德萬戶府，後來改為仁德府。老城牆距現在的尋甸五里。明朝時改為尋甸軍民府，現屬尋甸縣管理。《嵩明縣志》第 3 卷中記載，嘉靖六年（公元 1527 年），安銓造反，他被雲南總督傅習習殺死。他的從屬被打敗後，去到他們所攻陷的嵩明。他們殺死了兩個鎮長：王升和唐功。詳見沙畹所著《夏利亞所發掘的三塊碑》(Trois inscriptions relevees par M.Charria)。

〔註49〕他的名字應稱為沐紹勳。敏靖公是他死後追封的封號。他是沐崑的兒子，沐崑在 14 歲時受封為黔國公，卒時年 40 歲。

〔註50〕這必定指永寧湖〔納西語稱剌塔湖（La-ta khu）〕周圍的村子。這個湖一半在雲南，一半在四川。湖的沿岸以及周圍山腳有許多村落。

　　嘉靖十四年（公元 1535 年），木公征服年各、年惱等村，而加光佉巴村則投降。嘉靖十五年（公元 1536 年），他征服和重建你那的天柱寨、鼠羅的鐵柱寨和香押寨，並安撫了天保寨、金柱寨和里託等地。嘉靖十六年（公元 1537 年），他征服中甸的高勝寨。嘉靖十九年（公元 1540 年），安南反叛朝廷。木公調集他的軍隊，準備配合政府軍征伐。但奉到兵部尚書毛伯溫〔註 51〕的命令，暫時整軍待命，但事先選擇運兵道路，準備起兵。此時，皇帝賜他一個 10 兩重的銀酒杯，傳之後代，作為傳世之至寶。

　　嘉靖二十四年（公元 1545 年），他征服香水、勝新寨以及天保寨。嘉靖二十六年（公元 1547 年），他再次征服香水和勝新寨。嘉靖二十七年（公元 1548 年），他征服你那的長勝和天高寨，然後命令長子阿目帶兵攻下毛佉各〔註 52〕，并制服礦粗〔註 53〕、當來、魯古等寨。嘉靖二十八年（公元 1549 年），他命令阿木帶兵制服幹陶和各伴巴寨。嘉靖三十二年（公元 1553 年），他親自帶兵征服和重建中甸的天生寨。

　　木公生於弘治七年七月初十日（公元 1499 年 8 月 10 日），卒於三十二年九月初十日（公元 1553 年 10 月 16 日）。他的第 1 個妻子阿室蒙是武定知府鳳家〔註 54〕的女兒，官名為鳳氏睦，受恭人的誥封。她生一子取名阿目，阿目承襲父職。木公的第 2 個妻子叫阿室於，官名是鳳氏韶，生二子，名阿價、阿退。嘉靖四十年（公元 1561 年），由於他兒子的功勳，皇帝追封木公為亞中大夫，追封其妻鳳氏睦為淑人。

第 15～19 代

　　第 15 代：阿公阿目（圖 26），麗江知府，官名木高〔註 55〕，字守貴，號端峰，又號九江。他作為長子，承襲了父職。嘉靖三十三年（公元 1554 年），

〔註 51〕毛伯溫是兵部尚書，於公元 1539 年統率軍隊征討安南。

〔註 52〕毛佉各屬於臨西縣。

〔註 53〕礦粗是石鼓這面石頭上銘刻的寫法（銘刻的譯文參看第四章第一部分）。

〔註 54〕武定是昆明迤北 3 站路的一個城鎮。木公的兩個妻子都是鳳朝明的女兒。鳳朝明的土名是矣祿，他是鳳氏的第二代世襲土知府。他家的祖先原來姓阿，公元 1488 年奉朝廷命令改姓鳳。他的第一個祖先叫阿而，在宋朝淳熙年間（公元 1174～1189 年），被大理國王段與智任命為羅婆部酋長（參看《武定州志》第 3 卷）。

〔註 55〕公元 1548 年戰勝吐蕃的就是木高，這事刻在麗江石鼓上，日期為公元 1561 年 10 月（參看第四章中《石鼓上的銘文》一節）。

他的世襲權被保舉和批准。同年，他征服並重建你那的天接、黃金橋等寨。嘉靖三十四年（公元 1555 年），朝廷批准了保舉他為其父職位合法繼承人和麗江軍民府知府的申請。同年，他征服和重建鼠羅的那水寨和天掌寨，立各寨則歸降。

嘉靖三十五年（公元 1556 年），阿目接到吏部所發急字第 4996 號文憑，同年二月初九日（公元 1556 年 3 月 19 日），阿目正式就職。嘉靖三十八年（公元 1559 年），孤蒲帶領很多部落民包圍了中甸的高勝寨。阿目接到急報後，命令他的長子阿都帶領軍隊前往解圍。其子殺死很多匪徒，大獲全勝。

嘉靖三十九年六月初九日（公元 1560 年 7 月 2 日），他責成能幹的從屬制訂了某項巨大工程所需的經費預算。由於這事的功績，雲南總督的工部任命他為三品官〔註56〕，奏請吏部批准，申請誥命，根據慣例，他選擇良馬、土產派專使赴京進貢。雲南的 3 個最高官員協助支持他，從省倉庫中撥出 10 個人的口糧，並供給馱馬 10 匹，運送貢品到京。

嘉靖四十年八月初八日（公元 1561 年 9 月 16 日），他向吏部申請批准三品官的任命，並請求誥命。於是皇帝頒發信字第 876 號誥命一道，封他為亞中大夫，誥命中的褒辭如下：「誠心報國，割股奉親，化行邊徼，威振北番，以德其名，忠孝兩盡，因才而譽，文武兼全，茲特升爾官居三品，位列九卿，世襲尊榮，永為喬木世家。」封他妻子左氏淑為淑人。此外，皇帝還御筆書贈 4 個字：「喬木世家」〔註57〕，（意思是被褒揚的古老而光榮的木家），並准許他在房子前面建一牌坊，並在上面的橫額刻上這 4 個字。

根據《皇明恩綸錄》第 22 節記載，在頒發正式任命和禮物時，在詔書上這樣寫著：

> 「奉天承運，皇帝制曰：朕惟帝王之治，以天下為家，故命官賜爵，無間遐邇，所以廣綏懷之道，示徵勸之典也。爾雲南麗江軍民府，世襲土官知府加授三品亞中大夫木高，粵自先祖，職役黃堂，累建功勞，世臣藩捍，爾能克禶簪纓，誠心報國，割股奉親，化行邊徼，威鎮北藩，以德其名，忠孝兩盡，因才而譽，文武兼全。茲

〔註56〕上述幾句的原文是：「三十九年裏六月初九日，本司箚付，預計財用，責成重臣，以期速濟大工事。都院由工部箚付，授三品文質。」——校者

〔註57〕喬木世家這 4 個字中，頭兩字來源於《詩經》中的詩句「南有喬木」。選這 4 個字的原因是因為麗江土司姓樹木的木，而他們住在京城的南部。

特升爾官居三品，位列九卿，賜誥命以示褒榮，國泰保境安民，祇
服龍章之渥，永為喬木世家，欽哉！」

皇帝在此道誥命中繼續寫道：

「制曰：國家報功之典，既錫爵於其夫，而推恩必及其配者，
所以重人倫之本，勵相傳之道也。爾雲南麗江軍民府世襲土官知府
加授三品亞中大夫木高妻左氏，素稟懿德，閥閱世家，善相其夫，
聿成賢譽，茲特錫之誥命，封為淑人，承此綸恩，永光閨壼！嘉靖
四十年月日給。信字捌百柒十柒號。」

皇帝又賜木高綵緞 3 疋、銀錠 600 個，並賜回雲南省 3 個最高官員所供
給的 10 人口糧和 10 匹馱馬，歸還省倉，所有各類物品安全地送到知府衙門。
同年八月初七日（公元 1561 年 9 月 15 日），當禮物遠送到木高的衙門時，他
面北長跪，向皇帝表示誠懇的謝意。所賜禮物俱記錄於應襲冊內。

嘉靖四十三年（公元 1568 年），木公命令他的兒子阿都解勝保寨之圍，
並繼續進軍，征服鼠羅的金加刺和秋光。嘉靖四十四年（公元 1565 年），他
征服你那的磋各、立壓地兩寨。隆慶二年五月（公元 1564 年 5 月 27 日～6 月
26 日），他派阿都征討巴託、各立等地，平息了部落首領孤蒲的鬧事。

阿目生於正德十年正月二十二日（公元 1515 年 2 月 5 日），卒於隆慶二年
冬月十一日（公元 1568 年 11 月 29 日）。其妻阿室毛係蒙化知府左氏〔註58〕之
女，官名為左氏淑。誥封為淑人，她生兩子：阿都、阿春，長子阿都承襲父職。

第 16 代：阿目阿都（圖 27），麗江知府，官名木東，字震陽，號文岩，
又號鬱華，是木高的長子，繼承父取。隆慶三年（公元 1569 年），他的世襲
權被保舉和批准。同年，他命令屬下各地人民追擊部落首領孤蒲，把孤蒲的
屬眾徹底擊潰。隆慶四年（公元 1570 年），他派他的軍隊進攻才甸寨並取得
勝利。同年，他接到吏部所發急字第 32 號文憑，同年十二月十八日（公元 1571
年 1 月 13 日），他正式就職。然後征服和重建你那的天喜寨。隆慶六年（公
元 1572 年），你那利幹毛寨頭人相刀〔註59〕向木東懺悔以前的所作所為。

〔註58〕 左氏淑的祖先是左青羅，他是元朝時期順寧府的一個土著同知，他的後裔左
　　　　禾在明朝時擔任 9 個部落的夥頭兼順寧土司的通事。因為他於永樂三年說服
　　　　叛逆高大惠投降，因此成為蒙化府的知州，這個職務以後就成為世襲（參看
　　　　《蒙化府志》第 4 卷）。
〔註59〕 沙畹在其著作中所寫的名字為相刀胡目。「胡目」這個形容詞亦出現在麗江石
　　　　鼓的銘文中。

萬曆二年（公元 1574 年），阿都選擇良馬、土產，派專使赴京進貢，謝恩請誥。同年，他重建香水寨和雷勝寨。萬曆三年（公元 1575 年），皇帝頒發智字第 104 號誥命，封他為中憲大夫，追封其亡妻高氏嫻為恭人，他的繼室孟氏富也被封為恭人。皇帝還賜他「西北藩籬」4 個大字，並允許他建一牌坊，刻上這 4 個字。皇帝又賜他綵緞 3 疋、銀錠 600 個，付給他所派進貢人員的旅費、12 人的口糧和 4 匹馱馬。同年十月二十一日（公元 1575 年 11 月 22 日），當皇帝所賜禮物到達他的衙門時，他面北長跪，叩謝聖恩。同年，他親自帶兵征伐剌秋光寨，並令其長子阿勝進攻那其音寨和你保村寨，大獲全勝，斬首 400 名，生擒俘虜 300 名以上。萬曆五年（公元 1577 年），西番部落民進攻你那的毛伕各寨〔註 60〕，他令長子阿勝領兵追擊。西番部落民準備抵抗，已經聚集了數萬人，佔領了刀那丁思江口的阿西、集苴岩二寨作為總部。

最初，阿勝率領的部隊在戰役中失利，故迫撤出防線，西番部落民士氣大振。阿勝於是下令部隊分為 4 營，奮勇作戰。終於攻破險寨 2 處，殺死和俘獲 1000 餘名，藏匿退卻的人最後也都被捕獲。他隨即揮師向娘的、果宗、草那目、春幹、陶其尾、阿西你和王略哨進軍，這些荒涼區域都歸隨投降。萬曆七年（公元 1579 年），阿都建立香水、勝烈、俸楊等寨。

阿都生於嘉靖十三年甲午九月二十六日（公元 1534 年 11 月 1 日），卒於萬曆七年己卯冬月十八日（公元 1579 年 12 月 6 日。其妻阿室魯，係北勝州高知州〔註 61〕的女兒，她的官名叫高氏嫻，被誥封為夫人，生 3 子，其名為：阿勝、阿成、阿先。阿都的繼室叫阿氏揮，係順寧府猛知府的女兒，她的官名叫猛氏富。阿都的長子阿勝承襲父位。

〔註 60〕毛伕各在臨西縣境內，而臨西屬於你那（你那即今維西）。
〔註 61〕她的第一個祖先是高斌祥，他是元朝時期北勝第一個土知州。由於他的功績，雲南官員奏准授他為中順大夫，他死於時洪武十三年（公元 1380 年）。阿室魯的父親是北勝第 9 代世襲土知州高德，高德於明嘉靖三十三年（公元 1554 年）就職（參看《永北通志》第 3 卷）。順寧在大理南面和西南面 320 里。順寧的第一個土知府是猛哄，他是蒲蠻（古稱濮）酋長孟祐的後裔。這個部族除在順寧外，還住在景東、普洱和附近區域，他們在元朝時歸順中國。當孟祐在元明宗皇帝天曆元年（公元 1329 年）歸順中國王朝時，他的姓正式改為猛（勇猛的意思）。——參看 1725 年版《順寧府志》第 5 卷第 26 節。猛哄是明洪武十五年（公元 1382 年）奉命統治順寧的。後來他的人民停止繳納稅款，互相爭鬥殘殺。結果，大理的一個軍事官員進攻並征服了它們，征服以後就設置了一個流官。

　　第17代：阿都阿勝（圖 28），麗江知府，官名木旺，字萬春，號玉龍，又號坤崗〔註 62〕。他是木東的長子，承繼其父職位。萬曆八年（公元 1580年），他的世襲權被保舉和批准。萬曆九年（公元 1581 年），他接到吏部所發急字第 58 號文憑。同年三月二十一日（公元 1581 年 4 月 23 日），他正式就職。同年，他建立照可的立習各、天靈兩寨。萬曆十年（公元 1582 年），永寧五所〔註 63〕的士兵焚燒並摧毀鼠羅的 27 個小村子。同年正月，他親自帶兵征剿，迫使他們退回永寧境內。同年八月，他又率領主力部隊，分兵前進，幾路圍剿。當他到達鼠羅的刀立寨時，左所頭人糾集許多兵士包圍了他的指揮部。他率部奮勇突圍，擊潰敵人。他乘勝追擊，繼續進攻並征服了香水、普剌和加瓦等寨。萬曆十一年（公元 1583 年），由於部落民鬧事，他供給政府紋銀 1000 兩以作部隊軍需之用。同年，他親率軍隊進攻永寧，征服阿羅、光立等寨，並生擒鬧事的知府阿雄〔註 64〕和隨從多人，但並未殺他們。萬曆十二年（公元 1584 年），阿雄的殘部與五所鬧事者聯合起來，重新包圍了香水寨和光矢寨。阿勝親自統兵解圍，將鬧事者完全擊敗，然後他征服香水瓦，並重建了天祐寨。同年，對緬甸發動征討，他供給政府紋銀 2000 兩。萬曆十三年（公元 1585 年），他挑選良馬、土產，派專使赴京進貢，謝恩請誥命。皇上賜他 3 種珍貴禮物，叫他的專使帶回官方覆文。

　　萬曆十四年（公元 1586 年），他重建香柱寨。然後，帶兵進軍剌他〔註65〕，並攻下香水、戟買、羅相和丈明原等寨。萬曆十五年（公元 1587 年），他捕獲並殺死左所〔註 66〕命匪首阿卷和剌毛加。萬曆十六年（公元 1588年），他佔領和重建卜瓦、寶之兩寨。同年，剌他的西番部落勾結五所的人包圍了香柱村，他立刻領兵前往解圍，大獲全勝。同年，雲南巡撫與其他 3 個大員聯名代他奏呈皇帝，皇帝頒發仁字第 931 號誥命，授他為中憲大夫，封他妻子羅氏寧為恭人。萬曆十七年二月（公元 1589 年 3 月 16 日～4 月 14

〔註 62〕在《木氏宦譜》（乙）中，坤崗寫為神崗。
〔註 63〕曾經一度歸永寧管轄的五所是納西土司所統治的 5 個區，屬於現在的四川西南。
〔註 64〕阿雄是永寧土司家的第 8 代，他於明萬曆二年（公元 1574 年）就職（繼承其兄阿英），卒於 1586 年（參看第五章《永寧土司的家譜》一節）。
〔註 65〕剌他是左所的納西名稱，「喇」是左所土司的姓，因此地名取為剌他。
〔註 66〕明永樂十五年（公元 1417 年），左所頭人的名字是剌馬非，其名字第一個字在《木氏宦譜》上寫為剌，其實應寫為喇。

日），當欽命到達他的衙門時，他面北長跪，叩謝皇恩。同年，他重建照可的均魯瓦寨。萬曆十九年（公元 1591 年），他重修你那三巴丁佐村的鐵索橋〔註67〕。萬曆二十年（公元 1592 年），他在你那的昭蒼村修築圍牆。萬曆二十一年（公元 1593 年），他又建建香水和普保寨。萬曆二十二年（公元 1594 年），他重築巴託和卜習兩寨的圍牆。同年，緬甸入侵者劫掠永昌、騰越〔註68〕等城，因此他領兵前往，以解民困，迫使入侵者後撤。萬曆二十三年（公元 1595年），他重建你那的宗者和銀柱寨。崇禎四年（公元 1631 年），由於他孫子的軍功，皇帝封他為通奉大夫，並加布政使銜，其妻子羅氏也誥封為夫人（《皇明恩綸錄》第 40 頁中記載說，除通奉大夫的封號外，還加廣西省布政使司協理布政使的榮銜）。

阿勝生於嘉靖三十年九月初一日（公元 1551 年 9 月 30 日），卒於萬曆二十四年五月十三日（公元 1596 年 6 月 8 日）。他的妻子阿室能，是蘭州知州羅氏〔註69〕的女兒，她的官名是羅氏寧。她生 3 子，名阿宅、阿希、阿祥。長子阿宅繼承父位。

根據《皇明恩綸錄》第 35 頁記載，皇帝頒發給他仁字第 554 號誥命，其中說：

> 「爾中憲大夫雲南麗江軍民府木旺，……因志存乎靖亂，遂身斃於臨戎。大節不磨，芳規可式，茲特贈爾為中憲大夫、雲南布政司右參政。」

《木氏宦譜》中沒有提到這些事，而《皇明恩綸錄》所記載的帝王誥命，開頭一句就說木旺是為平息叛亂而在戰場上捐軀的。

第 18 代：阿勝阿宅（圖 29），麗江知府，官名木青，字長生，號喬嶽，別號松鶴。他是木旺的長子，承襲父位。萬曆二十年（公元 1592 年），在他

〔註67〕 在今天的維西縣沒有任何鐵索橋或鐵鍊橋，除非南面蘭坪與雲龍之間的區域當時包括在你那區域內。在沘江上面有幾座鐵鍊橋，戴維斯少校的地圖稱沘江為羅馬河。

〔註68〕 此地所指的是雲南西南部的永昌和騰越兩城。

〔註69〕 蘭州的第一個土官叫做羅克，是蘭州人。在元朝時他被封為萬戶（1 萬戶人的領袖），在明洪武年間（公元 1368～1398 年），他率領他的人民歸順。由於建立了軍功，他被任命為土知州。他的後裔羅才與木家第 8 代的木初一道進攻伯夷（頭人）刀千孟，戰績卓著。這個職務一直是世襲的，到羅燦所擔任土舍一職時，其世襲權就不被承認了（見《雲南通志》第 143 卷）。

的世襲權還未被批准以前，雲龍州的力蘇族〔註70〕搶取五井鹽縣的政府官鹽，他接到總兵官、南征將軍、太師、黔國武靖公沐昌祚〔註71〕所發並有雲南其他兩大員聯名簽字的急令，命他處理這件事。他親自率領軍隊，擊退當事者，斬殺多名。因此，他受到花卉圖案盾牌和其他禮物的賞賜。

萬曆二十四年（公元1596年），阿宅的世襲權被保舉和批准，於是他正式就職。萬曆二十五年（公元1597年），大侯州〔註72〕和順寧等城發生造反，他供給政府紋銀4000兩，補助軍餉。萬曆三十四年（公元1606年），由於他兒子的軍功，皇帝頒發義字第284號誥命，追封他為中憲大夫，追封其妻羅氏春為太恭人。天啟七年（公元1627年），皇帝允許其子為母羅氏建立貞節牌坊。崇禎四年（公元1631年），由於其子又建立軍功，皇帝又頒發仁字第4號誥命，追封他為二品通奉大夫加布政使銜〔註73〕，追封其妻羅氏為夫人（傳說木青因厭世而在麗江雪山自殺）。

據《皇明恩綸錄》第27頁所載，皇帝追封木青的詔書，其文如下：

「爾木青乃雲南麗江軍民府土官知府木增之父，……茲以子恩贈爾為中憲大夫雲南麗江軍民府土官知府等榮耳！不得於身，則得於子，而身殞則益彰，而靈爽實式承之，服此休光，責乎泉壤。」

阿宅生於隆慶三年八月初八日（公元1569年9月18日），卒於萬曆二十五年十月十五日（公元1597年11月23日）。其妻阿室加係蘭州羅知州的女兒，她的正式名字為羅氏春。生一子名寺，承襲父職。

第19代：阿宅阿寺（圖30），麗江知府，官名木增，字長卿，號華嶽，又號生白，是木宅（即木青——譯者）的獨生子，承繼其父職位。萬曆二十六

〔註70〕倮倮或力些是住在雲南省西南部特別是雲龍周圍的土著民族，他們在雲南不形成特定的聚居區域，而是散居整個省內，在麗江東北的永寧境內甚至也有一些倮倮村子。雲龍州城位於沘江之上，沘江也稱羅馬河，在騰越（騰沖）的東北部。在麗江府，他們住在玉龍山金沙江峽谷口阿昌界（即虎跳峽——校者）的陡峭懸崖上。在他們附近住著另一個部落，稱為仲家，原來從廣西遷來。

〔註71〕沐昌祚是雲南的軍事提督兼世襲的黔國公，他是朝弼的兒子，朝弼因為失職，於明隆慶六年（公元1572年）被罷官。

〔註72〕古時的大侯州在順寧東南150里，以前它是蠻夷之地。他們的領袖孟祐，屬於蒲蠻部落。他們在元朝中統年間（公元1260～1263年）歸順朝廷。明萬曆二十五年（公元1597年）大侯州改名雲州，現稱雲縣。

〔註73〕在明朝時，布政使就是一省之長，但後來布政使變為一省的司掌財政之官。

年（公元 1598 年），他的世襲權被保舉和批准。同年，香水寨〔註74〕首領阿丈刺毛鬧事。木增帶兵征剿，擊潰鬧事者。萬曆二十七年（公元 1599 年），他進攻香水、好堯等寨的鬧事者，大獲全勝。萬曆二十八年（公元 1600 年），奏呈皇帝，皇帝批准他的世襲權，頒發吏部所發急字 10 號文憑，同年七月初十日（公元 1600 年 8 月 18 日），他正式就職。他在中甸陶甸寨捕獲部落民首領呸哩。萬曆二十九年（公元 1601 年），他進剿香水、蒲瓦和好堯諸村的鬧事者，並取得勝利。然後他又派兵到你那的才甸寨，又獲大勝。同年，與鼠羅村（木里迤西）的部落民激戰，獲得勝利。又討伐香水、左所、好甸等村聯盟的鬧事者，殺死不順從的首領西原苴。

萬曆三十年三月（公元 1602 年 4 月 22 日～5 月 20 日），他在征伐順大寨的戰役中人獲全勝。他仔細地考察這次戰役中士兵們的功過，並論功行賞，皇帝也賜他紋銀 20 兩。然後，他又征剿香水、好甸和當丁江口的叛逆，也得到勝利。萬曆三十一年（公元 1603 年），他重修你那鹽井的永鎮橋〔註75〕。同年，阿寺擊殺鼠羅村呸哩。萬曆三十三年（公元 1605 年），在香水寨把胡江右岸擒獲部落民首領阿丈刺毛，將其斬首示眾。

萬曆三十四年（公元 1606 年），按照通常官規，他派專使赴京申請誥命。通過吏部專奏，皇帝批覆欽准。同年六月（公元 1606 年 7 月 5 日～8 月 3 日），吏部發出皇帝的誥命，追封其父木青為中憲大夫兼麗江知府職銜，其母羅氏春封為太恭人，同時吏部給他的封號與他父親相同，其妻祿氏蘩被封為太恭人，皇帝頒發的誥命是義字第 283 號。萬曆三十五年二月（公元 1607 年 2 月 26 日～3 月 27 日），他面北長跪，拜謝皇恩。

萬曆三十七年（公元 1609 年），他帶領軍隊到中甸地區的幹普瓦和巴託寨，部落民首領孤蒲率眾投降。萬曆四十年（公元 1612 年），他派兵進剿你那的才甸，大獲全勝。萬曆四十一年（公元 1613 年），他進擊照可的巴託村，又獲勝利。萬曆四十三年（公元 1615 年），他生擒達子〔註76〕3 人，連同殺

〔註74〕這是今天永寧以東的左所區域，在四川西南部。在南詔國統治時期，今天的鹽源縣稱為香城郡，香水村就屬於香城郡，這個村名的第一個字顯然是來源於香城郡。

〔註75〕你那城所在的這條河稱為永春河。這裡所提到的屬於你那（維西）的鹽井只能是喇雞鳴鹽井，但這個鹽井不屬於今天的維西縣。喇雞鳴曾一度屬於麗江，位於蘭坪西面。

〔註76〕即對韃靼人的歧視之稱。——校者

死的部落民的首級以及繳獲的武器，直接送給雲南省的 3 個大員，登記軍功。萬曆四十四年（公元 1616 年），他攻下鼠羅的魯巴丁村。萬曆四十五年（公元 1617 年），他又旅兵征討巴託村，又獲勝利。四十六年（公元 1618 年），他推備馬匹和土產等禮物，派專使到京城進貢，慶祝皇帝生日。皇帝賜他和他的妻子很多漂亮的細麻布、絲綢、綵緞和許多銀錠、靴、襪等，並賜給他保衛邊疆的聖諭一道，他敬謹領受。

同年，因奉天〔註77〕的遼陽城告警，他直接運紋銀 1 萬兩給戶部，供給軍餉、戶部把這筆款轉交兵部，並代他登記功績。皇帝命令把這件事認真刊印發行，通報全國官員，以此作為良好楷模，同時皇上通過吏部頒發給他 1 套三品官官員禮服和一個重 30 兩的銀錠。萬曆四十七年（公元 1619 年），他指令巴託的 5 個寨子為官府供給若干勞役。萬曆四十八年（公元 1620 年）〔註78〕，他送紋銀 1200 兩到京城，供軍隊購買騎兵馬匹。皇帝賜給他「忠義」兩字（圖 31）。同年，他通過勸導說服，使香水的日音阿均投降。當明朝皇帝光宗改年號為泰昌時，北勝州知州高世昌繼其堂兄高世戀的職務，但吏目高蘭想陰謀篡奪其位。阿寺奉命解決這事。他帶兵前往北勝，把主犯高蘭和許多從犯全部捕獲。為了嘉獎他的這一功績，朝廷賜他花卉圖案勳章和其他珍貴禮物。天啟二年（公元 1622 年），四川部落奢姓頭人〔註79〕叛亂，阿寺又捐了很大一筆錢給政府，作為剿滅叛亂的軍餉。

由於這些功績，雲南總督賜他一個鍍金的花卉圖案銀質勳章和綵緞多疋。皇帝又賜他 1 套三品官的禮服、紋銀 30 兩和兩卷絲麻。同年，阿寺派專使到京城，向皇帝呈奏疏十條，又捐紋銀 1000 兩，供政府作為在戰爭中陣亡將士的撫恤金或有傑出忠孝品德者的獎勵金。朝廷表揚他是一個忠臣，吏部批覆通知他說，皇帝升他為雲南布政使司右參政。天啟三年三月十四日（公元 1623

〔註77〕奉天是遼寧省的舊名。——校者

〔註78〕明神宗（年號萬曆）死於萬曆四十八年七月二十一日（公元 1620 年 8 月 18 日）。同年，他的兒子光宗繼承皇位，改年號為泰昌，還不到 6 個星期，就於九月初一（公元 1620 年 9 月 26 日）逝世。光宗的兒子熹宗於同年九月繼位，改年號為天啟，然而天啟從公元 1621 年開始。

〔註79〕這個部落領袖的名字叫做奢崇明，他是四川永寧世襲的宣撫使，屬於彝族。奢家第一次歸順中央王朝是在洪武年間（公元 1368～1398 年），奢崇明只是奢家的一個遠支。永寧（不要與雲南西北的永寧混淆起來）以前屬於貴州，而現在是四川敘永的一部分（北緯 28°8′，東經 105°18′。參看《明史》第 249 卷，《四川通志》第 98 卷第 2 章）。

年4月13日），他恭敬地接受任命。天啟四年（公元1624年），他告老退職。

天啟五年（公元1625年），他捐給政府紋銀1000兩，作為士兵的軍餉，並把這筆資金直接送給雲南布政使。同時，他派人到京城申請誥命。皇帝頒發仁字第550號誥命，封他為太中大夫兼雲南布政使司右參政，誥封他的妻子祿氏為淑人，同時，也頒發兩道特殊誥命，對他的父母和祖父母追封不同的封號。天啟六年四月初九日（公元1626年5月4日），他北向長跪，拜謝皇恩。同年，他提供給政府許多勞工，並藉此申請皇帝表彰他母親的貞節。天啟七年（公元1627年），皇帝准許他為其母建貞節牌坊。崇禎元年（公元1628年），雲南總督閔夢得〔註80〕代他奏請皇帝，表揚他過去的事蹟。

同年，他奉令帶兵赴雲龍縣〔註81〕平亂，生擒部落民首領13人。然後，他把所繳獲的武器送交雲南政府。三年（公元1630年），他重建你那的三巴丁伕村和青龍、威遠〔註82〕的橋樑，捐助大量款項給京城和貴州省補助士兵軍餉，並把款直接送到兵部。於是，雲南總督朱燮元〔註83〕代他奏明皇帝，皇帝於崇禎四年五月（公元1631年5月31日～6月28日）頒仁字4號誥命，封他為廣西布政使司右布政使，並授通奉大夫，他的妻子祿氏則誥封為夫人，對他的父母和祖父母頒兩道特殊誥命，分別追封不同的封號。崇禎五年四月初四日（公元1632年5月22日），他北向皇帝宮闕，長跪謝恩。崇禎七年（公元1634年），鶴慶城當地學者邀請他參加一個盛宴（此句原文為：鶴慶鄉飲酒學道敦請——校者）。

崇禎十年（公元1637年），他收覆照可縣的楊立村。又派許多勞工參加帝國陵墓的工程，並捐紋銀500兩給朝廷。崇禎十三年八月（公元1640年9月16日～10月14日），吏部批覆通知他，皇帝升他為四川布政使司左布政使，並准許他在雲南省會建牌坊，以表彰他的忠誠并樹為榜樣，以鼓勵所有其他各省的土司傚仿。皇帝又賜他絲綢綵緞、羊羔美酒〔註84〕，連同皇帝命

〔註80〕閔夢得治理過雲南與貴州。

〔註81〕雲龍縣坐落於沘江江邊（北緯25°54′，東經99°36′，係帕來菲所測。按戴維斯所測是北緯25°50′，東經99°50′），居民以民家部族為主。

〔註82〕青龍是景東迤南的一個小鎮，在把江邊附近；威遠（北緯25°30′，東經100°45′）是普洱西北的一個城鎮，位於巴景河（威遠河）西岸，威遠現在稱為景谷，它在一個叫香鹽井的鹽井附近。

〔註83〕朱燮元，浙江山陰人，在公元1584年得到博士（翰林——譯者）學位。他的第一個職務是大理寺的法官（見《明史》第249卷第1節）。

〔註84〕古時有賞賜一隻羊和一罐酒作為禮物的習慣。

令一道送雲南布政使司，再由布政使司派專員送給他，他敬謹接受。同年，阿寺重建你那鹽井的那牙村。崇禎十五年（公元 1642 年），在滇藻〔註85〕、當瓦〔註86〕、知甸各地的番夷（西番和彝人）以及必勺 4 個山區的力蘇（儸儸）都歸順朝廷。崇禎十六年（公元 1643 年），劍川〔註87〕州的百戶李永鎮〔註88〕及其兄弟等叛亂，殺了知州。阿寺奉命解決這事，成功地把他們完全捕獲，押送到總督衙門。崇禎十七年（公元 1644 年）〔註89〕，他派民工支持政府工程，並以大量金錢援助南京朝廷應付急需的軍餉，於是皇帝封他為太僕寺正卿。

弘光元年（公元 1645 年）〔註90〕，他奉命進攻滇藻縣城，解決頑固的部落民所引起的事端。同年，皇帝派欽差命他招募滇勇（雲南兵士）。同時，由於他資助軍餉的功績，陳都御史派宮員送給他繡有金花和四爪龍的綵緞，他恭敬地接受。隆武二年四月（公元 1646 年 5 月 15 日～6 月 12 日），吏部通知他，皇帝批准升他為太常寺正卿，並賜他一個特殊上諭，對他全家表示祝賀。

阿寺生於萬曆十五年八月十五日（公元 1587 年 9 月 19 日），卒於隆武二年八月初一日（公元 1646 年 9 月 9 日）。他的妻子阿室於係寧州知州祿華誥〔註91〕，的女兒，她的官名是祿氏蘩，誥封為夫人。他的第 2 個妻子是賢惠

〔註85〕滇藻是永寧以南、永北以北的一個納西土司領地，永北在麗江以東 4 站路。

〔註86〕當瓦或者就是指住在中甸以北的土著人，這些土著人直到今天仍舊時常流動於中甸和中甸以南地區。公元 1933 年他們侵襲中甸，並佔領了中甸一段時間，以中甸作為對付附近區域的根據地。公元 1942 年，5000 多土著人又佔領中甸很長時間，直到雲南軍政府派飛機來轟炸他們，才將其趕走。

〔註87〕劍川城在麗江以南兩天路程，位於北緯 26°29′，東經 90°54′。

〔註88〕《雲南通志》第 142 卷和《天下郡國利病書》第 109 卷中都把這個名字寫為楊永鎮，而不是李永鎮。

〔註89〕這一年應為清順治皇帝元年（公元 1644 年）。木家對明朝效忠直至最後，因此在家譜中仍稱崇禎十七年。

〔註90〕根據《滇雲歷年傳》第 10 卷記載，福王在江南（安徽、江蘇和浙江）即位，改年號為弘光，時為清順治二年。同年他逝世，唐王繼他即位於福建，年號隆武。

〔註91〕祿華誥是寧州土司。他的祖先普捷在元朝時是甸町宣慰司。甸町在通海縣東北 5 里，而通海又在臨安府東北 150 里。在明代，那裡有一個名叫弄甥的人，在明初（公元 1368 年）對雲南的開發中取得軍功，皇帝賜他姓祿。並於洪武十五年（公元 1382 年）被任命為寧州土知州。寧州是臨安府北部的一個州，寧州這個地名源於至元（忽必烈年號）十三年（公元 1276 年）。在天寶末年（約公元 755 年），寧州被蠻人所攻陷，當時寧州稱為浪曠，而土人用他們的

的阿室揮，生長子阿春，承襲父位。他的第 3 個妻子是有德的阿室哥，或稱阿室榮，生 3 子：阿先，阿寶、阿仁。

第 20 代：阿寺阿春（圖 32），知府〔註 92〕，官名木懿，字崑崙，號臺美，是木增長子，承襲父職。自幼穎慧，愛敬渾全，膽識過人，其父木增很鍾愛他。天啟四年（公元 1624 年），當他父親告老到芝山〔註 93〕休養時，他的世襲權被保舉和批准。他每天早晨雞鳴即起，梳髮洗面以後，就在他父親臥房門外安靜地等著向他父親請安。他經常把一些重要問題提出來，向父親求教，然後才去用早餐，並根據父親的忠告處理事務。崇禎九年六月（公元 1636 年 7 月 3 日～7 月 31 日），土著呸哩〔註 94〕帶領部下在雲南邊境大肆劫掠。阿春受父命，帶兵前往征剿，他和士兵一道渡江（金沙江）北上。呸哩聽說他帶領軍隊前來，不敢迎戰，而與從屬分散遠逃到荒涼的地方。這樣，阿春平息了

語言稱之為旱龍。寧州是今天的黎縣（現稱華寧），黎縣之名在唐朝（貞觀八年（公元 634））時得來的，當時稱為黎州。

《通海縣志》第 3 卷說，漢朝甸町城的廢墟在通海城的北面。蒙氏在那裡建立了一個都督府，段氏設立節度使，並改城名為秀山郡，然後又改為通海郡。元朝時成立宣慰司。

〔註 92〕我在第二章第四部分中提過，張志淳說《木氏宦譜》是木公在繼他父親木定任土知府以前所編纂的，於公元 1516 年編完。請注意《木氏宦譜》的記述在截至木增（木生白）時，每代是第幾部寫得很明白，如木增是第 19 代。從阿初（木懿）起，第幾代這一數詞被省略了。看來，截至第 19 代的《木氏宦譜》是完整的，因為現在所發現的包括第 24 代在內的《木氏宦譜》末頁，其日期是公元 1648 和公元 1650 年；這張末頁題署必然是放在第 19 代譜系之末（木增卒於 1646 年）。這部《木氏宦譜》的編纂工作由於木懿被吳三桂監禁而中斷。其大部分是木公編纂的，在他之後必然是他兒子、孫子等繼續編纂，沒有另外的末頁題署告訴我們完成這部《木氏宦譜》其餘部分的是誰。

〔註 93〕芝山在玉龍山的南部橫嶺上，位於白沙村的西面。

〔註 94〕呸哩顯然就是土著部族必烈，公元 1639 年到麗江旅行的徐宏祖在所著的《徐霞客遊記》（1929 年上海出版）第 12 卷記載：「胡股、必烈，俱麗江北界番名。甲戌歲（公元 1634 年），先有必烈部下管鷹犬部落，得罪必烈番主，遂居界上，剽竊為害……麗江出兵往討之……麗師大敗。」必烈部族所居住的區域據說在麗江以北相距兩個月的路程。這個可以解釋《木氏宦譜》中的記載，說呸哩聽說他帶領軍隊，不敢迎戰就與部下分散遠逃到荒涼的地方〔參考沙畹發表在《通報》上的文章《史地文獻》（Documents Historipues et geographiques in Toung-pao）第 8 卷第 630 頁和巴克（Bacot）所著《麼些研究》（Les Moso，第 192 頁）〕。徐霞客的記載與《木氏宦譜》的記載對這次戰役的說法不一致，很可能徐的記載是正確的，因為木家太驕傲，不肯承認戰敗。然而曾有說木增於公元 1603 年在鼠羅殺死匪首呸哩（顯然呸哩的部下就是用呸哩的名字作為他們部落的名字）的記載（參看本書第二章第六部分）。

事端。

崇禎十年（公元 1637 年），阿春仔細地挑選良馬、土產等禮物，遵照慣例，派專到京城進貢，申請誥命，當時在滇蒪城有一個人名叫阿永年，想當那個州的知州，沒有成功，於是採取報復手段，謀殺了他的政敵梦如。阿春接到雲南總督和巡撫的命令後，親自領兵前往討伐，把阿永年徹底擊敗。阿春手下的人把阿永年殺死後，將人頭獻給阿春，這樣就輕而易舉地平息了這一事件。他在這次戰役中的功績，後來被奏知皇帝，皇帝因此下令把滇蒪州〔註 95〕並屬麗江。

崇禎十二年（公元 1639 年）皇帝封阿春為中憲大夫加雲南布政使同右參政銜，並照慣例賜他絲綢苧麻和許多銀錠。封他父親木增四川布政使的榮銜，並准許木懿在雲南省會建立一座牌坊，「益篤忠貞」4 字，表彰其功勞德行。

同時，由於軍事上急需用款，他把為建牌坊收集的款項，全部捐給朝廷作軍餉。崇禎十六年（公元 1643 年），雲南巡撫吳兆元〔註 96〕代他奏明皇帝，陳述他過去的事蹟以及他的忠心、服從和誠實的品質。吏部批覆通知他，皇帝准許他承襲其父太常寺正卿和布政使右參政的榮銜，作為鼓勵所有邊區土司的一個良好榜樣。崇禎十七年（公元 1644 年）〔註 97〕，皇帝升他父親木增為左布政使和太僕寺卿，並准他建立牌坊以紀功德。賜「位列九卿」4 字，以資表彰。不幸的是，丁亥年（公元 1647 年）流寇〔註 98〕作亂，這個牌坊和歷代皇帝賜給木家的公文、任狀、金銀以及本區人士所贈的各種頌揚文章，不是被燒，就是被搶，只有人的性命幸免於難。但後來又雲開見日，清朝順治十六年（公元 1659 年），皇帝派大軍到雲南掃蕩流寇。當流寇被完全擊敗後，住在這個區域的困苦的人民，又開始重安生業。當皇朝軍隊到雲南時，木懿率先服從大清統治，並向朝廷將軍們呼籲人民的疾苦。順治十七年十一月二十九日（公元 1660 年 12 月 30 日）吏都頒發公文和一顆官印，任命他為麗江

〔註 95〕滇蒪為阿姓土司所統治，這個區域現在歸永勝縣管。
〔註 96〕吳兆元是福建省莆田人，曾授進士的學位。明崇禎末年（公元 1643 年），他先任雲南巡撫，後來升任總督。見《雲南通志》第 120 卷。
〔註 97〕明崇禎於十七年三月十九日（公元 1644 年 4 月 25 日）黎明自縊於煤山（清代改名景山）。因此晉升木懿的命令，要麼是十六年下半年所頒發，要麼是十年年初，很可能是在十六年，因為任命書是在十七年到達麗江的。
〔註 98〕「流寇」指李自成和張獻忠的農民起義軍。李自成就是在明朝最後一個皇帝在煤山自縊後攻進北京的那位著名造反者，他是陝西米脂人（參看吉爾斯所著《人名大辭典》第 1226 條）。

知府。他與一些鄉賢父老出城外迎接官印和誥命，在欽差面前焚香跪拜，叩謝皇恩，隨即正式就職，遵照皇帝的誥封，仍舊承襲他父親任麗江知府，並把地方和人民管理得很好。他是清朝麗江府的開創之祖。

參考文獻

一、箋證所據諸本

1. 國家圖書館藏鈔本

2. 雲南省圖書館藏鈔本

3. 周汝誠編《納西族史料編年》，載國家民委民族問題五種叢書之一《中國少數民族社會歷史調查資料叢刊》，《納西族社會歷史調查》（二），昆明：雲南民族出版社，1986 年。

4. 木光編著：《木府風雲錄》，昆明：雲南民族出版社，2006 年。

二、史料

1. （漢）班固著：《漢書》，北京：中華書局，1964 年。

2. （後晉）劉昫等：《舊唐書》，北京：中華書局，1975 年。

3. （宋）歐陽修，宋祁撰：《新唐書》，北京：中華書局，1975 年。

4. （宋）蔡絛撰，馮惠民，沈錫麟點校：《鐵圍山叢談》，北京：中華書局，1983 年。

5. （宋）洪邁：《容齋隨筆》，上海：上海古籍出版社，1978 年。

6. （元）脫脫等撰：《宋史》，北京：中華書局，1975 年。

7. （元）脫脫等撰：《金史》，北京：中華書局，1975 年。

8. （元）劉應李編；（元）詹友諒改編；郭聲波整理：《大元混一方輿勝覽》，成都：四川大學出版社，2003 年。

9. （元）孛蘭肹等著；趙萬里校輯：《元一統志》，北京：中華書局，1966 年。

10. （明）宋濂等撰：《元史》，北京：中華書局，1976 年。

11. （明）馮時可撰：《明麗江知府木氏雪山端峰文岩玉龍松鶴生白六公傳》，藏雲南大學圖書館。

12. （明）蔡毅中撰：《雲南木大夫生白先生忠孝紀》，藏雲南大學圖書館。

13. （明）解縉撰：《永樂大典》，北京：中華書局，1986 年。

14. （明）李賢等撰：《大明一統志》，西安：三秦出版社，1990 年。

15. （明）不著撰人：《土官底簿》，《四庫全書》（史部十二，職官類一，第599 冊），上海：上海古籍出版社。

16. （明）申時行等修，（明）趙用賢等纂：《大明會典》，《續修四庫全書》（史部‧政書類，第 789 冊～第 792 冊），上海：上海古籍出版社，1996 年。

17. （明）明太祖撰：《明太祖文集》，《四庫全書》（集部六‧別集類五，第1223 冊），上海：上海古籍出版社。

18. （明）徐弘祖著；朱惠榮校注：《徐霞客遊記校注》，昆明：雲南人民出版社，1985 年。

19. （明）陳文修；李春龍，劉景毛校注：《景泰雲南圖經志書校注》，昆明：雲南民族出版社，2002 年。

20. （明）劉文徵撰；古永繼校點：《滇志》，昆明：雲南教育出版社，1991年。

21. （明）傅維鱗著：《明書》，北京：商務印書館，1936 年。

22. （明）李默：《吏部職掌》，載四庫全書存目叢書編纂委員會編：《四庫全書存目叢書》（史部第 258 冊），濟南：齊魯書社，1996 年。

23. （明）周季鳳纂修：《正德雲南志》，鄭志慧整理，方國瑜主編《雲南史料叢刊》（第六卷），昆明：雲南大學出版社，2000 年。

24. （明）李元陽：萬曆《雲南通志》，載楊世鈺，趙寅松主編：《大理叢書》（《方志篇》卷 1），北京：民族出版社，2007 年。

25. （明）畢自嚴撰：《度支奏議》，《續修四庫全書》（史部，詔令奏議類，第483～490 冊），上海：上海古籍出版社，2008 年。

26. （明）王世貞撰：《弇山堂別集》，北京：中華書局，1985 年。

27.（明）張紞編：《雲南機務鈔黃》，載《叢書集成初編》3977，北京：中華書局，1985 年。

28.（明）謝肇淛：《滇略》，《四庫全書》（史部十一，地理類三，第 494 冊），上海：上海古籍出版社。

29.（明）彭時：《寰宇通志》，《玄覽堂叢書續集》第 39 冊，臺北：臺灣正中書局，1985 年。

30.（明）王圻撰：《續文獻通考》，文海出版社，1979 年。

31.（明）尹守衡撰：《皇明史竊》，《續修四庫全書》（史部‧別史類，316 冊），上海：上海古籍出版社。

32.（明）劉基撰：《大明清類天文分野之書》，濟南：齊魯書社，1995 年。

33.（明）高岱撰；孫正容，單錦珩點校：《鴻猷錄》，上海：上海古籍出版社，1992 年。

34.（明）陶宗儀：《說郛》，北京：中國書店出版社，1986 年。

35.（明）鮑應鼇：《明臣諡考》，《四庫全書》（史部十三，政書類二，第 651 冊），上海：上海古籍出版社。

36.（明）蕭彥等撰：《掖垣人鑒》，四庫全書存目叢書編纂委員會編，《四庫全書存目叢書》（史部，第 259 冊），濟南：齊魯書社，1996 年。

37.（明）陸應陽撰：《廣輿記》，四庫全書存目叢書編纂委員會編，《四庫全書存目叢書》（史部，第 173 冊），濟南：齊魯書社，1996 年。

38.（清）張廷玉等撰：《明史》，北京：中華書局，1974 年。

39.（清）王夫之著：《永曆實錄》，長沙：嶽麓書社，1982 年。

40.（清）徐松：《宋會要輯稿》，北京：中華書局，1957 年。

41.（清）查繼佐：《罪惟錄》，杭州：浙江古籍出版社，1986 年。

42.（清）王鴻緒纂：《敬慎堂刊本‧明史稿》，臺北：文海出版社，1962 年。

43.（清）谷應泰撰：《明史紀事本末》，北京：中華書局，1977 年。

44.（清）紀昀總纂：《四庫全書總目提要》，石家莊：河北人民出版社，2000 年。

45.（清）靖道謨纂；鄂爾泰等修：《雲南通志》，揚州：江蘇廣陵古籍刻印社，

1988 年。）

46. （清）仁宗敕撰：《嘉慶重修一統志》，《四部叢刊續編》（史部・第 28 冊），上海：上海書店出版社，1984 年。

47. （清）管學宣、（清）萬咸燕纂修：乾隆《麗江府志略》，清乾隆八年（公元 1743）刻本，麗江縣志編委會辦公室，1991 年翻印本。

48. （清）夏燮著：《明通鑒》，北京：中華書局，1959 年。

49. （清）顧祖禹輯著，賀次君、施和金點校：《讀史方輿紀要》，北京：中華書局，2005 年。

50. （清）王崧著，（清）杜允中注，劉景毛點校，李春龍審定：《道光雲南志鈔》，《雲南文獻》1995 年第二期，昆明：雲南省社會科學院文獻研究所，1995 年。

51. （清）嵇璜、曹仁虎等敕撰：《欽定續文獻通考》，《四庫全書》（史部三八五・政書類），第 627 冊，上海：上海古籍出版社。

52. （清）毛奇齡：《西河全集・蠻司合志》，《雲南土司》，《續修四庫全書》編纂委員會編，《續修四庫全書》（史部・地理類，第 735 冊），上海：上海古籍出版社。

53. （清）師範纂：《滇系》，《中國方志叢書》（第一三九號），臺北：成文出版社，1968 年。

54. （清）倪蛻輯；李埏校點：《滇雲歷年傳》，昆明：雲南大學出版社，1992 年。

55. （清）謝聖綸輯，古永繼點校，楊庭碩審定：《滇黔志略・點校》，貴陽：貴州人民出版社，2008 年。

56. （清）范承勳撰：《雞足山志》，載楊世鈺，趙寅松主編，《大理叢書》（《方志篇》卷 10），北京：民族出版社，2007 年。

57. （清）高奣映著；侯沖，段曉林點校：《雞足山志》點校，北京：中國書籍出版社，2004 年。

58. （清）阮葵生著：《茶餘客話》，北京：中華書局，1959 年。

59. （清）周家楣，（清）繆荃孫等編纂：《光緒順天府志》，北京：北京古籍出版社，1987 年。

60. （清）沈德潛，（清）周準編：《明詩別裁集》，上海：上海古籍出版社，1979 年。

61. （清）魏源：《元史新編》，揚州：江蘇廣陵古籍刻印社，1990 年。

62. （民國）柯紹忞等撰：《新元史》，長春：吉林人民出版社，1995 年。

63. 屠寄：《蒙兀兒史記》，上海：世界書局，1962 年。

64. 趙爾巽等撰：《清史稿》，北京：中華書局，1977 年。

65. 龍雲、盧漢修，周鍾岳纂，江燕，文明元，王珏點校：《新纂雲南通志》，昆明：雲南人民出版社，2007 年。

66. 中央研究院歷史語言研究所編：《明實錄》，1962 年校印本。

67. 雲南省洱源縣志編纂委員會編纂：《洱源縣志》，昆明：雲南人民出版社，1996 年。

68. 楊世鈺主編：《大理叢書》（《金石篇》10），北京：中國社會科學出版社，1993 年。

69. 張永康，彭曉主編，雲南省博物館供稿：《木氏宦譜》，昆明：雲南美術出版社，2001 年。

70. 古永繼校正：《〈麗江土通判木瓊承襲清冊〉校正勘誤》，載張瑜，鄒建達，李春榮主編：《土司制度與邊疆社會》，長沙：嶽麓書社，2014 年。

71. 賓州縣志編纂委員會編：《雞足山志》，昆明：雲南人民出版社，1991 年。

72. 方國瑜主編；徐文德，木芹纂錄校訂：《雲南史料叢刊》，昆明：雲南大學出版社，1998 年。

73. 李汝明總纂，麗江納西族自治縣志編纂委員會編纂：《麗江納西族自治縣志》，昆明：雲南人民出版社，2001 年。

74. 雲南省中甸縣地方志編纂委員會編纂：《中甸縣志》，昆明：雲南民族出版社，1997 年。

三、論著

1. 陳子丹著：《民族檔案史料編纂學概要》，昆明：雲南大學出版社，2009 年。

2. 鄧少琴著：《鄧少琴西南民族史地論集》，成都：巴蜀書社，2001 年。

3. 方國瑜著:《雲南史料目錄概說》,北京:中華書局,1984 年。

4. 方國瑜著:《中國西南歷史地理考釋》,北京:中華書局,2012 年。

5. 馮智著:《雲南藏學研究‧滇藏政教關係與清代治藏制度》,昆明:雲南民族出版社,2007 年。

6. 甘雪春著:《走向世界的納西文化‧20 世紀納西文化研究述評》,昆明:雲南大學出版社,2005 年。

7. 龔蔭著:《明清雲南土司通纂》,昆明:雲南民族出版社,1985 年。

8. 龔蔭著:《中國土司制度》,昆明:雲南民族出版社,1992 年。

9. 郭大烈,和志武著:《納西族史》,成都:四川民族出版社,1994 年。

10. 和少英著:《納西族文化史》,昆明:雲南民族出版社,2001 年。

11. 江應樑編著:《明代雲南境內的土官與土司》,昆明:雲南人民出版社,1958 年。

12. 李福君著:《明代皇帝文書研究》,天津:南開大學出版社,2015 年。

13. 李霖燦:《麼些研究論文集》,臺北:國立故宮博物院,1984 年。

14. 林超民編寫:《雲南地方史講義》參考資料《雲南郡縣兩千年》,昆明:雲南廣播電視大學。

15. 木仕華主編:《麗江木氏土司與滇川藏交角區域歷史文化研討會論文集》,北京:中國藏學出版社,2008 年。

16. 《納西族簡史》編寫組編寫:《納西族簡史‧修訂本》,北京:民族出版社,2008 年。

17. 潘發生著:《揭開滇川藏三角區歷史文化之謎》,昆明:雲南民族出版社,2008 年。

18. 吳永章著:《中國土司制度淵源與發展史》,成都:四川民族出版社,1988 年。

19. 楊林軍編著:《麗江歷代碑刻輯錄與研究》,昆明:雲南民族出版社,2011 年。

20. 楊林軍著:《徐霞客與麗江》,昆明:雲南出版集團公司,雲南美術出版社,2007 年。

21. 尤中著：《雲南民族史》，昆明：雲南大學出版社，1994 年。

22. 尤中編著：《中國西南的古代民族》，昆明：雲南人民出版社，1980 年。

23. 余海波，余嘉華著：《木氏土司與麗江》，昆明：雲南民族出版社，2002 年。

24. 趙心愚著：《納西族與藏族關係史》，成都：四川民族出版社，2004 年。

25. 趙心愚著：《納西族歷史文化研究》，北京：民族出版社，2008 年。

26. 周汝城，許鴻寶，王恒傑編纂，郭大烈整理：《納西族史料編年》，昆明：雲南民族出版社，2011 年。

27. 中國科學院民族研究所云南民族調查組，雲南民族研究所合編：《納西族簡史簡志合編》，1962 年。

28. 《中國賓川雞足山佛教文化論壇論文集》，中國社會科學院世界宗教研究所，雲南省大理州賓川縣人民政府，2003 年。

四、論文

1. 方國瑜，和志武：《納西族的淵源、遷徙和分布》，《民族研究》，1979 年，第 1 期。

2. 和力民：《麗江木氏譜牒版本源流考》，《中央民族大學學報》，1999 年第 3 期。

3. 和志武：《東巴經中的木氏土司事蹟》，載《和志武納西學論集》，北京：民族出版社，2008 年。

4. 李霖燦：《釋麗江木氏宗譜碑——麼些族的歷史長系》，載《麼些研究論文集》，臺北：國立故宮博物院，1984 年。

5. 木仕華：《明代麗江木氏土司有關漢文史料綜述》一、《明代麗江木氏土司有關漢文史料綜述》二，載《雲南文史叢刊》，1995 年第 2 期。

6. 潘發生：《〈木氏宦譜〉部分疑難地名考釋》，載《思想戰線》，1998 年第 12 期。

7. 陶雲逵：《關於麼些之名稱、分布與遷移》，載《中央研究院歷史語言研究所集刊》第 7 本第 1 分冊，1936 年。

8. 王金玉，戴龐海：《明清時期的封贈制度與誥敕檔案淺述》，《檔案管理》，

1992 年第 3 期。

9. 楊林軍:《〈木氏宦譜〉諸版本源流新考》,《雲南社會科學》,2012 年第 5 期。

10. 余海波,余嘉華:《明代納西族文化的奇葩——麗江木氏土司著作》,載林超民主編,《西南古籍研究》2001 年,昆明:雲南大學出版社,2002 年。

五、外國論著

1. (美)約瑟夫・洛克(Joseph F.Rock)著;劉宗岳等譯;宣科主編;楊福泉、劉達成審校:《中國西南古納西王國・譯校本》,昆明:雲南美術出版社,1999 年。

2. (日)山田敦之:《〈皇明恩綸錄〉の一部校注》,*Journal of Asian and African Studies*,No.81,2011。

3. (越)黎崱著;武尚清點校;(清)大汕著;余思黎點校:《安南志略》,北京:中華書局,2000 年。

六、碑刻

1. 《木氏歷代宗譜碑》,藏麗江市博物館。夫巴先生提供拓片。

七、工具書

1. 陳高華,陳智超等著:《中國古代史史料學》,天津:天津古籍出版社,2006 年。

2. 郭大烈主編:《中國少數民族大辭典・納西族卷》,南寧:廣西民族出版社,2002 年。

3. 賈文毓,李引主編:《中國地名辭源》,北京:華夏出版社,2005 年。

4. 李小緣編,雲南社會科學院文獻研究室校補:《雲南書目》,昆明,雲南人民出版,2010 年。

5. 李友仁主編:《雲南省圖書館藏善本書錄》,昆明:雲南人民出版社,2009 年。

6. 彭卿雲主編;丁希紅等編寫:《中國歷史文化名城詞典・續編・國務院公布第二批歷史文化名城》,上海:上海辭書出版社,1997 年。

7. 譚其驤主編:《中國歷史地圖集》,北京:中國地圖出版社,1982 年。

8. 臺灣中央圖書館編:《明人傳記資料索引》,北京:中華書局,1987 年。

9. 鐵木爾·達瓦買提主編:《中國少數民族文化大辭典·西南地區卷》,北京:民族出版社,1998 年。

10. 魏勵編:《中國文史簡表彙編》,北京:商務印書館,2007 年。

11. 俞鹿年編:《歷代官制概略》,哈爾濱:黑龍江人民出版社,1978 年。

12. 中國古籍總目編纂委員會編:《中國古籍總目》(史部),中華書局與上海古籍出版社聯合出版,2009 年。

13. 中國歷史大辭典編纂委員會編纂:《中國歷史大辭典》,上海:上海辭書出版社,2000 年。

14. 鄭秦主編:《二十六史大辭典·典章制度卷》,長春:吉林人民出版社,1993 年。

後　記

　　本文在完成之後曾計劃繼續完善修改之後就出版的，結果因各種原因擱置了多年。本文的選題源於上學時跟隨恩師學習歷史文獻學那段時光，我於2011年考入雲南大學，師從林超民先生學習歷史文獻學。先生是教我如何成為一名研究生的第一人，一直想寫點與恩師相關的文章，但被種種雜事耽擱了。翻看這些年的日記、郵件、短信、筆記、相片，與先生相處的點點滴滴開始浮現在腦海。

　　先生沒有再擔任我們這一級的授課老師，加上我們剛入學住在呈貢校區，與先生的面對面交流就成了問題。在得知先生每週都在本部給博士生上課之後，我就決定每週到本部上先生講授的博士生課程，這樣我每週都能見到先生，而每次除了課堂上的收穫之外還能額外與先生單獨交流，不管是坐在人類學博物館裏的正式交談還是走在銀杏大道上的隨意聊天，親炙師教使我收穫頗多。與先生的第一次正式談話，他就告訴我們要規劃好這三年的研究生生活，把這三年當成是人生中的三年來規劃。先生也是順著這個思路對我們進行教導的，他所強調的各個方面都會使人終生受益。他讓我們好好讀書，打好基礎，不僅要看專業書還要廣泛涉獵其他方面的書籍，並且要學好外語。先生說要：「紮紮實實讀幾本文獻，背一百篇古文，一百篇英文，一百首詩，一百篇好的史學論文，一百篇好的現代漢語文章」。在目前這個快節奏的時代，怕是很難再有導師如此指導學生了吧，也恐怕難再有導師給學生列《史記》、《資治通鑒》這樣的閱讀書目了吧。而先生卻是這樣要求我們的，可惜的是我沒有聽話，沒有讀完《史記》和《資治通鑒》，這成為我這一階段很大的遺憾。

　　先生一直強調學習歷史的四把鑰匙，即目錄學、年代學、職官、歷史地

理學。他說歷史年代、歷史地理是時間和空間，目錄是史料及其源流，職官是社會制度。並且他從這四個方面開列閱讀書目：目錄學，先看張之洞《書目答問》，然後要瞭解《四庫全書總目提要》，再看馬開樑的《史部目錄學》以及方國瑜先生的《雲南史料目錄概說》。歷史地理方面，既要瞭解人文地理也要知道自然地理。要讀鄒逸麟先生的《中國歷史地理概述》，顧頡剛、史念海先生的《中國疆域沿革史》以及方國瑜先生的《中國西南歷史地理考釋》。職官，要知道中國政治制度史，可以看看錢穆的《中國歷代政治得失》。年代，要對整個歷史年代有個概念，記得住重要的年代，對於自己研究的朝代更要清楚時間線索。先生還還要求學習學術史，找著名學者的傳記讀一讀，錢穆的《師友雜憶》、費孝通的《師承·補課·治學》、羅爾綱的《師門五年記》都可以讀一讀，學習一下這些著名學者是如何治學，做學問的。

先生讓我們多讀書，從中找自己的興趣點，並且強調多動筆寫東西，然而我不是一個好學生，沒有聽從先生的教誨，當有任務擺在面前的時候就出醜了。先生是《雲南百位歷史名人叢書》的編委之一，所以就很幸運的可以參與到人物傳記的寫作中。我的任務是為姜亮夫先生寫傳記，有關姜亮夫先生的材料有不少，最重要的是《姜亮夫全集》。雲南大學圖書館基藏室有《姜亮夫全集》，但不外借，而我住在呈貢校區，不能天天到基藏室看。先生就把他的《姜亮夫全集》中我所需要的部分借給我看，當我拿著先生書的時候心裏萬分激動，看著先生在書中的批註，我尋找著先生的讀書的感覺，那樣的經歷永遠也忘不了。後來還跟著先生參加了《雲南大百科全書》的唐宋五代部分的詞條寫作，這些經歷對我有很大幫助，促使我不斷去學習，不斷追求向上。先生組織的幾次會議，我也參與了其中的部分工作，我從中學到了如何待人接物，如何井井有條的工作，甚至是如何籌備會議方面也學到了很多東西。

我一直找不到如何報答先生的方式，我知道他最希望看到學生們學有所成，可惜我資質愚鈍，一直沒有做出什麼成績來，我真是忝列門牆。但是我的確在先生的指導下有所進步，不僅學習了歷史文獻學的相關知識，中國西南民族史和雲南地方史的相關內容，而且閱讀了目錄學、職官學、年代學、歷史地理的相關書籍。同時在他的指導下找到了選題。

選擇《〈皇明恩綸錄〉箋證》這個題目中間頗費周折。我在準備其他題目的寫作時進行查資料，其中的大部分材料能找到或是至少知道在哪裏能找得

到，看得到，唯獨《皇明恩綸錄》找不到蹤影，《雲南史料叢刊》中沒有收錄，其他記載木氏土司的相關文獻中也沒記錄。後來請教做過《木氏宦譜》相關研究的楊林軍副教授，但他也沒有見過《皇明恩綸錄》。偶然間一個機會從郭大烈老師那裡看到了他新整理的《納西族史料編年》，從書的前言中瞭解到日本的山田敕之博士對《皇明恩綸錄》做過研究，順藤摸瓜，最終我知道在中國國家圖書館有一個《皇明恩綸錄》的藏本。2013 年 1 月初我就到中國國家圖書館的古籍館去查看，果然在那裡見到了《皇明恩綸錄》，內心一陣狂喜，馬上諮詢複印事宜。不料古籍館的工作人員告知，不准拍照，不能複印，國圖可以提供掃描。接著詢問掃描價格，著實嚇了一跳，鈔本竟然高達 62.5 元一頁。我粗略估計了一下，薄薄的一本小書需要近三千元，於是狠下決心——抄書。我每天早晨從古籍館九點開館進去抄書直到下午五點閉館，期間不吃午飯，不喝水（古籍館不准帶水進入），不上廁所，就這樣抄了八天，真的感到很累。一月的北京是最冷的時候，不吃飯就更加覺得冷，每天還要擠地鐵，期間有種想要放棄的感覺。為了達到原樣複製的效果，我是按照原書的樣子抄錄，平時極少寫繁體字，加上鈔本很多字不能立刻辨識出來，用鉛筆抄寫（古籍館只允許帶鉛筆進入），期間要削鉛筆等等，抄書工作進行的極其慢。為了不出差錯不知反覆核對了多少遍，有時煩到想放棄，為了給自己打氣，我就聯想到當年陳垣先生也在這裡（古籍館坐落在原北平圖書館）一看書就是一天，陳垣先生是近代四大史學家之一還那麼刻苦，我更應該堅持住。

　　寒假結束後回到學校，見到先生之後，我告訴先生寒假的收穫，是找到一份《木氏宦譜》箋證所需要的新材料。先生立刻說，找到一份別人未整理過的材料很難，題目換成《皇明恩綸錄》箋證會更好。接著先生又詳細給我講了怎樣從《木氏宦譜》箋證轉移到《皇明恩綸錄》箋證上來。得到了先生的支持之後我就很興奮的開始了論文的寫作。

　　隨著對《皇明恩綸錄》掌握的資料增多，我得知在雲南省圖書館以及雲南大學圖書館還有藏本。再接下來的工作就是去看這兩個藏本，進行的也比較順利。在雲南大學古籍部我得到了年四國師兄和高國強師兄的幫助，在此向他們二位致謝。

　　前期的順利並未一直延續下去，首先麗江圖書館的藏本因為圖書打包沒能見到。其次，在做箋證所需要相關材料的查詢也遇到阻礙。有幾份木氏土司的材料藏在雲南省圖書館，我按照查到的索書號去看書，雲南省圖工作人

員說需要介紹信，我就跑迴學校開介紹信。拿著介紹信回去以為就能看到書了，結果工作人員說那些書是入選雲南省珍貴古籍名錄的，需要主任簽字批准，結果那個主任就是不批准，我真是沒有辦法了，很沮喪。恰好潘先林老師在雲南省圖辦事，目睹了這一切，就當我悶悶不樂要離開圖書館的時候，潘老師打來電話安慰我，說實在必須這些書的時候可以通過其他途徑來處理。後來我沒有再麻煩潘老師，是因為那些材料我並不能完全肯定其中有我需要的東西，但是那些材料是需要去翻閱的。在此特別感謝潘老師對我的幫助和關心。

論文完成之後的結果並不盡如人意，原以為只要努力去做就行了，但我的能力、知識儲備還欠缺很多，所以沒有達到很理想的效果，這是一個遺憾。

我隻身一人從山東來到三千公里之外的雲南，初到這裡沒有朋友，家人也不在身邊，對這個陌生的地方既充滿好奇同時也帶著一絲絲的害怕，有幸的是我在這裡遇到了一些好老師和好同學，正是他們陪伴我度過了充實、愉快的研究生生活。感謝恩師林超民先生、潘先林老師、秦樹才老師、周瓊老師、王璞老師、周立英老師、趙永忠老師、辛亦武老師以及師兄、師姐們和中國民族史、歷史文獻學專業的同學們對我的幫助和關心！感謝雲南大學的鄭志惠老師和雲南社科院的劉景毛研究員對我論文提出的修改意見，以及王世麗老師，周智生老師、王璞老師、趙永忠老師、馬勇老師對該論文的提出的意見，使得論文得以完善。本書仍有許多疏漏、謬誤之處，懇請讀者不吝賜教。

孫虹